| 光明社科文库 |

PANGOAL 盘古智库

中印跨文化营商环境研究

车子龙　李　钦◎著

光明日报出版社

图书在版编目（CIP）数据

中印跨文化营商环境研究 / 车子龙，李钦著．--北京：光明日报出版社，2022.12
ISBN 978-7-5194-6752-4

Ⅰ.①中… Ⅱ.①车… ②李… Ⅲ.①市场准入—经济政策—研究—印度 Ⅳ.①F733.513

中国版本图书馆 CIP 数据核字（2022）第 153208 号

中印跨文化营商环境研究
ZHONGYIN KUAWENHUA YINGSHANG HUANJING YANJIU

著　　者：车子龙　李　钦	
责任编辑：李　倩	责任校对：李壬杰　李佳莹
封面设计：中联华文	责任印制：曹　净

出版发行：光明日报出版社
地　　址：北京市西城区永安路 106 号，100050
电　　话：010-63169890（咨询），010-63131930（邮购）
传　　真：010-63131930
网　　址：http://book.gmw.cn
E - mail：gmrbcbs@gmw.cn
法律顾问：北京市兰台律师事务所龚柳方律师
印　　刷：三河市华东印刷有限公司
装　　订：三河市华东印刷有限公司
本书如有破损、缺页、装订错误，请与本社联系调换，电话：010-63131930

开　　本：170mm×240mm	
字　　数：215 千字	印　张：15
版　　次：2023 年 7 月第 1 版	印　次：2023 年 7 月第 1 次印刷
书　　号：ISBN 978-7-5194-6752-4	
定　　价：95.00 元	

版权所有　　翻印必究

序　言

随着中国由外资引入国变为对外投资国，有大量的中国企业投资南亚次大陆这块热土。虽然地理上印度是中国"山水相连"的近邻，但是现实中印度对于大多数中国投资者而言是一个非常陌生的国度。中国企业和投资者的长处是资金、技术和管理能力，但对于在印度开展营商的中国企业而言，最令其感到"水土不服"并且对营商项目造成重大影响的短板其实是经常被忽视的中印文化冲突。

作为一个"统一"的国家，印度却素来以"碎片化"著称，并且它无时无刻不面临着地方自治和中央管控之间的矛盾、宪法倡导以世俗立国与宗教传统之间的矛盾、自由平等与种姓制度之间的矛盾、"大印度教至上主义（Hindu Supremacy）"与多民族之间的矛盾以及民主制度和现实改革之间的矛盾等诸多矛盾，这些内生的文化、政治、宗教等"软"因素都实实在在地影响着印度的商业现实。在很多时候，这些因素对于营商项目的成败而言具有关键性的作用。目前市面上介绍印度营商环境的中文著作寥寥无几，车子龙老师长期从事印度文化、经贸、宗教等方面的研究，而李钦律师则是经手了大量中国企业在印度投资所面临的具体问题和案件，他们两位在对中国和印度跨文化商业交流有切身体会的基础上，将自身的经历和所思所想编撰成书，填补了国内相关领域的空白，有着很高的学术意义和实践指导意义。

《中印跨文化营商环境研究》这本书构建了具有完整性、系统性、操作性和较少主观性、特色鲜明的中印跨文化商贸立论框架理论；从历史学角度探究中印商贸文化问题，在印度受殖民统治和本国国情双重影响形成的独特商贸文化概念认知等基础上，进行统计和深度调研，为避免中国直接投资印度的企业家、投资者获取信息不对称而导致的重大误区，拟出印度商贸政策中既相互独立又彼此关联的问题；这种有益的尝试，带来的对中国投资印度的企业家和投资者的启示是他们原先预想不到的。比如，对于令很多中国投资者头疼的印度工会问题，通过印度商贸最新政策分析指引、法律依据索求等举措发现，从印度的工会文化、印度工会的传统与现实、印度工会制度的弊端等多个维度，论述了中国企业如何面对印度工会，如何改进和提高我国驻外企业和投资者在投资印度办企业的原则、路径、策略、方法。

长期以来，盘古智库深入研究印度，旗下的印度研究中心已经陆续出版了多个关于印度的研究报告。鉴于著者在中印跨文化商贸政策法律研究领域取得的成绩和产生的影响，盘古智库特邀车子龙研究员和李钦律师撰稿，对印度的外商投资政策和中国投资者在印度开展业务所需要了解的印度文化、政策、商业、语言、宗教、法律法规等进行研究，并对两位著者的写作过程给予大力支持。该专著提供的关于印度文化、商业、政策、语言、传媒、法律、经济各领域的最新政策、法规是中国投资者直接投资印度企业急需的指导性法规宝典。这对于指引、保护、促进我国对印度这一重要市场的投资而言是一项重大研究成果，为中印经贸及文化合作奠定了良好的基础，也为包括中国国有企业、私人企业、风险投资基金和产业基金等在内的众多投资者投资印度时起到投资指引和风险把关、操作指南的作用。

盘古智库理事长：易鹏

2022 年 10 月 22 日

目 录
CONTENTS

第一章　中印贸易发展历程 ·· 1
　一、中印商业的发展与现状 ·· 1
　二、中华人民共和国成立后到"一带一路"中印贸易的发展 ········ 6
　三、"一带一路"至今中印贸易的发展 ···································· 9

第二章　中印文化差异与商业 ·· 13
　一、中印文化差异与对商业思维的影响 ································· 13
　二、中印文化差异在中印商业往来活动中所起的作用 ············ 16

第三章　印度各邦商业环境 ·· 21
　一、北部地区 ·· 21
　二、中部地区 ·· 22
　三、东北地区 ·· 25
　四、南部地区 ·· 27
　五、沿海地区 ·· 29

第四章　印度制造 ·· 32
　一、总述 ··· 32
　二、"印度制造"计划总述 ·· 32

三、行业总述 ·· 36
四、具体行业分析 ·· 36

第五章　印度市场准入与要点分析 ································· **130**
一、印度市场针对中国的准入政策机制解析 ····························· 130
二、印度对中资企业的"二分法" ·· 139
三、印度《敌国财产法》分析 ··· 142
四、监管与被监管的博弈 ·· 144
五、企业法律风险尽职调查 ·· 146
六、中印营商环境中的差异 ·· 149
七、中企知识产权和商业秘密保护 ··· 152

第六章　本地化过程中的误区 ·· **158**
一、中国式管理在印度 ·· 158
二、识别和远离不靠谱的服务商 ··· 161
三、在印度做"甩手掌柜" ·· 167
四、印度的官帽子到底有没有用 ··· 172
五、"向下负责"的印度政府 ·· 174
六、不能塞黑钱 ··· 180
七、到底该如何理解印度的工会 ··· 182
八、印度人的爱吹牛，法律都不管 ··· 186

第七章　印度法律对营商的影响 ······································ **190**
一、英国殖民统治给印度留下的"遗产" ···································· 190
二、从印度封杀中国 APP 看印度法律的运行及中国企业的救济 ······ 196
三、客场作战与主场优势 ·· 198
四、手握中国法院的判决，如何在印度主张自己的权利 ············ 201

五、遇上印度老赖该怎么办 ··· 209

六、中国企业实践中常犯的错误 ································· 211

七、对中国企业的建议 ··· 215

中英文对照表 ·· **221**

第一章

中印贸易发展历程

一、中印商业的发展与现状

（一）古代中印贸易往来

1. 西南丝绸之路

自古以来，中印两大文明古国间就存在贸易往来与文化交流。早在汉代初年，中国西南地区就存在着一条通往南亚、东南亚地区的商道。这条商道从四川成都出发，经由云南大理、腾冲等地进入缅甸，最终到达印度东北的阿萨姆地区。据司马迁《西南夷列传》记载，汉武帝元狩元年（前122年），张骞出使西域归来，言使大夏时，见蜀布、邛竹杖，问所从来，曰从东南身毒国，可数千里，得蜀贾人市。或闻邛西可二千里，有身毒国。这里的身毒国是指古印度。这一史料说明，早在张骞出使西域以前，中印之间就已经存在贸易往来了，而这条道路极有可能就是连接两大文明最早的纽带。然而，沿着这条道路进行贸易活动的大多为民间商贩，未得到官方的足够重视，直到张骞出使西域，新的贸易格局才开始出现。

2. 陆上丝绸之路（又称西北丝绸之路）

西汉丝绸之路的开辟无疑是中国对外贸易兴起的标志，而在这项具有划时代意义的事件中，张骞功不可没。西汉时期，游牧民族匈奴盘踞在北方，大肆扩张势力，侵占中原领土，掠夺百姓财富，严重威胁西汉王朝的安全。汉朝文景二帝时期由于国力尚弱，只能被迫采取和亲等消极的防御措施。国家日益强盛后，汉武帝产生了联合西域的大月氏夹击匈奴的想法，于是广泛征集出使西域的人才。张骞便在这时临危受命，踏上前往西域的征途。尽管最终他并未完成联合大月氏抗击匈奴的军事使命，但是他却对西域各国的地形地貌、风土人情有了较为全面的认知。行至东南面的身毒国附近，他得知身毒商人在买卖中原所产的丝绸等货物。于是张骞便在第二次出使西域时，带上中原的奇珍异宝前往身毒、大夏、安息等国从事交流活动。随后，据《史记·大宛列传》记载，汉廷"初置酒泉郡以通西北国。因益发使抵安息、奄蔡、黎轩、条枝、身毒国"[1]，一批批使者被派往身毒、安息等国，同时各国的使者也受邀来到中原观光。至此，由长安经中亚前往南亚的丝绸之路已基本被贯通。

然而，这一时期的中印贸易不是为了盈利，而是带着宣扬国威、互派使者、加强友好往来等政治外交目的。时值汉朝经济蓬勃发展、国力强盛之际，身毒虽不是中原的藩属国，但向中原遣送货物的方式却与进贡有所类似。因两国之间互换的货品种类大多为极具地域特色的奇珍异宝，在某种程度上仅仅满足了封建统治者和王公贵族们奢华享乐的需求，而在民间却少有流传。

另外，由于古代中国具有农耕社会的属性，自然经济占主导地位，外贸占比较小，封建统治者们往往不重视外贸的发展；且由于当时汉朝经济繁荣、物产丰富，衣食均能自给自足，易使人产生"天朝之大，无奇不有"的封闭观念，因此中国民间商贩在两国间从事商业的贸易量也不大。以上多方面的因素均导致了中印贸易总规模较小。

3. 唐朝开辟中印藏道

唐朝时，陆上丝绸之路发展到了最为繁盛的阶段，中原对外贸易的规模大大增加，丝绸之路上各国商队络绎不绝。唐朝统治者在汉朝原有路线的基础上又开辟了一条中印藏道。这条商道以长安为起点，经由青海、吐蕃（今西藏）、泥婆罗（今尼泊尔），到达印度北部地区，成了日后唐朝使节王玄策三次出使印度的重要道路。此外，中印藏道也进一步促进了印藏毗邻地区的贸易往来。

---

[1] 司马迁. 大宛列传 [M] //司马迁. 史记（卷123）. 北京：中华书局，1959：3170.

4. 海上丝绸之路

早在先秦时代，中国东南沿海地区就存在原始航海活动。那时的航海范围远至南太平洋各岛屿，其航海活动主要是为了应对渔业生产的要求。到了两汉时期，汉武帝征服了南粤国，前往南亚大陆的海路被打通，海上丝绸之路的线路已经初具雏形。海上丝绸之路经魏晋时期的发展后，在隋唐时显现出繁荣之景，在元宋时达到鼎盛阶段。

在隋唐以前，中国对外贸易的主要路线是陆上丝绸之路，海上丝绸之路仅作为一种补充，占比并不算大。然而，到了隋唐以后，陆上丝绸之路被西域纷飞的战火阻断，海上丝绸之路就越发凸显出了其重要地位。到元宋时期，航海技术得到了突飞猛进的发展，广州、泉州等地成为重要的港口城市，海运外贸规模逐渐扩大，前往印度东海岸地区的经贸活动也日趋繁荣。

5. 明郑和下西洋

明朝郑和下西洋是中国航海史上的又一大壮举。郑和前后共七次远航，最远曾到达非洲和红海沿岸。在明朝长期实施海禁的背景下，中国对外贸易量大大减少，这一次航海活动则使得对外经贸活动能够再次进行。郑和下西洋建立了从中国东南沿海到印度西南古里（今喀拉拉邦的港口城市）的航线，也为两国扩大贸易创造了条件。

（二）近代中英印三角鸦片贸易

1. 鸦片贸易从兴起到衰落的全过程

工业革命以后，英国殖民者将侵略目标瞄准了印度、中国两大富饶的文明古国。18—19世纪，大量机械化生产的丝织品重创了印度的农业和民族手工业，英国人因此成功地开辟了印度市场，并在加尔各答创建了东印度公司。随后，英国人打算故伎重演，通过同样的贸易手段打开中国的大门。然而，此举却遭到了清朝采取的"闭关锁国"政策的顽强抵抗。1757年，清政府下令封锁对外通商的部分口岸，到1842年，广州成为中国海上对外贸易的唯一口岸。英国仍处在近代以来对华贸易中的不利地位，于是，英国人便采取罪恶的鸦片三角贸易打开了中国的国门。

鸦片三角贸易，就是指英国将工业化生产的纺织品倾销于印度，再强制印度生产鸦片，然后将鸦片非法贩卖到中国，毒害中国人民的肉体和精神，再抢购中国的茶叶运回英国，以此在英—印—中三国间循环往复，构成三角贸易。鸦片贸易给中国人民带来了深重的灾难，因而遭到广大中国人民的强烈抵抗。然而英国人采取发动战争的方式使之合法化。1840年，第一次鸦片战争爆发，中国从此沦为半殖民地半封建国家，从此不再拥有贸易自主权，鸦片输华量也逐年递增。1857年，第二次鸦片战争爆发，同年印度也爆发了反英民族起义。英国给予印度民族资产阶级在鸦片贸易中的特权，并以此诱导其与英国进行合作。

1858年，英国胁迫清政府签订了《中英通商章程善后条约》，将鸦片贸易合法化，从此鸦片输华量激增，在19世纪80年代达到最大值。1884年以后，由于中国国内罂粟种植量的增加，鸦片输入量开始下降，直到1908年，中英政府签订《中英禁烟条约》，猖獗了近100年的鸦片贸易才终于画上了句号。

2. 鸦片贸易期间中印贸易的特点

鸦片贸易期间，印度在东印度公司的胁迫下生产鸦片，并通过港脚商走私到中国广州等港口城市。中印贸易的商品主要是鸦片。

与此同时，中印棉纱贸易也得到了迅速的发展。印度生产的粗棉纱是手工织造布匹较好的原材料，因此中国对印度棉纱的进口额大幅增加。据资料记载，1894—1895年至1898—1899年的五年平均数，输华棉纱达1.809亿英镑，占印度棉纱出口总值1.918亿英镑的94.3%，价值额比1872—1873年增长近150倍，所占出口总值的比重上升了27.7个百分点[1]，棉纱贸易的发展速度由此可见。

3. 鸦片三角贸易的产生原因及对中印双方的影响

英国殖民者发起鸦片贸易的本质目的是掠夺中国财富，从而完成原始资本的积累。

近代以来，由欧洲通往东方的几条商路均被奥斯曼土耳其帝国控制，

---

[1] 严中平. 中国棉纺织史稿 [M]. 北京：商务印书馆，2011：70.

欧洲国家购买东方的商品需要支付高昂的转手费。同时出于对黄金的渴望，欧洲资本主义国家纷纷派出船队，开辟前往东方的新航线，英国便是这些国家中的一个。英国的船队到达东方后，极力想打开中国、印度两大国的国门，以便对自己国内生产的工业制品进行倾销。然而，不同于印度的是，中国在清朝已经拥有了先进的手工纺织和烤制陶瓷的技术，对英国生产的毛织品和金属品并没有太大的需求，而与之相反的是茶叶和生丝却在英国需求量极高。因此，在18世纪中英贸易中，英商始终存在较大的贸易逆差。最终，英国殖民者采取了鸦片贸易这样卑劣的贸易手段打开了清朝的国门。

鸦片贸易给中国人民带来了沉重的苦难。自其开展以来，大量的白银外流到英国、印度，对中国的财政收入造成了极大的损害。此外，吸食鸦片也严重地损害了广大中国人民的身心健康，不少中国人因吸食鸦片骨瘦如柴、家破人亡。甚至还有人为了购买鸦片，铤而走险，通过犯罪的方式来获取钱财，社会因此变得动荡不安。因鸦片贸易而起的鸦片战争使中国变成了一个半殖民地半封建社会的国家，从此，中国丧失了自己的主权，无尽的财富与瑰宝被西方列强瓜分。

于印度而言，鸦片贸易对其的影响具有两面性。同样是作为经济侵略的受害者，印度的本土农业和工商业受到了英国商品的强烈冲击。但是，印度也参与了英国对华发动的经济侵略，获得了服从配合英国生产鸦片的一部分酬劳。而这些利润为印度资产阶级原始资本的积累奠定了基础，进一步为其创办近代企业提供了条件。

4. "港脚商"在鸦片三角贸易中扮演的角色

"港脚商"是英文"country merchant"的音译，从17世纪末到19世纪中叶，印度同中国之间的贸易叫作港脚贸易，这些商人被称为港脚商。最初东印度公司无力在广阔的海域里完全阻止自由商人的活动，因此采取通过签发特许证的方法对商业活动加以控制。起初清政府法令规定鸦片贸易为非法贸易，东印度公司不便于直接经营，就把它交予港脚商走私。随着港脚商贸易的扩大，东印度公司的财政收入不断增加，东印度公司也由此积累了对华贸易所需要的资金。本来在中英贸易中，中国长期出超，白银内流，但港脚商人的鸦片走私贸易逐渐改变了这一状况，导致中国白银大量外流，超过了中国丝茶出口价值的总和。大约从1817年起，港脚商的贸易额占到了英国和英属印度贸易总额的3/4，而到了1833年港脚贸易的价值已经3倍于英中贸易的价值。① 由此可见，港脚商在中英印三角鸦片贸易史上有着重要地位。

二、中华人民共和国成立后到"一带一路"中印贸易的发展

（一）中华人民共和国成立后中印的贸易发展

在两次世界大战爆发期间，正常的跨国贸易活动难以进行。除了部分的国际物资援助以外，中印贸易几乎处于停滞状态，直到19世纪40年代两国分别取得独立后，贸易往来才逐步恢复正常。然而，这样的贸易往来仅持续了10余年。1962年，两国因边界问题导致了中印边境自卫反击战的爆发，外贸活动受到了极大的影响，在此之后的15年时间里，中印双方的经贸活动几乎处于停滞状态。

（二）中印边境自卫反击战以后的贸易发展

1976年4月，中印恢复大使级外交关系，两国贸易关系重新恢复，并迅速发展，随后11年的贸易额见表1-1。

表1-1 中印双边贸易表（1977—1987）

单位：亿卢比

年份	双边贸易额	印向中出口	印从中进口	印方贸易平衡
1977	0.256	0.193	0.063	0.130
1978	2.542	2.425	0.117	2.308
1979	3.974	2.083	1.891	0.192

---

① 房德邻.港脚商与鸦片战争［J］.北京师范大学学报（社会科学版），1990（6）：7-14.

续表

年份	双边贸易额	印向中出口	印从中进口	印方贸易平衡
1980	10.561	2.363	8.198	-5.835
1981	13.094	5.268	7.826	-2.558
1982	11.718	1.216	10.502	-9.286
1983	8.251	0.572	7.679	-7.107
1984	6.867	0.212	6.655	-6.443
1985	17.116	2.920	14.196	-11.276
1986	18.767	1.433	17.334	-15.901
1987	19.304	3.373	15.931	-12.558

资料来源：(印)《金融快报》1989年1月25日

由以上的数据可得，恢复贸易的11年以来，中印双边贸易总额增长了近75倍。尽管发展速度极快，但中印贸易总额仍然十分低，且分别在两国的对外贸易总额中的占比都不高。除此以外，双方的贸易发展也存在不平衡的问题。恢复贸易后仅有1977—1979年三年印方存在贸易顺差，随后的8年印度都在双边贸易中处于不利地位。

从中印双方贸易产品的结构来看，印度向中国出口的主要商品是原棉、生铁、钢材、大麦、蔗糖、烟草、生胶等；中国向印度出口的物资主要有生丝、化工制品、锌、机械产品、有色金属等[1]。

这一时期中印贸易的飞速发展离不开两国经贸政策的调整。1978年，邓小平等中央领导人提出了改革开放的决策。在"十年浩劫"以前，中国实施的是计划经济，贸易对象国仅局限于苏联等社会主义国家，那时的对外贸易主要由国家经营管理，自由度较低。改革开放以后，中国逐渐建立起了社会主义市场化经济体系，对外贸体制也进行了相应的改革，使其对国际经济环境有了更强的适应能力。

---

[1] 程建军.中印外贸比较及双边贸易前景[J].南亚研究季刊，1990 (1)：26-33，4.

20世纪80年代，印度也将过去带有保护主义性质的"进口替代"转变为外向型的贸易战略。但是印度在对外贸易上具有强烈的区域倾向，与欧美等资本主义国家的贸易量较大，不太注重和发展中国家之间的贸易往来。两国的政策变化导致20世纪80年代双边贸易虽发展迅速，但总量仍然偏低。

（三）世纪之交的中印贸易

进入20世纪90年代后，中印贸易取得了新的进展。随着冷战的结束和苏联的解体，外部力量对于南亚地区的牵制逐渐减少，这为中印贸易的发展创造了新的机遇。1988年12月，时任印度总理拉吉夫·甘地访华后，两国的外交关系进一步发展，边界问题也得到进一步的缓和，中印贸易也得到了发展。另外，随着中国对外开放的程度进一步加深，印度经济发展速度增加，两国贸易的规模也进一步扩大。

然而，中印贸易却依然存在以下两个方面的问题。

首先，中印两国出口的商品结构较相似，不太具有互补性，导致两国在国际贸易中时常处于竞争的状态。中印两国在出口产业结构方面具有高度的相似性，两国出口的主要产品都是矿产能源、化工原材料、农产品以及劳动密集型、工业密集型的产品，如纺织品、手工艺品、化工产品等。而两国都需求较大的电子设施、精密机械制品等均来自西方发达国家。因此，中印两国对发达国家的依赖程度较高，而两国之间双边贸易的结合度却不高。这种相似的进出口产业结构弱化了两国之间的贸易合作。

其次，印度贸易保护主义抬头，屡次对华实行反倾销制裁。由于印度常年以来在双边贸易中存在着贸易逆差，且其本土企业的产品在质量和价格上均不如中国产品，于是印度便开始对中国企业采取贸易制裁。根据世贸组织（WTO）的规定，为有效保护本国利益，进口国可以通过对倾销商品征收反倾销关税来制止倾销行为①。这条规定本是用来惩罚某些国家不遵守国际贸易规则的行为，现在却被贸易保护主义者当作保护伞。自20世

---

① 唐鹏琪. 印度对中国商品实施反倾销的原因［J］. 南亚研究季刊，2002（1）：28-31.

纪80年代起，印度就开始对华实施反倾销政策，而这对中国企业的打击无疑是巨大的，一旦被征收惩罚性的反倾销关税，企业少则五年多则十几年都难以再次进入印度市场。从某种意义上来说，反倾销政策带有强烈的逆经济全球化色彩，对双边贸易极为不利。

（四）金融危机时代中印贸易的发展

受2008年席卷全球的金融危机的影响，中印双边贸易总额有所下降。两国分别采取各自的对策减少损失，并初见成效。到2009年下半年，两国都扛过了金融危机的寒冬，再次加强商业合作往来，贸易规模再创新高。截至2009年，双边贸易总额达到了500亿美元，中国成了印度最大的进口国，同时印度也成了中国第十大贸易伙伴。同时，双边贸易也已从单一的商品型贸易转向服务型贸易，跨国业务也向投资、金融合作等方面拓展，两国的经贸往来联系得愈发紧密。

三、"一带一路"至今中印贸易的发展

自2013年中国国家主席习近平提出"一带一路"的建设构想以来，中国本着开放发展、互利共赢的理念，积极加强与南亚地区的贸易往来活动，为中印双边贸易和投资带来了又一大机遇。

（一）"一带一路"政策实施后中印贸易发展取得的成就

第一，双边贸易持续深化发展，贸易规模进一步扩大。截至2015年，中印双边货物贸易总额突破了700亿美元的大关[①]。第二，双边投资规模也逐渐呈现扩大的趋势。2014年中印双方签署合作协议，计划在未来5年内对印度的工业、基础设施领域投资200亿美元。除了对印度企业进行直接投资以外，中国投资者们还采用绿地投资的方式进入印度市场，许多中国的知名企业如万达、小米、华为等纷纷在印度设立海外分公司、建造产业园区。第三，中印在金融领域的合作发展也十分迅速。中国银行、中国工商银行等纷纷进驻印度，不少印资银行也来华设立分行。两国还进一步

---

① 数据来源：印度商业信息统计署与印度商工部。

探讨了货币合作以及贷款业务上的合作,为投资者进一步优化了投资环境。第四,中印在建设基础设施方面的发展也初见成效。建设的产业范围涵盖电力、汽车、公路铁路、建筑、能源输送管道等多个方面。印方还为这些建设基础设施的中国企业设立了保税区,通过中印合资的方式来共同承担风险。第五,两国在经济技术方面的合作也逐渐增多。中印两国互通有无,在现代化农业技术、高新技术产业、软件服务外包等方面互相进行研讨交流,交换培养IT人才。

(二)多边合作机制带给中印贸易的影响

"一带一路"政策的实施与许多现有的国际合作机制紧密结合,促进了区域性经济体的形成与发展。而区域性经济体的合作机制又进一步促进了双边贸易的发展。目前中印两国都加入的国际合作机制有金砖五国、上海合作组织、二十国集团、亚投行、印中孟缅经济走廊等。而这些合作机制在宏观层面促进了中印高层的对话以及对未来合作与发展的规划。

(三)中印双边贸易投资中仍然存在的问题

"一带一路"政策实施后,尽管中印贸易往来向好的方向发展,但随之也产生了无法避免的贸易摩擦和碰撞,具体表现在以下几个方面:

首先,两国的经贸往来与两国的政治关系密切相关。由于中印边界等历史遗留问题,两国之间的政治关系充满了不确定性,经贸往来也因此受到很大影响。印度国内"中国威胁论"甚嚣尘上,民众和领导人对中国的"一带一路"倡议也自始至终存在着一定的抵制心理。但是印度又不愿错过"一带一路"政策带来的发展良机,因此只是在部分项目中与中国进行合作。

其次,由于印度的"大国理想"论,印度总是将中国视为竞争对手而非合作对象。莫迪总理上台以后,于2014年提出了"季风计划",意欲以自己的对外互联计划与中国的"一带一路"抗衡。可是,因为缺乏明确的发展定位、具体规划和实施方式,此举的影响力远不如中国的"一带一路"倡议。除此之外,印度还积极参加美日俄提出的类似的"联通计划",来平衡对冲"一带一路"计划的影响力。

再次，贸易不平衡导致印度贸易保护主义抬头。由于本国的产业结构升级滞后、经济发展模式尚待完善等，印度产品无法在质量和价格上同中国产品竞争，因而长期在双边贸易中存在贸易逆差的情况。况且提升产品品质、改进机制在短时间内难以见效，因此贸易保护主义便成了印度暂时缓解这一不利局面最好的手段。近年来，除了频繁使用反倾销手段以外，印度还采取限制进口、加收关税、贸易救济等手段以打压中国企业。而因中国的反倾销应诉体系不完善，再加之许多中国企业的反倾销申诉意识淡薄、存在"搭便车"心理，导致许多企业损失惨重。

最后，印度对中国企业的投资条件进行了限制。印度曾以"国家安全"为由限制中国企业的直接投资，对于电信、网络外包、航空等行业中国企业的投资准入加大审查力度。另外，印度还更希望中国企业以中印合资而非中国独资的方式进入印度市场，并意欲使印资方逐渐掌握主导权。除此之外，印度商法和劳动法的严苛烦琐、公职人员办事的效率低下也使得许多中国企业维权无门。

（四）新冠肺炎疫情时代下印度的贸易保护主义

2020年新冠肺炎疫情暴发以来，印度经济受到新冠肺炎疫情的巨大冲击，国内的贸易保护主义进一步高涨。5月30日，一款手机软件在印度民间受到追捧，这款应用就是一键卸载手机里所有和中国相关的应用（APP），不仅上线2周下载量突破100万，登顶印度Google Play下载总榜，还在Google Play中评分高达4.8分，获得14万条评论。6月29日，印度信息技术部以"有损印度主权和完整、国防、国家安全和公共秩序"为由，封禁59款中国应用，其中不乏在海外市场取得巨大成功的抖音国际版、微信、微博、UC浏览器等软件，并将更多的中国应用程序列入严格监管的范围。至此，印度自政府高层到民间都掀起一股抵制中国产品的高潮，并企图用本土程序来代替"抖音"等应用软件，以满足国内巨大的市场需求。7月1日，印度政府再次出招，不再允许任何中国公司或与中国公司合资的企业参与道路建设项目。印度电信部（DoT）7月1日还正式取消了2020年3月发起的"4G网络安装、规划、测试和维护"招标，并决定禁止中国电信供应商参与新的招标。9月2日晚间，印度政府宣布禁用118款中国应用。这种频频违背市场规则、接连出台限制中国企业的不合理政策的做法，对中印两国本应互惠共赢的合作起到了极其负面的作用。

此外，自2020年6月15日以来，印军还屡次在中印加勒万河谷边界地区制造争端，恶化中印外交关系，而这也对两国正常的经贸活动造成了极大的阻碍。除了贸易往来受重挫以外，印度政府还从多方面对中国投资进行限制，将投资的主要合作对象转向欧美等西方资本主义国家。以上印方的种种举措都对双边经贸活动发出了不利的信号，中印贸易的寒冬又一次到来。

正是新冠疫情引发的全球经济低迷和印度采取的这一系列封杀海外的举措，导致印度企业的处境更加艰难，获得的风险投资大幅减少，中国的企业对印度的投资已经有些失望了，这也影响了国际投资印度的情绪，或许这也是给印度政府敲响了警钟，及时调整政策来改善商务环境①。

---

① CHE ZILONG. The Development of Sino Indian Trade from the Perspective of "The Belt and Road Initiative" [J]. *Journal of Economics and Management Sciences*, 2021, 4 (3): 7-15.

第二章

中印文化差异与商业

一、中印文化差异与对商业思维的影响

文化是影响商业的重要因素之一，文化对商业的影响不仅体现在商业思维上，而且还体现在经济发展、对外贸易和经济政策的方方面面。中国和印度都是世界文明的发祥地，拥有久远的商业历史。中国最早的商业起源于神农氏时期，而印度农业出现在公元前2500年到公元前1700年的印度河流域。中国和印度之间的文化差异也是两国商业发展趋势不同的重要因素之一，因此分析中印两国之间的文化差异尤为必要。

（一）中国的"抑商"传统

中国是典型的农耕文明，这不仅是地理因素的作用，而且也是生产力发展和政治集权的结果。中国的地形有其独特性，西高东低，平原集中在东部地区，因此古代大多数人就定居在平原地区。平原地区有其得天独厚的自然条件：地势低平、土壤深厚肥沃、灌溉水源充足。因此在生产力低下的古代，发展农业也就成了最好的选择。此外，中国古代一直推崇"重农抑商"的政策，甚至打击富豪大贾，抑制商业发展，为的就是要让百姓安心从事农业生产，将人口牢牢固定在土地上。政府对商业的打击体现在抑制商人地位，如西汉时商人不能衣锦乘车，从事商业生产的赋税繁重。《吕氏春秋·上农》记载，"古先圣王之所以导其民者，先务于农。民农非徒为地利也，贵其志也。民农则朴，朴则易用，易用则边境安，主位尊。民农则重，重则少私义，少私义则公法立，力专一。民农则其产复，其产复则重徙，重徙则死处而无二虑"，意为农耕文明使得民性淳朴、勤劳、

慷慨、安分，使人与大地的联系愈加紧密，使乡土情结更加浓厚。因此"重农抑商"政策也就成了统治者教化百姓的一个手段。此政策一直到清朝后期才被废除。总体来说，中国古代虽然商业发展早，但是由于文化、政治因素的影响，商业一直在曲折中发展，资本主义萌芽也未能得到很好的成长。

（二）印度的"多元融合"传统

相比之下，印度文化却总体呈现多元化与统一的特点。这种文化特点是种族碰撞融合形成的烙印。中国由于受外族入侵少，因此文化呈现一体传承的特点，而印度是多元融合。印度的原住民是达罗毗荼人，而印度河流域文明以城市文明为核心。为了城市的发展，原始居民们开始形成了初步的生产分工，产生了交换媒介，进而推动了贸易发展。

在公元前15世纪左右，雅利安人进入印度并在此定居，随着世代繁衍，他们逐渐成为印度的主要人种。随着雅利安人占领印度河流域，在印度产生阶级分化，国家形成的速度也在加快。值得注意的是，印度四大吠陀典籍也是在这一时期成书的，婆罗门教逐渐形成。印度文化至此又增添了多元融合的色彩。

公元前516年，波斯国王大流士率军入侵印度，征服了今旁遮普和印度河以西的大片地区。公元前327年，马其顿国王亚历山大在征服波斯后又挥师南下，入侵印度的西北部地区。这两次入侵在客观上给南亚次大陆造成了巨大的人员损伤，在生产力低下的时期对于人民是一个沉重的打击，但是也拓宽了印度与欧洲的交流通道，西方开始知晓印度，希腊的一些雕刻、绘画风格也深深地影响了印度。

由此可以看到，印度的文化是一个巨大的包容体，其中有达罗毗荼人的文化根基，有雅利安人的影响，还有欧洲的风格。但是，从另一方面来看，尽管印度存在着这么多差异巨大的文化体，但是它们之间很少产生矛盾，而是能够长期并存、和谐共处，这就得益于印度文化强大的包容性和融合性。换言之，也得益于印度教的融合和同化能力。以宗教为例，印度教对于异教有着强大的同化能力。婆罗门统治者能够将外来宗教中人们所崇拜的神转变为印度教中一个新的神，或者一个神的新化身，这使得外来部族内心有种被认同感和接纳感，因为自己的宗教文化被同化为印度宗教文化的一部分。而信奉这些宗教的人们也逐渐皈依印度民族，由此印度文明逐渐发展成了一个多元文化的统一体。

除此之外，印度文化还呈现出重精神、轻物质的价值观。尽管印度的宗教不计其数，但是几乎所有宗教在对待物质与精神这一问题上表现出了惊人的一致性。其中，印度教的思想最具代表性。印度教认为，人主要分为精神和肉体两大部分，其中，所有人的精神都是真善美的集合，而外在的肉体则存在各种各样的欲望，为欲望所累则是人们产生各种痛苦的来源。因此，人们要想达到真正的愉悦和自由，就必须先克服肉体上的欲望。于是人们修行瑜伽、苦行，为的就是消磨肉体的物质性，以期实现自己灵魂的自由。因此，很多印度教徒把自己人生的大部分时间投入精神修炼上，以寻求精神解脱，而对于物质欲望则嗤之以鼻。在这种思想的影响下，从事商业被认为是无法获得解脱的职业，从事商业的人也是低种姓的人，这在客观上不利于经济的发展。

最后，印度教社会中森严的种姓等级制度也对人们的思想有着极其强烈的影响。种姓制度对于不同社会阶级的人所从事的职业、居住的环境、洁净和污秽观念、婚嫁制度等都有着严格的规定，导致社会不同阶层之间愈加封闭，就连两极分化的现象也日益严重。社会逐渐被割裂成大大小小不同的集团，大多数的财富和权力集中在少部分人的手里。而教化人们遵守种姓制度，便于子孙后代种姓得到升迁的种种言论也更是使得社会底层人民逆来顺受，失去了反抗的力量，社会阶级也因此日益固化。这虽然将一部分人固定在商业上，但是也极大地影响了流通性和灵活性，是特定时代下特定文化的产物，虽然在一定时期内保证了商业发展，但是在长久看来，这种形式与现代商业相悖，无法让经济获得长久发展。

由此可以看出，印度开放的文化性格对于商业的影响也是巨大的。印度商业起步非常早，早在摩亨佐·达罗城，考古学家已经发现了大量商业活动的遗迹，商业相当发达。出土的物品不仅包括用于测量的刻度尺、用于称重的砝码，而且甚至还有代表商人本人的印章。当时印度的对外贸易也比较发达，甚至还有一些良好的港口城市。但是在后来的发展历程中，由于文化因素的影响，商业受到各种客观因素的限制，比如从事商业的人少、对商业的重视程度低等，这些都对商业的发展造成了打击，没有客观利用好印度得天独厚的地理优势，这也是印度进入近代化的世界时落伍的原因。

总体来说，农耕文明给中国文化带来了厚重、安稳、重德的特点，人们普遍相信通过勤勤恳恳的努力就能在大地上创造出无限的物质财富。而印度文化则是一个庞大的多元统一体，人们重精神而轻物质，对于物质的需求和欲望较低，同时社会阶层固化也给社会生产力的发展带来了不利影响。虽然中国与印度的文化特点不同，但两者都属于大河文明，有其相似的地方，因此两国的商业思维也有相似之处，但是令人惋惜的是大河文明大多保守而务实，在商业上体现的也是如此的精神，因此两国在古代时期商业都没有获得长足的发展。

二、中印文化差异在中印商业往来活动中所起的作用

文化差异不仅体现在上文所述的各国对于发展本国商业的态度上，还体现在商贸往来活动中。

（一）印度战略文化对贸易态度的影响

两次世界大战之后，战争的硝烟逐渐远去，和平与发展成了时代的主题。各国都基于自身的实力，发展出了一套独特的战略思想体系。当代的战略思想涵盖了一个国家实施政策的基本原则与理念，不再局限于军事领域。除了国家硬实力对战略思想起到的主导性作用以外，文化、精神、观念、认同等方面的软实力也逐渐对战略思想产生越来越深厚的影响，战略思想逐渐发展成为战略文化。

印度在其独立后的几十年的发展历程中，也逐渐形成了一套基于印度文化的战略文化。这一战略文化对印度的政治、经济、军事、外交等方面的政策均产生了深刻的影响，也造就了其在对待政治联盟、国际产能合

作、对外经济贸易等方面独树一帜的态度。接下来本书将承接上文，分析印度独特的文化和心理状态对于对外贸易态度产生的影响，在此基础上再进一步分析中印两国双边贸易中印度的政策及其制定的原因。

受印度文化的影响，其战略文化具有以下三个特点。

（1）服从等级秩序观念是印度文化中很重要的一个特点。印度的种姓制度已经形成了数千年，尽管印度领导者在20世纪就已在法律上废除了种姓制度，但是种姓制度仍在许多地区尤其是农村地区根深蒂固，且种姓制度中蕴含的服从等级秩序的思想也早已奠定了印度人心中对于世界秩序的观念。种姓制度使印度社会出现严格的分级，每一级别内的人在短期内无法打破现有等级的束缚，"生而不同"也使得人们普遍接受了这一等级制度。同时，这一思想也体现在印度对待国际秩序的态度上。印度在南亚地区常常以地区大国自居，认为自己是一方的主导者，理应得到其他小国的尊重。在此种心理的主导下，印度屡屡对周边小国进行制裁和打压，以彰显自己南亚地区的霸主地位。而在整个西方国际秩序中，印度却表现出了惊人的忍让与顺从。由此可见印度在地区层面是进攻性现实主义，大国层面是防御性现实主义[①]。

（2）战略自主思想主要表现在三个方面：武力取向、利己取向和自主取向。

在印度的传统文学作品中，暴力、杀戮、祭祀等情节常常出现，而印度人民似乎对此早已习以为常。究其本因，源于印度文化传统中的"超自然中心"[②]观念，即通过自身的修行，履行自己的职责，从而达到梵我合一，尔后实现自我解脱。在这一修行的过程当中，人与人之间的道德联系逐渐被弱化，个人努力得到突出彰显，人们修行的目的不是惩恶扬善、治国平天下，而是超脱所有世间的纷杂，实现自我灵魂的升华。而武力被视

---

① 周慧.印度战略文化的现实主义取向研究［M］.北京：社会科学文献出版社，2021：89.

② 尚会鹏.印度文化传统研究：比较文化的视野［M］.北京：北京大学出版社，2004：31.

为在修行过程中可以接受的一种选择，在一种条件下的武力行为，在另外的一种条件下可以得到宽恕和理解。因此，古代印度宣扬的和平并不是世间的太平盛世，而是个体自我内心的平静。在这一过程中可能会出现武力与杀戮，但是是可以被接受和理解的。正是这一文化传统造就了印度战略文化中的武力取向。

同时，以自我为中心的修行活动也造就了印度战略文化中的利己取向。每个人的苦难都源自前世的"业报轮回"，只有完成自我的职责与使命，进行自我修行活动才可以得到解脱。因此，人们在工作、生活中大多表现出"独善其身"的一面，个人的利益和目标重于一切。因此也就使得道德信任危机出现、人际关系淡化、社会凝聚力减弱，无法团结一心面对外来侵略。这种社会分散性所导致的后果也在印度历史上得到了多次验证。

宗教上对于灵魂独立的追求赋予了印度人民自主性的取向。同时，在反抗英国取得独立的过程中，追求精神上的自由也受到了印度人民的极大尊崇。这种自主性由个人层面上升至种姓、民族、社会、国家层面就逐渐形成了印度战略文化中的战略自主的特点。这一特性造就了印度在国际上不结盟的独立外交政策，也造就了其在地区区域上的自主性——想要以一己之力控制南亚地区的小国，并时刻警惕来自外域的势力威胁。因此，印度对于中巴联盟、"一带一路"倡议等国际联盟机制始终心存警惕。

（3）印度中心观受印度教传统中的曼荼罗中心观的影响，印度在地区和国际层面都具有某种意义的优越感，这种根深蒂固的中心观造就了印度的"大国战略"。尼赫鲁曾在《印度的发现》一书中写道："印度要么做一个有声有色的大国，要么就销声匿迹。"虽然经济实力和国际影响力无法在国际层面造成很大的影响，但印度在外交方面实施极其自主的战略：研发核武器与巴基斯坦抗衡；极力打压周边小国坐实南亚霸主的地位；与欧美西方国家保持良好的关系；对东南亚国家实施"东向政策"；等等。这些战略无一不彰显了其在地区领域的称霸意愿，并极力想要在国际社会上取得话语权的野心和目标。

(二) 印度战略文化对于中印双边贸易的影响

上文中所阐述的印度战略文化造就了其独特的政治态度——在国际层面服从等级秩序，但是在地区层面又极为自主独立，并以自我为中心。在国际层面，中国虽已崛起为世界第二大经济体，但是仍然缺乏像西方国家那样强大的话语权，因此印度不会配合中国的政治举动。在地区层面，中国不属于南亚的范畴，因此印度无法对中国完全实施霸权主义政策，但印度同时又存有向周边地区扩张的倾向。再加上中印边境自卫反击战、中巴交好等因素的影响，导致两国之间的政治互信度较低，使得贸易保护主义时有发生，对双边贸易造成了极为不利的影响。

另外，这种战略文化在民间也有所体现。受印度媒体的影响，"中国威胁论"甚嚣尘上，不少印度人都具有一定的反华情绪，对中国制造的商品存在一定程度的抵触心理。

1. 印度的宗教习俗对于双边贸易的影响

印度教"轻物质、重文化"的价值观念使得带动印度人民的消费需求十分困难。受宗教因素的影响，印度人民普遍注重精神追求，对吃穿用度等方面的需求则较低，这使拉动需求变得十分困难，使中国的出口产业结构受到一定程度的限制。除了桥梁道路、通信设备等基础设施的刚性需求以外，其他制造业产品在印度市场上不太占优势。

2. 印度的民族主义对双边贸易的影响

如今，民族主义正在印度高歌猛进，不仅受到各路政治家的追捧，而且在普通民众中也具有巨大的市场。受英国长期殖民统治的影响，印度人民在获得独立以后有较强的民族主义倾向，这一倾向在商品贸易领域则表现为"国货情结"。尽管印度本国制造业落后于一些西方国家，制造出的商品不及外国商品物美价廉，但是仍然有许多印度人会选择购买本国生产的物品。这种行为是有着深刻的历史原因的，是对本国工商业进行保护的民族心理的体现。在英国长达 300 年的殖民统治期内，印度的工商企业受到了严重打击，外来工业品使印度的民族企业遭受重创。1920 年，在著名的非暴力不合作运动中，印度国大党和甘地发起了抵制英国纺织品的手纺土布运动。在圣雄甘地的号召下,印度群众纷纷开始手工纺织土布,在日常生活中穿用土布,并走上街头焚烧英国工业化纺织衣物,以此表示抗议。在国大党党员的带领下,这一时期印度人民的爱国热情空前高涨,民族企业得到了一定程度的复兴和发展。随后国大党走上政治舞台,其强烈的印度教民族主义色彩的执政方式持续了几十年,这种带有"国货情结"的民族主义也就一直延续到了今天。这一"国货情结"还在许多印度影视作品中得到体现。正因这种"国货情结"根深蒂固地存在于许多印度民众心中,导致中国产品进入印度市场十分困难。

第三章

印度各邦商业环境

印度是联邦制国家,一级行政区包括 27 个邦、6 个联邦属地及德里国家首都辖区。印度诸邦都有各自的民选政府和立法议会,立法议会的所有成员都是由本邦全体成年选举人选出的。各邦首脑称作邦长。邦长由总统任命,其在邦内行使的权力与总统在联邦政府内行使的权力通常一样。与中央政府相同,各邦也有自己的内阁,由首席部长领导,并对民选的邦立法机构负责。此章主要介绍印度各邦的情况,由于印度邦总数较多,在地理上靠近的邦会有相同的特点,因此将具有相似情况的邦归类介绍,在了解各邦大致情况的同时还能对相似的邦的情况有清晰的了解。

一、北部地区

北部地区指的是地理位置靠近喜马拉雅山,位于恒河平原以上的邦。这些邦海拔较高,降雨量相对其他地方较少,地势起伏大,多山地高原。位于这一地方的邦有旁遮普邦、喜马偕尔邦、哈里亚纳邦和北方邦等。

这些邦依托相似的地理环境,发展历史与优势也相似。以北方邦为例,北方邦是印度人口最多的邦,人口约为 2 亿人,巨大的人口潜力可以转化为生产力。北部与尼泊尔接壤,西北部与印度的北阿坎德邦和喜马偕尔邦相连,西部与哈里亚纳邦、德里和拉贾斯坦邦相连,南部与中央邦相连,东南部与恰蒂斯加尔邦和贾坎德邦相连,东部与比哈尔邦相连,是战略要地,便利的交通也可以推动贸易发展。

北方邦还是印度著名的旅游胜地,因为世界八大奇迹之一的泰姬陵就位于北方邦的阿格拉。2015 年,来北方邦的外国游客多达 310 万人。在为了发展瓦拉纳西实施的朝圣复兴和鼓励计划中,旅游部在 2015—2016 年期间批准和发布的财政支出金额分别为306万美元和623.28万美元。

北方邦是印度最大的粮食谷物产地，2015—2016年间北方邦的粮食出产量约为印度全国粮食总产量的18.39%，共生产粮食46547.9万吨。该邦生产的主要谷物包括水稻、小麦、玉米、小米、鹰嘴豆、豌豆和扁豆。北方邦是继西孟加拉邦之后印度第二大蔬菜产地，2015—2016年其蔬菜总产量为2612万吨。

截至2015—2016年，北方邦已成为印度主要的牛奶产地，其产奶量约为印度总产奶量的20.55%。在2015—2016年期间，北方邦的牛奶产量约为3295万吨，从2003—2004年至2015—2016年以6.26%的复合年增长率增长。截至2016年6月，北方邦的总发电量为19292.99兆瓦。

由于该邦拥有大量成熟劳动力，它已成为印度互联网技术（IT）和信息技术带动的服务行业的中心，包括软件、主要的商务流程外包和电子产品等领域。北方邦也已经成为半导体工业的中心，几家主要厂商在诺伊达设有办事处和研发中心。世界银行和毕马威会计师事务所的一项调查表明，北方邦的商业便利性在印度各邦中排名第十，劳动法规的实行程度排名第五。

因此，从北方邦的例子中可见：成熟的基础设施、广泛的道路网、大量的人才以及邦政府提供的各种投资和鼓励政策，是北部地区的各邦得以共同发展的原因，北部地区的发展潜力以及动力也会越来越大。

二、中部地区

中部地区是指地理上位于德干高原中部的各个邦。由于地处高原，海拔较高，地势平坦，有明显的旱季和雨季，因此中部地区的农业也较为发达，种植了多种作物。中部地区的代表邦为：中央邦、马哈拉施特拉邦。

中央邦位于印度的中部，它的北部与北方邦交界，东部与恰蒂斯加尔邦交界，南部与马哈拉施特拉邦交界，西部与古吉拉特邦和拉贾斯坦邦交界。它是印度增长最快的州邦之一。按当前价值计算，2015—2016年中央邦生产总值达到863.2亿美元。2004—2005年和2015—2016年生产总值的复合年增长率为11.84%。

中央邦自然资源丰富——燃料、矿产、农业和多样的生物资源。它是印度第三大水泥生产邦，能满足至少13%的国家需求。中央邦占据印度8.3%的煤炭储量并且拥有2180.4亿立方米煤层气储量。在2015—2016年（截至2016年2月），中央邦生产的所有矿物价值记录为24亿美元。这里有11种农业气候条件和各种有效土壤，以此支持广泛的作物种植。大约有33%的地区有森林覆盖，对于商业企业来说中央邦有药物、木材和农业开发的巨大潜力。理想的土壤和气候条件使它成为印度主要的杂粮、油菜籽和大豆生产地。

相较于其他邦对IT、生物技术、旅游经济的政策，中央邦提供独特的货币发展政策，激励企业进行产业升级。为了吸引投资者，促进企业发展，政府选择了一个鼓励单一窗口模式的系统代理（单一窗口模式指的是不同的贸易伙伴和不同的贸易相关方进行数据交换而不需分别一对一进行数据交换），这样可以尽快得到不同许可和批准的支持。世界银行和毕马威会计师事务所的研究显示，中央邦基于经商便利和各项改革的实施，位列印度各邦第三。

产业政策和促进部（DIPP）发布的数据显示，从2000年4月到2016年3月这一时期内，中央邦已经吸引外国直接投资（FDI）12.9亿美元。

中央邦已经在四个主要地区建设了IT公园，四大区域包括印多尔、瓜廖尔、博帕尔和贾巴尔普尔。大约20家公司已经签订了价值14亿美元的协议备忘录，用于投资邦内的IT行业。此外，电子制造业集群也将在博帕尔和贾巴尔普尔建立。对于这些新机构，按预算中央邦政府在2016—2017年约拨款794万美元。2015—2016年，中央邦生丝生产总量为214吨。按2015—2016年预算，中央邦将提高其蚕丝生产，政府的目标是为24940人提供就业机会。对于工业/产业现代化，国家已采取措施，例如先进产业政策的出台、基础设施的改善以及络绎不绝的投资者对产业与现代基础设施的促进，国家已开始扩大现有的IT公园、石头公园、服装园区和经济特区。为了促进快速消费品行业的增长，政府已经将瓜廖尔确立为一个快速消费品集群。2015—2016年，中央邦是印度第三大的牛奶生产商。其牛奶产量由2014—2015年间的1080万吨飞涨至2015—2016年间的1212万吨。

马哈拉施特拉邦也是印度的经济大邦之一，通称马邦。马邦与吉吉拉特邦、中央邦、查提斯加邦、安得拉邦、卡纳塔卡邦、果阿邦、内达德拉-纳加尔哈维利联邦属地接壤。2014—2015年马哈拉施特拉邦邦内生产总值占印度国内生产总值的比例为12.98%，为印度各邦之首。2004—2005年至2014—2015年复合年均增长率约为11.1%，总计高达2648亿美元。2014—2015年，该邦总出口额总计为739亿美元。

孟买为马哈拉施特拉邦首府，同时也是印度商业中心，并逐步发展成全球金融中心。孟买拥有多家全球银行与金融服务公司。该邦的另一座城市普纳已经成为教育中心。马哈拉施特拉邦已成为重要的信息技术与服务中心，涉及电子产品、控制业务与外包服务领域。依托大城市的带动效应以及技术、资金、人才等优势，马哈拉施特拉邦发展为印度工业化最发达的邦，工业领域一直处于全国领先地位。该邦不仅是小规模工业的领跑者，而且拥有的特别出口促进区数量居全印度之首。2016年1月，马哈拉施特拉邦总发电量为38716.1兆瓦。马哈拉施特拉邦汽车出口量产值占印度全国的比例为35.1%。普纳是印度汽车中心，仅平钦地区就有超过4000家汽车制造工厂。同时，马哈拉施特拉邦还拥有最大规模的本地原始设备制造厂。

根据印度互联网和移动网络协会和物联网公司（Indicus Software）的一份报告，网络就绪指数依据电子基础设施、电子参与度、信息技术服务和该邦电子政务水平等：马哈拉施特拉邦社会、物理和工业基础设施完善，也是印度网络最方便的邦。除了四大国际机场和七大国内机场外，该邦还拥有两大主要港口和53个小型港口。此外，当地电网设施也十分发达。在过去的十年里，马哈拉施特拉邦基础设施建设发展迅速，工业聚集，公私合伙制项目有望继续增加。

从中央邦和马哈拉施特拉邦可以看出中部地区基础设施较为完善、工农业基础好、工业化程度高，是印度经济发展的中部引擎。其有利地理位置便于辐射各个邻邦，促进贸易往来与人员交流，因此中部地区也成了印度最重要的区块位置。

三、东北地区

东北地区是指靠近孟加拉国的广大东北部地域。这块区域因地处恒河平原，所以地势低平，土壤深厚肥沃，降水量丰沛，灌溉水源充足，发展农业的条件得天独厚，这一地区的农业也是印度全国之冠。位于东北部地区的邦也都是农业闻名的邦，如比哈尔邦、阿萨姆邦、西孟加拉邦、奥里萨邦等。

阿萨姆邦位于印度东北部，与孟加拉国和不丹王国相邻。阿萨姆邦是印度东北部的门户，也是与东南亚国家进行贸易活动的重要纽带。该邦以茶、石油资源、蚕丝和生物多样性闻名，它也成为越来越受欢迎的野生动物旅游目的地。

阿萨姆邦经济发展迅速。按照当前价格，2015—2016年阿萨姆邦的生产总值为307.2亿美元，而从2004—2005年至2015—2016年的年均生产总值增长率为9%。根据"十二五"规划，整体增长率预计约为10%，而工业和服务业的增长率将分别为9%和13%。

阿萨姆邦水资源丰富且拥有广阔又肥沃的土地。该邦也是全国第三大石油和天然气产地，同时拥有大量的石灰石矿产。凭借5个国家公园和18个野生动物保护区，阿萨姆邦是一个当之无愧的生物多样性热点地区。同时，该邦也有包括电力和能源、矿产工业、旅游业和原油精炼工业在内的多个潜在的投资领域。

阿萨姆邦为吸引投资和加速工业发展，采取了许多有利于投资者的政策。其重点关注的领域包括IT、旅游和电力部门，同时也采取了其他一些积极举措，如2007年的东北工业与投资促进政策和2014年的工业与投资政策。根据世界银行和毕马威的研究，阿萨姆邦在开展业务和改革实施方面，在印度各邦排名中位列第22位。

西孟加拉邦位于印度东部，与贾坎德邦、比哈尔邦、奥里萨邦、锡金邦和阿萨姆邦接壤。该邦还与孟加拉国、不丹和尼泊尔共享国际边界。孟加拉湾在该邦的南部，海运便利，经济腹地广阔。

西孟加拉邦是印度的第六大经济体，2015—2016年该邦的国内生产总值为1405.6亿美元。2015—2016年与2004—2005年相比该邦生产总值的复合年均增长率为10.57%。农业是该邦的主要产业，并且在2014—2015年贡献了18.8个百分点的生产总值。西孟加拉邦是印度最大的水稻生产国。2015—2016年为国家生产了1610万吨水稻。西孟加拉邦也是印度最大的鱼类生产地。在2015—2016年，该邦共生产了163万吨鱼，与2014—2015年的161万吨相比增加了2万吨。截至2016年6月，西孟加拉邦已安装的发电装置可发电9988.4兆瓦。

西孟加拉邦是印度第二大产茶地，并且是全球著名的大吉岭茶的原产地。在2014—2015年间，西孟加拉邦产出32930万千克的茶，茶叶总产量为整个印度的27.8%。2015年4月到9月茶叶总产量为21110万千克。加尔各答是印度黄麻产业的中心。该邦黄麻生产量可达全印度第一。在2015—2016年，该邦生产了大约238万吨的甘蔗和310万吨的水果。西孟加拉邦也是皮革的主要出口区之一，有666个生产皮革和皮革制品的单位，有22%~25%的印度制革活动在加尔各答进行。

它的区位优势使该邦成为印度东部、东北部、尼泊尔和不丹地区的传统市场。这也是南洋市场的一个战略切入点，加尔各答经营商贸业务的成本也低于其他城市。

西孟加拉邦还拥有丰富的矿产资源和适宜的农业、园艺和渔业发展的气候条件。它附近也有矿产资源丰富的地区如查尔坎德邦、比哈尔邦和奥里萨邦。西孟加拉邦还提供了到印度其他地区的便利方式，如铁路、公路、港口和机场。

同为东北地区的比哈尔邦也是一个农业大邦。土地和人口是比哈尔邦最主要的资源。农业在比哈尔邦经济中占统治地位，该邦82%的人口居住在农村地区。比哈尔邦总面积约936万公顷，794.6万公顷的总农业面积中，纯耕地面积达560.3万公顷。农业总面积中通过不同水源得到灌溉的有438.6万公顷，其中纯耕地面积为335.1万公顷。比哈尔邦的土地十分肥沃，盛产多种农作物。当地的主要粮食作物包括稻谷、小麦、玉米、豆类，主要的经济作物包括甘蔗、马铃薯、烟草、油料作物、洋葱、辣椒、黄麻、鹰嘴豆等。平均粮食产量为每公顷1480千克，而印度全国每公顷土地的平均产量为1546千克。比哈尔邦鼓励农民出口芒果、荔枝、香蕉等新鲜水果以及蔬菜、园艺产品、丝绸等产品。

比哈尔邦的工业多以农业为基础。当地以农业为基础的不同规模的工业企业包括布克萨尔、布尔尼亚以及阿拉里亚等地的碾米厂，布克萨尔、布尔尼亚、萨兰、撒马斯提布尔和巴特那等地的糖厂以及位于布尔尼亚、阿拉里亚、布克萨尔和蒙吉尔等地的食用油加工厂。首府巴特那附近的哈吉布尔建有一座出口促进工业园。该园区集中了大量以农业为基础的工业企业以及食品加工企业。工业园与印度全国所有主要的工商业中心联通畅达。巴特那还拥有一座软件技术园，它的基础设施一流，并提供世界级的休闲设施和完善的设施管理。

旅游业是比哈尔邦地方经济中最重要的行业之一。比哈尔邦拥有大量有待开发的旅游资源，当地政府目前正在采取改善基础设施以及扩大比哈尔邦知名度等措施，以振兴当地的旅游业。

由此可见，东北地区凭借优越的自然条件发展农业的优势明显，且地处沿海地区，海运便利，有利于货物出口。与多个国家毗邻的区位优势有利于开展国家间贸易，是经济发展重要的区域之一。

四、南部地区

南部地区只是位于德干高原南部的地理分区。该地区地域广阔、地形平坦，位于高止山脉之间，气温较高，有明显的雨季和旱季之分。南部地区代表的邦为安得拉邦、泰米尔纳德邦和卡纳塔克邦。

安得拉邦北部与恰迪斯加尔邦相连，东北部与奥利萨邦相连，西部是泰米尔纳德邦，东部是孟加拉湾。

根据2014年的安得拉邦的重组法案（又称泰伦加纳法案），旧安得拉邦被分成泰伦加纳邦和安得拉邦。重组法案涉及财务、债务的分配，两邦的地域分界线划分以及重组以后原邦首府海德拉巴的地位等问题。

安得拉邦具有先进的实体工业制造行业和虚拟联通行业。据估算，安得拉邦在2015—2016年的生产总值约为921.1亿美元。从2004年至2016年，生产总值年均增长率为10.67%。安得拉邦政府2016—2017年的财政预算为207.2亿美元，重点将放在教育（26.7亿美元）、灌溉（10.9亿美元）、卫生（93.2亿美元）和能源（61.4亿美元）方面。同时，该政府将投资48.644亿美元用于本邦的道路和房屋建设。从2016年7月开始，安得拉邦实验性地划分了19个经济特区，这次划分涉及手工业、服装、食品加工、鞋履、皮草、综合产业、医药和IT等行业。新安得拉邦包括拉雅拉西马和旧安得拉邦的沿海部分，由于沿海多港口，旧安得拉邦几乎所有的煤矿产业建在海岸线附近，因此，新安得拉邦保留了安得拉邦最具竞争力的产业。到2016年7月，安得拉邦所有发电装置总发电功率已经达到15311.17兆瓦。

安得拉邦在全国率先执行产业单一窗口许可条令，该条令为了使新产业更快地获得许可，强制实行单窗口注册。该邦也在太阳能、电子硬件和食品加工等特殊产业中实行对应政策来促进它们的发展。

安得拉邦的海岸线长达974千米，同时它还有许多美丽的古庙景点、大片富饶的森林和特色料理，这些吸引了大批游客，邦内的旅游产业在近几年得到了很大的提升。安得拉邦同时是最大的盐水虾和淡水虾的出产地，总额在国内的海产品出口中占到了20%。

泰米尔纳德邦为印度第四大邦。该邦位于印度南部，北接安得拉邦，西与卡纳塔克邦、喀拉拉邦接壤，南临印度洋，东部为孟加拉湾。2004—2005年至2015—2016年，泰米尔纳德邦复合年增长率为12.31%，2015—2016年邦内生产总值为1750.33亿美元，人均邦内生产总值（依以当前汇率）为2430.5美元。

泰米尔纳德邦制造业较为发达，汽车和汽车配件、工程、制药、服装、化纤品、皮革品、化学品、塑料等多个行业处于领先地位。泰米尔纳德邦在工厂数量和工人数量方面居印度各邦之首。

金奈作为印度汽车生产中心取得了巨大的成就,素有"印度底特律"之称。蒂鲁巴和哥印拜陀市是泰米尔纳德邦重要的纺织中心。蒂鲁巴有"纺织城"之称,而哥印拜陀市被称为"南印曼彻斯特"。金奈临近东亚各国,现已成为国际金融中心。

泰米尔纳德邦基础设施完善,公路铁路网发达,拥有三大主要港口和23个小港口,全邦共有7座机场,交通极其便利。2016年6月,泰米尔纳德邦总发电量为26.25千兆瓦。为响应"视角2023"计划,邦政府基础设施投资占邦内生产总值的比例由2015年的4%~5%进一步增加到2019年的11.5%。泰米尔纳德邦政府正在与多个行业组织协商,旨在制定一项新政策促进创业。

印度南部地区不仅经济发达,而且还有众多的文化遗产,是传统印度文明的发祥地之一,凭借各种文化遗产发展起来的旅游业也十分发达,具有强大的市场潜力。

五、沿海地区

沿海地区是指拥有海岸线的各个邦。印度位于南亚次大陆上,濒临印度洋和孟加拉湾,拥有较长的海岸线,能通过海运和东亚、东南亚、欧洲、美洲往来。因此沿海地区也是大航海时代来临之后最早借助海上贸易发展的地区,时至今日,沿海地区依靠贸易和旅游业迅速发展,成为全国第三产业占比最高的地区之一。沿海地区的典型代表是果阿邦。

果阿邦位于印度西部,北临马哈拉施特拉邦,东及南方与卡纳塔克邦接邻,西临阿拉伯海。果阿邦是印度联邦共和国面积最小的一个邦,人口是印度人口第三少的邦,仅多于锡金邦、米佐拉姆邦。果阿邦首府位于帕纳吉,而最大的镇是达·伽马城。历史上果阿曾是葡萄牙殖民地,葡萄牙的商人于16世纪抵达果阿,不久即占据该地,打压印度教徒及回教徒,导致该地多数人口归信天主教。葡萄牙的殖民时期延续了约450年,直至1961年才被印度用武力夺得其主权。今日,果阿邦拥有美丽的自然风光,独一无二的海滩和丰富多彩的文化,因而被称为旅游天堂,以人均资产值计算,果阿邦是印度最富裕的一个邦。

果阿邦是全国发展最快的地区之一。2004—2015年,果阿邦的商品生产总值增长率为11.39%,该邦人均国民生产毛额为4765.7美元,这个数值在印度国内位居榜首。2015年,矿业、旅游、制药等行业的快速发展带动了果阿邦的经济,使得该邦的经济发展速度不断提高。

旅游业是果阿邦的支柱产业,也是地区经济的主要产业,吸引了所有来印度的外国游客的12%。果阿邦有两个主要旅游旺季——夏季和冬季。在冬季,外国游客(主要来自欧洲)被果阿邦宜人的气候所吸引,而在夏季(对果阿邦来说也是雨季),来自印度各地的游客到这里度假。旅游业主要集中在果阿邦的沿海地区,内陆地区的旅游相对较少。著名的旅游景点主要有西高止山脉、圣加大肋纳主教座堂和杜德萨加瀑布。2012年7月1日,第36届世界遗产委员会会议讨论并通过将"西高止山脉"列入《世界遗产名录》。西高止山脉是印度南部的一座山脉,位于德干高原的西部,呈南北走向,长度约1600千米,海拔平均为900米,其东坡平缓,西坡陡峭。西高止山脉比喜马拉雅山脉更古老,它反映了具有独特生物物理过程和生态过程的地貌特征具有的重要意义。圣加大肋纳主教座堂坐落于印度果阿邦的果阿旧城,是天主教果亚暨达曼总教区主教座堂,供奉亚历山大的加大肋纳,是果阿最古老、最有名的宗教建筑,是印度最大的教堂,同时也是亚洲最大的教堂之一。杜德萨加瀑布坐落于印度果阿邦曼多菲河上,临近帕纳吉,是一个分层瀑布,分为四段,加起来共310米,平均宽度30米,为印度第五长的瀑布,是世界上最知名的瀑布之一。杜德萨加瀑布从高山上飞奔而下,周围被葱郁的树木包围,多种鸟类、动物和昆虫生活在瀑布附近。

除了旅游业之外,果阿邦的采矿业也十分发达。在果阿邦远离海岸的内陆有丰富的矿产资源,采矿业构成了该邦的第二大产业。果阿邦的矿产主要是铁、铝土、锰、黏土、石灰石和硅。果阿邦还拥有较长的海岸线和良好的港湾。港湾全年不冻,水位深厚,和陆上交通相连构成完整的交通网，经济腹地广阔。全印度出口的铁矿石39%由港口莫尔穆高港承担，港口吞吐量达到每年3000多万吨。

除此之外，果阿邦的工业、农业、林业、渔业也在发展，但随着工业化的进程加快和经济转型发展，这些产业也在逐渐地加入工业化的浪潮。农业在过去40年间对经济的重要性逐渐下降，却仍为当地为数可观的人口提供了兼职机会。稻米是主要农产品，其次是槟榔、腰果和椰子。从事渔业的大约有4万人，但最近的官方数据显示这一领域的重要度有所下降，产量也随之降低，也许跟传统捕鱼业正被远洋机械拖网捕鱼所替代有关。中等规模的工业包括制造杀虫剂、化肥、轮胎、管道、鞋类、化工品、药品、谷物产品、轧钢、水果和鱼肉罐头、腰果、纺织品、酿酒产品。由于酒类消费税很低，在果阿邦购买酒类产品很便宜。另外流入果阿邦的现金有一个重要的来源是在国外工作的公民汇到家乡的现款。

由此可见，印度的沿海地区像是经济发展的环形带，围绕印度，强有力地推动其经济发展。

印度的五大地理分区各有特点，又相互联系、相互交织，共同作用于印度经济的发展。现如今印度的各个邦都仍然以第一产业为主，第二产业次之，然后是第三产业。在"印度制造"等计划的推动下，印度的工业化发展较为迅速，城市化进程也在加快，农业现代化程度逐渐加深。但是在工业化进程加快的同时，地区经济发展有失均衡，滞后城市化和超前城市化的现象频现，环境保护问题严重，尤其是在生态环境脆弱的地区。印度在经济获得发展的同时，也需要多种措施并举，以实现全面和谐可持续性发展。

第四章

印度制造

一、总述

"印度制造"计划（Make in India Campaign）作为印度总理纳伦德拉·莫迪（Narendra Modi）上台后提出的战略，正在印度国内迅速推进。"印度制造"是希望利用本国劳动力和资源优势，鼓励外商加大对印度的投资，包括直接投资和间接投资，鼓励在本国开设工厂，改善基础设施建设，推进制造业发展。对于中国企业与投资者能够更好地在与印度的商贸往来中掌握信息、获得优势，全面地了解"印度制造"的概况是十分有必要的。

二、"印度制造"计划总述

"印度制造"计划旨在促进投资、培养创新、保护知识产权与建立高规格制造业基础设施，希望将制造业占印度国内生产总值的比重从目前的15%提升至25%，并为每年进入印度劳动力市场的逾1200万年轻人创造就业机会。计划将主要从四个方面带来较大的创新：投资程序、投资理念、基础设施和产业部门。

（一）投资程序更精简

印度政府将重点放在投资便利化上，努力为外国投资者提供最大的便利。以往中国对印度的投资属于对外投资，需要经过国内对外投资审批程序和国外投资审批程序。国内一般程序为：企业在做出向境外投资的决议后，首先向省级发改委申请，省级发改委审核报国家发改委批准，取得发改委对项目的核准——履行完上述审批程序后，企业通过省级商务部门向商务部提出申请，获得商务部门的核准，取得中国企业境外投资证书——企业需到外管局办理外汇登记，凭境外直接投资主管部门的核准文件和境外直接投资外汇登记证，在外汇指定银行办理境外直接投资资金汇出手续以将外汇汇出中国。国外投资审批程序对于外国投资者来讲，投资项目经过东道国审查机关批准后，才取得了合法地位，使投资得到法律的保护和各种法定的权利和优惠。[1] 其中，审查的材料包括投资者呈交的投资申请和各种资料，包括投资计划、项目、方案、投资协议、合同和章程、投资者的资信、投资项目可行性研究报告、工业产权证明以及一些其他必要的文件。审查根据内容划分可以分为程序审查和实质审查。程序审查侧重于查明投资项目是否具备法定申请程序，实质审查是甄别投资项目能否对东道主国家的经济起到帮助作用。审查合格的项目可以到有关管理机构登记注册。计划为了便利外国投资，在许可证的免除和放宽管制上给予较多的自由。根据《外商统一投资汇编》以及印度政府出台的政策[2]，只要外国公司持有的股份不超过印度政府对不同行业外资的最高限额，企业就可以享受自动审批的待遇，只需向印度储备银行（Reserve Bank of India）的外汇部申报并填写表格即可获得投资批准。政府也在逐渐提高外资最高限额的限制，并且延长许可证的时效，体现了莫迪政府吸引外国投资者的决心。

（二）投资理念转向企业

为了更好地吸引外资，印度政府转变了投资理念，从监管市场的角色向服务的角色转型，各部门将目标集中在公司上。从投资者首次到达印度开始，印度便有专门的小组为其提供专业的指导与协助。以于2018年2月在国防生产部成立的国防投资小组为例，首先可以为国防领域投资者提供投资机会、流程、监管要求等所有必要信息的查询，其次在投资者进行投

---

[1] 何盛明. 财经大辞典 [M]. 北京：中国财政经济出版社，1990：448.
[2] 印度政府至今没有统一的关于外资投资的法律规定，而是以分散在各个政府文件中的政策为依据。

资程序时，还可以给予一定的帮助。

（三）基础设施更新完善

薄弱的基础设施一直是印度工业发展的瓶颈之一，并成为其吸引全球投资者的巨大羁绊。据世界银行（World Bank）研究预计，印度用于基础设施建设（基建）需要的投资高达1.7万~2.2万亿美元。早在2017年，印度就曾提出计划斥资6.92万亿卢比（972亿美元）用于公共基础设施项目建设。

1. 建立工业走廊

工业走廊的发展模式在印度由来已久。建立工业走廊是印度加快基础设施建设中具有雄心的战略步骤。印度产业政策促进部的资料显示，通过产业和基建领域的整合，工业走廊正逐渐发展成助推印度工业加速增长的有效工具。印度总理莫迪在独立日演讲中慷慨陈词："来吧，让一切在印度制造。产品可以在任何地方销售，但是请在印度制造。"为此，莫迪政府也在努力打造集五大工业走廊于一体的工业型网络：清奈—班加罗尔工业走廊（CBIC）、班加罗尔—孟买工业走廊（BEMC）、德里—孟买工业走廊（DMIC）、阿姆利则—加尔各答工业走廊（AKIC）、东海岸工业走廊（ECEC），最终将形成一个相互之间联系紧密的环状结构，并成为印度今后制造业发展的新阵地。五大工业走廊共覆盖15个邦，帮助产业部落聚集，并成为推动经济发展的强大引擎。

2. 产业群集聚

产业集聚是指同一或相近的生产工业，通常处于生产链的"上—下游"，逐渐在地域上靠拢的一种趋势。产业集聚有利于推动企业之间的合作，减少运输成本，推动生产技术进步。产业集聚主要分为市场创造型和资本转移型。印度政府为了吸引外商投资，大力投资开发工业园区。以位于五大工业走廊中的DMIC的联合产业城镇诺伊达为例，诺伊达面积约为0.50平方千米，靠近首都德里，众多国外公司，如中国手机品牌OPPO、印度当地手机龙头LAVA与移动支付巨头Paytm都在此处设立总部，其中聚集的产业包括综合制造业、IT零组件、高科技电子业、汽车业、重机械工业、金属制品等。

3. 智能城市培养

随着工业走廊以及产业集聚效应逐渐加强，印度一批智慧城市也应运而生。印度总理莫迪于"印度制造"计划出台之后提出了"智慧城市"战略，计划将全印度 100 座城市建设为智慧城市。为了建设智慧城市，印度政府将加强基础设施建设、完善公共交通网络及网络连接和电子政务体系等，并且给予金融公司和 IT 服务企业较大优惠，希望它们能够参与到该计划中来。2017 年，印度的城市化程度已经上升到 45.5%，居民对生活质量的要求越来越高，从而增加了对环保产品和服务的需求。印度 2019 年公布的首批 20 座智慧城市名单中包括了新德里、金奈等印度传统大城市。预计未来 5 年内印度将会为这 20 座城市投资 5080 亿卢比（75 亿美元）。"智慧城市"也将成为经济发展中的"点"，与"面——产业群"和"线——工业走廊"形成一个完整的、多层次的钻石经济圈。

4. 培育创新能力

在 2002 年出版的《全球竞争力报告》中，印度的创新力在 189 个国家中位居第 38。印度的 IT 产业的创新能力也一直走在前列。为了给投资者创造更好的投资环境，印度政府正在加速培育创新能力，通过加大对科研的资金投入，加快人才培养，设立专门的研究机构，助推创新能力发展。

5. 推动技能发展

对于生产技术的掌握能力是生产效率的决定因素之一。印度作为一个人口大国拥有无可比拟的人力资源优势。为了将本国的人力资源优势转化为生产力，印度政府也正在加快对就业劳工的技能培训和锻炼，关注高校对人才的培养，提高劳工对专业技能的掌握水平，提高管理规范程度，增强工人纪律性。在提高劳动力素质、推动生产力发展的同时，还能一并促进生产发展，促进产业结构升级。

（四）产业部门多样化

在"印度制造"计划实施之后，印度逐渐放开了产业限制，允许外资投资到更多的产业中来。在对国计民生与国家安全都十分重要的国防领域，印度修改了外商投资的有关政策，不仅允许外资参与重大国防领域，还将通过自动审批的外国直接投资限额提高到49%，对于一些可能带来重大科技创新以及具有重要意义的外资，甚至可以超过49%的限额。更多行业的开放以及更大幅度的开放能为投资者带来更多的选择，这也是破除贸易保护主义壁垒的表现。

三、行业总述

"印度制造"涉及的行业领域较为广泛，既包括了传统能源行业，如火力发电、石油与天然气，又包括了新兴能源行业，如可再生资源，还包括了制造业，如汽车、汽车零部件、电气机械，以及生化行业，如药品、医疗保健、生物科技。除此之外，还涉及基础设施建设和旅游业、信息管理等第三产业。第二、三产业相互交织，互为助力，形成全面的产业网。

四、具体行业分析

本章首先通过多个方面来具体分析"印度制造"主要集中的产业的投资优势、投资环境、投资政策和投资前景，其次针对具体的行业展开论述分析。

（一）印度IT行业

2020年，IT产业占印度国内生产总值的8%。印度IT产业的出口额增长了1.9%，2021财年达到了1500亿美元。2020年，IT行业登记了138000名新员工，根据印度软件技术园（STPI）统计，其注册单位的软件出口同比增长7%，从2020年的628.2亿美元提高到2021年的674亿美元，在快速数字化和IT行业及时过渡到远程工作环境的推动下，在新冠疫情流行的大环境中促进了该行业的增长。

2020—2021财年，IT行业的收入同比增长2.3%，IT行业的国内收入为450亿美元，出口收入为1500亿美元。据Gartner数据，2021年印度的IT支出达到了930亿美元（同比增长7.3%），2022年进一步增加到985亿美元，到 2025 年印度软件产品产业预计将达到 1000 亿美元。印度公司正在集中精力进行国际投资，以扩大全球足迹，增强其全球配送中心的服务。与此相一致，2021 年 2 月，塔塔咨询服务公司（TCS）宣布 2022 年将在英国各地招聘 1500 名技术员工，该开发项目将为 TCS 提升高效交付给英国客户的能力。

印度 IT 的核心竞争力和优势吸引了主要国家的大量投资，2000 年 4 月至 2020 年 9 月，印度计算机软件和硬件部门累计吸引 FDI 流入 692.9 亿美元。根据工业和国内贸易促进部（DPIIT）公布的数据，该部门在外国直接投资流入量中排名第二，计算机软件和硬件在外国直接投资中名列前茅，占外国直接投资总额 817.2 亿美元的 44%。领先的印度 IT 公司，如印孚瑟斯（Infosys）、威普罗（Wipro）、TCS 和马恒达科技（Tech Mahindra）正在使其产品多样化，并将区块链和人工智能领域的领先理念展示给客户，利用创新中心和研发中心创建差异化产品。印度 IT 和 IT 部门的一些主要发展如下：2021 年 5 月，Infosys 与总部位于新泽西州的云保险软件解决方案提供商 Majesco（美国游戏制造商 Majesco 公司）建立了合作关系，使保险公司能够帮助整个保险价值链实现数字化采用和转型。HCL 科技公司宣布与日立 ABB 电网签订多年合同，作为全球转型计划的一部分，建立一个新的绿地数字基地。通过此次合作，HCL 科技公司将帮助日立 ABB 电网建立一个新的、高效的、现代化的独立 IT 组织。塔塔咨询服务（TCS）与网络测试、测量和保证解决方案公司 VIAVI 合作，推出新的测试解决方案，以满足业界对下一代分类 5G 无线电接入网络（RAN）产品进行全面测试的需求。TCS 与拉丁美洲企业区块链联盟（LACChain）合作，这是美洲开发银行集团创新实验室领导的一项倡议，旨在推动与在拉丁美洲和加勒比地区采用区块链生态系统的国际商业机器公司（IBM）与卡哈拉格普尔理工学院（IITKharagpur）和班加罗尔印度科学研究所（IISc）等 11 家顶级学术机构合作，实现对其量子系统的"云层"访问，从而推动量子计算领域的高级培训和研究。政府为促进印度的 IT 和科学化服务（ITES）行业而采取的举措有：2021 年 5 月，印度政府支持公民参与平台 MyGov 与高等教育部的合作，发起了一项创新挑战，以创建印度语言学习应用程序；为了给 IT 行业营造有利环境，高级计算开发公司（C-DAC）推出三项创新技术——自动并行编译器（CAPC）、网络安全运营中心（CSoC）和 C-DAC 的自主高性能计算软件解决方案——并行开发环境（ParaDE）；印度电信部、印度政府和日本通信部、日本政府签署了一项谅解备忘录，以加强在 5G 技术、电信安全和海底光缆系统领域的合作，政府发布了"简化其他服务提供商"（OSP）指南，以提高 IT 行业、业务流程外包（BPO）和 IT 支持服务的业务便利性。

投资者在印度本地化中建立了数字产能，"数字印度"是发展中的关键驱动力，即建设全国性的宽带网络。鉴于数字这种极具颠覆性的新兴技术，印度软件业正在重新将自己塑造为全球数字解决方案的合作伙伴。用数字化改造自己，一些技术公司通过提高自身能力和基础设施实现这种转变。[①]

印度是全球 IT 公司最热门的离岸外包目的地。新兴技术已证明了其向全球客户提供陆上和离岸服务的能力，目前为印度的顶级 IT 公司提供了全新的机遇，到 2025 年，该行业将增长到 3500 亿美元。

（二）印度电子商务产业

电子商务改变了印度的经营方式，在智能手机普及率上升、4G 网络启动和消费者财富增加的推动下，预计到 2026 年，印度电子商务市场将从 2017 年的 385 亿美元增长到 2000 亿美元。互联网和智能手机普及率的提高，是电子商务行业增长的主要动力。截至 2020 年 9 月，在"数字印度"计划的推动下，印度的互联网连接数量显著增至 7.7645 亿，在互联网连接总数中，约 61% 的连接位于城市地区，其中 97% 的连接是无线连接。

印度在线杂货市场预计将从 2019 年的 19 亿美元增至 2024 年的 182 亿美元，复合年均增长率为 57%。2020 年第四季度，印度的电子商务订单量增长了 36%，其中个人护理、美容和健康（PCB&W）业务是最大的受益

[①] 杜振华. 印度软件与信息服务业的数字化转型及创新[J]. 全球化, 2018（6）: 74-90.

者。由于消费者需求旺盛，2020年智能手机出货量达到1.5亿部，其中5G智能手机出货量突破400万部。印度电子商务市场在节日期间的cyo2o（生活购物商城）用户商品交易总额达到8800万英镑，比上一个节日大幅增长87%。

印度电子商务部门的一些主要发展如下：2021年5月，亚马逊在其购物应用程序"MiniTV"中为印度用户推出了一项视频流服务，MiniTV以网络系列、喜剧节目、科技新闻、美食、美容与时尚内容为特色；2021年5月，Flipkart（印度最大电子商务零售商）加强了杂货基础设施，以满足印度各地的客户安全和需求；Flipkart计划在德里、加尔各答、钦奈、科因巴托雷和海得拉巴进一步扩大其杂货中心容量，面积超过80万平方英尺；2021年5月，Flipkart宣布，它正在与主权基金、私人股本巨头和其他投资者谈判，以300亿美元的估值筹集至多20亿美元的资金；2021年4月，Flipkart宣布与阿达尼集团建立商业联盟，以提高公司的物流和数据中心能力，并创造约2500个直接就业机会；2021年4月，Flipkart宣布收购在线旅游技术公司Cleartrip。Flipkart宣布收购Cleartrip 100%的股份，因为该公司正在扩大投资，以扩大其为客户提供的数字商务产品；2021年4月，基拉纳商业平台在现有投资者（Avataar风险投资公司和普洛苏斯风险投资公司）的带领下，筹集了7500万美元；2021年3月，亚马逊以10.76亿卢比（1450万美元）收购了总部位于班加罗尔的零售科技初创公司Perpule；2021年3月，在线美容店Purplle从红杉资本（印度）、弗林维斯特、布鲁姆风险投资公司和JSW风险投资公司筹集了4500万美元；2021年3月，由印度矩阵合作伙伴和安库尔资本牵头的企业对企业（B2B）海鲜市场Fresh船长筹集了300万美元的种子资本；2021年3月，代表8000万贸易商和4万个贸易商协会的全印度贸易商联合会（CAIT）宣布为其电子商务门户"巴拉特电子市场"推出移动应用程序。该协会旨在让更多的小商贩通过智能手机轻松在线销售；2021年2月，Flipkart与马哈拉施特拉邦卡迪村工业委员会和马哈拉施特拉邦小型工业发展公司合作，将当地工匠和中小企业纳入电子商务生态系统；2021年2月，Zomato（印度美食推荐平台）与住房和城市事务部（MoHUA）达成协议，在其门户网站上介绍300家街头食品摊贩；2021年2月，Flipkart集团的数字B2B市场将在其应用程序上提供杂货，旨在为基拉纳斯和小型零售商提供一站式服务广泛的产品选择；2021年2月，B2B电子商务公司Udaan宣布在未来7~8年内将其仓库容量增加5倍；2021年1月，Flipkart推出了超级硬币支付（SuperCoin Pay），允许客户通过SuperCoin Pay在全国5000家零售店付款，从而加强其超级币奖励计划；2021年1月，卡迪和乡村工业委员会（KVIC）公布了电子商务门户网站eKhadiIndia.com，该门户将包括5万件产品，从服装到家居装饰；2021年1月，B2B电子商务平台Udaan从新投资者奥塔赫德龙资本和月石资本筹集了204.8亿卢比（2.8亿美元）的额外资金。在此之前，2019年10月，该公司从腾讯、阿默、人行道风险投资、希尔豪斯、纪源资本（GGV）资本和花旗创投筹集了426亿卢比（5.85亿美元），该公司最新的基金用于印度继续创造B2B电子商务市场，并将全国更多的小企业数字化。

  自2014年以来，印度政府宣布了各种举措，即"数字印度""印度制造""印度初创公司""技能印度"和"创新基金"。这些计划的及时和有效实施将可能支持该国电子商务的增长，政府为在印度推广电子商务而采取的一些主要举措如下：2020年2月15日，政府电子市场（GeM）列出了超过13899个产品类别和176个服务类别的1071747个卖家和服务提供商。在2020—2021财政年度，政府从微型和小型企业的采购估价约为2342.4亿卢比（32亿美元）。为了在电子商务平台上系统化零售商的准入流程，DPIIT正计划利用数字商务开放网络（ONDC）为编目、供应商发现和价格发现制定协议。该部门旨在为所有市场参与者提供平等机会，以最佳利用电子商务生态系统，从而符合国家及其公民的更大利益。关于国家零售政策，政府在其拟议的国家零售政策中确定了五个领域：简化业务、使许可证流程合理化、零售数字化、注重改革和开放数字商业网络——指出需要以整体方式管理线下零售和电子商务。消费者事务部于2020年7月发布的《2020年消费者保护（电子商务）规则》指示电子商务公司在产品清单旁边显示原产国，此外，这些公司还必须揭示在确定其平台上产品列表后所落后的参数。2019年10月，GeM与印度联合银行签署了谅解备忘录（MOU），为一系列服务提供无现金、无纸化和透明的支付系统提供便利。在数字印度运动下，政府推出了各种举措，如乌芒、印度初创门户、巴拉特货币界面（BHIM）等，以推动数字化。2020年10月，工商部长皮尤什·戈亚尔邀请初创企业在公共采购门户网站GeM注册，为政府机构和公共事业部提供商品和服务。2020年10月，印度政府修订了2016年的均衡征税规则，规定在印度经营电子商务平台的外国公司必须拥有永久账户号码（PAN）。政府在2021—2022财年预算中对通过非居民电子商务运营商销售商品或提供服务征收2%的税。为了增加外国企业对电子商务的参与度，印度政府将外国直接投资在电子商务市场模式中的上限提高到100%（B2B模式）。政府为5G推出光纤网络的巨额投资将有助于促进印度的电子商务。

电子商务行业通过提供融资、技术和培训手段直接影响到印度的小型和微型企业，并对其他行业产生有利的连锁效应。印度电子商务产业一直呈上升趋势，预计到2034年将超过美国，成为全球第二大电子商务市场。支持数字支付、超本地物流、分析驱动客户参与度和数字广告等技术创新可能会支持该行业的增长。电子商务部门的增长还将促进就业，增加出口收入，并长期为客户提供更好的产品和服务。2022年，智能手机用户会增加84%，达到8.59亿。

预计电子零售市场将继续强劲增长，2020—2021财年的复合年均增长率超过35%，达到1.8万亿卢比（257.5亿美元）。预计在未来五年内，印度电子零售行业将达到3亿至3.5亿购物者，到2025年将商品交易总额（GMV）将达到1000亿至1200亿美元；根据贝恩公司的报告，2020年印度的GMV为20亿欧元。由于移动使用率高，预计到2025年将达到200亿美元，到2030年可能跃升至700亿美元。

（三）印度汽车工业

印度于2020年步入世界第五大汽车市场行列，乘用车和商用车类别的总销量为349万辆。由于中产阶级和年轻人口的增长，这两类车在数量上占据市场主导地位。印度也是著名的汽车出口国，对近期的出口增长有着强烈的预期。此外，印度政府和印度市场主要汽车企业提出的一些举措期望使印度成为世界两轮车和四轮车市场的领头羊。

  2016—2020财年，国内汽车产量同比增长2.36%，销量为2155万辆。2021年4月，两轮车销量为995097辆，乘用车销量为261633辆。总体而言，2020—2021财年汽车出口达到477万辆，年均增长率为6.94%。两轮车占出口车辆的73.9%，其次是乘用车占14.2%，三轮车占10.5%，商用车占1.3%。

  印度除一款电动带棚三轮车（E-rickshaws）以外的电动汽车的销量增长了20%，在两轮驱动下，2020—2021财年达到15.6万辆。根据印度国家电信学院（NITI）阿约格和落基山研究所（RMI）的数据，到2030年，印度的电动汽车产值可能达到3700亿卢比（500亿美元）。印度储能联盟的一份报告[①]估计，到2026年，印度的电动汽车市场将可能以36%的复合年均增长率增长。此外，预计同期电动汽车电池市场的复合年均增长率为30%；2021年豪华车市场销量从2020年的2万辆至2.1万辆增长到2.8万辆至3.3万辆；新制造商和新推出的产品会推动2021年及以后的这一市场。为了跟上不断增长的需求，一些汽车制造商在过去几个月开始对汽车行业的各个领域进行大量投资。根据DPIIT公布的数据，2020年以来，该行业吸引了价值254亿美元的外国直接投资。印度汽车部门的计划投资和发展如下：2020—2021年，乘用车销量达到271.1万辆，两轮车销量达到1511.9万辆，商用车销量达到56.9万辆，三轮车销量达到21.6万辆；2021年2月，德里政府开始在全州设立100个汽车电池充电点，以推动电动汽车的使用；2021年1月，菲亚特克莱斯勒汽车公司（FCA）宣布投资2.5亿美元，扩大其在印度的本土产品阵容；预计到2030年，印度汽车生产和充电基础设施将需要累计投资12.5万亿卢比（1800亿美元），以满足印度电动汽车（EV）的雄心壮志。2021年1月，兰博基尼宣布，在从新

---

  ① STAR. 印度储能联盟（IESA）报告［EB/OL］. 国际新能源网，2019-12-16.

冠疫情大流行引起的中断中恢复过来后,其目标是在印度实现高于2019年的水平。2021年1月,电动汽车制造商特斯拉在班加罗尔设立了研发中心,并将子公司注册为特斯拉印度汽车和能源私人有限公司。2020年11月,梅赛德斯-奔驰与印度国家银行合作,提供有吸引力的利率,同时通过接触该银行的潜在高净值(HNI)客户来扩大客户群。现代汽车印度公司在2019—2020财年投资350亿卢比(5亿美元),以争取市场份额,这项投资是该公司在2019年对泰米尔纳德邦政府承诺的700亿卢比(9.93亿美元)的一部分。2020年10月,电动汽车制造商动能格林宣布,除了在安得拉邦更换电池外,还计划建立一个电动高尔夫球车制造工厂,这两个项目涉及电池交换装置和建立电动高尔夫球车制造设施,投资175亿卢比(2.3627亿美元)。2020年10月,日本国际合作银行(JBIC)同意向印度国家银行提供10亿美元(740亿卢比),用于资助日本汽车制造商、供应商和经销商的制造和销售业务,并为日本汽车在印度的购买提供汽车贷款;同时,名爵(MG Motors)宣布有意投资100亿卢比(1.353亿美元),以推出新车型,并扩大业务。印度电动摩托车制造商紫外汽车从软件公司GoFrugal技术公司B系列投资中筹集了一笔公开的金额;2020年9月,马恒达与以色列REE汽车公司共同合作开发商用电动汽车;丰田Kiloskar汽车公司宣布在印度投资200多亿卢比(2.7281亿美元),用于国内客户和技术出口的电力零部件和技术;2020年4月,卢卡斯(TVS)汽车公司以约15.3亿卢比(2189万美元)收购了英国标志性的运动摩托车品牌诺顿(Norton),进入超级摩托车市场的高端(排量超过800毫升)市场;2020年3月,锂城市技术公司(Lithium Urban Technologies)与可再生能源解决方案提供商第四合作伙伴能源公司合作,在全国建设充电基础设施;2020年1月,塔塔集团汽车零部件子公司塔塔汽车公司与北京普雷斯托利特电气公司合资进入EV零部件市场。

印度政府鼓励外国投资汽车业,并允许100%的外国直接投资在自动路线下进行,印度政府的举措是:在2021—2022年联邦预算中,政府出台了自愿报废车辆政策,在报废掉目前在印度公路上行驶的旧车辆后,可能会提高对新车的需求。2021年2月，德里政府开始在全州设立100个汽车电池充电点，以推动电动汽车的采用。联合内阁在重工业部下属的生产相关激励（PLI）计划中为汽车和汽车零部件部门拨款5704.2亿卢比（78.1亿美元），政府的目标是将印度发展成为全球制造业中心和研发中心。根据国家汽车测试和研究基础设施项目（NATRiP）的消息，印度政府正计划建立研发中心，总费用为3.885亿美元，使该行业与全球标准相当。印度政府重工业部已选定该国11个城市，根据混合动力和电动汽车快速利用与制造计划（FAME-II），在其公共交通系统中引入电动汽车，政府亦会为在电动汽车领域工作的初创企业设立孵化中心。2019年2月，印度政府批准了FAME-II计划，2020—2022财年的基金需求为1000亿卢比（合13.9亿美元）。

印度汽车行业取得了不菲的成绩，根据印度创投研究机构（Venture Intelligence）的数据，在2019年，汽车制造商在印度的汽车科技初创企业中投资了5.01亿美元，已经建立了后续测试和研究中心，国际汽车技术中心（ICAT），马内萨尔国家汽车检验、维修和培训研究所（NIAIMT），西尔查尔国家汽车测试轨道（NATRAX），印多尔印度汽车研究协会（ARAI），浦那全球汽车研究中心（GARC），钦奈、SAMARTH Udyog（印度政府重工业部）-工业4.0中心，正在建立"演示暨体验"中心，以促进智能和先进制造技术发展，帮助中小企业实现工业4.0（制造技术的自动化和数据交换）。汽车工业受到各种因素的支持，例如，低成本提供熟练劳动力、强大的研发中心和低成本的钢铁生产，为熟练和非熟练劳动力提供了巨大的投资机会以及直接和间接的就业机会。到2026年，印度汽车工业（包括零部件制造业）预计将达到16.16万亿~18.18万亿卢比（2514亿~2828亿美元），印度汽车工业预计将在2021—2022年实现了强劲增长，并从新冠疫情大流行的影响中恢复过来。电动汽车尤其是两轮车，在2021—2022年已出现正销售的情况，CEEW能源金融中心（CEEW-CEF）的一项研究预计，到2030年，印度电动汽车的产值将达2060亿美元。

（四）印度汽车零部件工业

印度汽车零部件工业在过去几年中经历了健康增长，汽车零部件行业的复合年均增长率为6%，2020—2021财年达到493亿美元。由于汽车行业的发展前景良好，2021—2022财年汽车零部件行业将以两位数增长，汽车零部件行业占印度国内生产总值的2.3%，直接和间接雇用多达150万人。稳定的政府框架、购买力的提高、庞大的国内市场以及基础设施的不断发展，使印度成为投资的有利目的地。

印度汽车零部件行业大致可分为有组织行业和无组织行业，有组织的部门迎合原始设备制造商（OEM），由高价值精密仪器组成，而无组织部门则包括低价值产品，主要迎合售后类别。2020—2021财年，汽车零部件行业的收入为493亿美元，预计到2025—2026财年将达到2000亿美元；同期，汽车零部件出口以7.6%的复合年均增长率增长，达到10262.3亿卢比（合145亿美元），根据汽车零部件制造商协会（ACMA）的数据[1]，到2026年，印度的汽车零部件出口额预计将达到800亿美元。

根据DPIIT公布的数据，2000年4月至2020年12月期间流入印度汽车工业的FDI为253.9亿美元。印度汽车零部件部门正在实施一项投资计划，2021年5月，印度政府批准了一项支出181亿卢比（2.473亿美元）生产先进化学电池的PLI计划；2021年3月，政府宣布向生产EV的公司提供新的激励措施，作为广泛的汽车行业计划的一部分，该计划在未来五年内吸引140亿美元的投资；2021年2月，Vedanta资源公司推出了其最新产品——铝缸盖合金，这是制造缸盖和其他汽车零部件的重要原料。至2030年，印度需要累计投资12.5万亿卢比（1800亿美元）到汽车生产和充电基础设施，以满足印度EV的发展，增加当地制造商对汽车零部件的需求。2021年1月，铃木汽车公司和现代汽车公司宣布计划探索如何使印度成为全球重要的零部件采购中心，并促进该国汽车出口的大幅增长；2021年1月，法国电池系统供应商福赛电力也承诺在印度项目第一阶段投资8.2亿卢比（1118万美元）；2020年10月，JBIC向印度国家银行提供740亿卢比（10亿美元），用于资助日本汽车制造商、供应商和经销商的

---

[1] 法兰克福，印度汽车零部件制造协会；2021年印度国际汽车零部件及售后服务展；展会地点：印度新德里；时间：2021-02-25至2021-02-28。

制造和销售业务，并为日本汽车在印度的购买提供汽车贷款；2020年10月，泰米尔纳德邦政府签署了14份谅解备忘录，在该邦创造69712个就业机会；2020年9月，日本横滨集团旗下的越野轮胎制造商联盟轮胎集团（ATG）宣布计划在维沙卡帕特南（Visakhapatnam）建立第三家工厂，投资124亿卢比（1.65亿美元），拟议中的工厂将每年增加2万吨以上（每天55吨橡胶重量）的产能，使印度两家工厂的年产量达到2.3万吨，于2023年第一季度投产；2020年9月，丰田Kiloskar汽车公司投资2000亿卢比（27.281亿美元），用于电力零部件和技术；2020年2月，国家工程工业有限公司（NEIL）宣布在三年内投资10亿卢比（1431万美元），用于在其斋浦尔工厂生产针辊轴承；2020年1月，塔塔汽车计算系统公司与总部位于北京的Prestolite电气公司合资进入EV零部件市场。

印度政府在汽车零部件行业的成绩：2020—2021财年，两轮车、乘用车、商用车和三轮车产量分别达到2103万辆、343万辆、0.75万辆和113万辆；由重工业部制订的印度FAME计划使得注册原始设备制造商和车辆型号持续增加，此外，该计划还提高了电动汽车的销售，2020—2022财年的基金需求为1000亿卢比（13.9亿美元）；NATRiP在浦那（Pune）建立了各种设施，包括由碰撞核心设施和碰撞仪器（包括假人）组成的被动安全实验室；为了给公共交通的电子交通带来了新的动力，重工业部宣布推出基于电力的公共和共享交通方式。

印度政府计划到2026年，印度汽车工业的营业额达到3000亿美元，复合年均增长率从目前的740亿美元增长到15%。2020年11月，联盟内阁批准了汽车和汽车零部件的生产挂钩激励（PLI）计划，核准的财政支出为5704.2亿卢比（81亿美元）。政府已经出台了2016—2026年汽车任务计划（AMP），该计划帮助汽车行业增长，并从以下方式惠及印度经济：汽车工业对国内生产总值的贡献率上升到12%以上，创造约6500万个直接或间接的就业机会。

迅速全球化的世界正在为运输业开辟新的机遇，尤其是在它转向电动、电子和混合动力汽车的同时，这些运输汽车更高效、更安全、更可靠，在未来十年中，为汽车组件制造商带来了新的竞争和机会，同时这些厂商也需要通过系统的研发来抓住这些机遇。

汽车零部件制造商协会（ACMA）计划到2026年，印度的汽车零部件出口额达到800亿美元，随着全球供应链的转变，到2026年，印度全球汽车零部件贸易以4%~5%的速度增长。2020年12月，电力PSU合资企业能源效率服务有限公司（EESL）在2020—2021财年中在全国安装了约500个EV充电站，到2025年，印度汽车零部件产业将成为世界第三大汽车零部件产业，印度汽车零部件制造商完全有能力从该行业的全球化中获益。

（五）印度医疗保健行业

无论收入还是就业方面，医疗保健都已成为印度最大的行业之一，医疗保健包括医院、医疗设备、临床试验、外包、远程医疗、医疗旅游、医疗保险和医疗设备。印度医疗保健行业正以非常快的速度增长，因为它增加了覆盖面、服务以及公共和私人企业支出。

印度医疗保健服务系统由公共和私人两个主要部分组成。政府，即公共保健系统，包括重点城市有限的保健机构，在农村地区以初级保健中心的形式提供基本保健设施；私营部门大多数为二级、三级和四级护理机构，主要集中在一线和二线城市。印度的竞争优势在于其训练有素的医疗专业人员，而且与亚洲和西方国家的同行相比，印度的成本竞争力也更强，印度的手术费用大约是美国或西欧的十分之一。

到2022年，医疗保健市场增长3倍，达到8.6万亿卢比（1334.4亿美元）。在2021年预算中，印度的公共医疗支出占国内生产总值的比例为1.2%，日益壮大的中产阶级，加上新疾病负担的上升，正在提高对医疗保险覆盖的需求。随着对负担得起和高质量的医疗保健的需求不断增加，医疗保险的渗透率在未来几年内将扩大。2020—2021财年，卫生部门的书面保费总额同比增长13.7%，达到5858.436亿卢比（80亿美元），健康部门在该国赚取的保费总额中占29.5%。根据DPIIT公布的数据，2000年4月至2020年12月，药品和制药业的外国直接投资流入为177.4亿美元。印

47

度医疗保健行业最近的一些举措如下：截至2021年5月25日，印度人已接种了1.984亿剂新冠（COVID-19）疫苗；塔塔数码在1mg（在线医药初创公司）注入了10亿卢比（1345万美元），并处于收购公司控股权的最后阶段；阿尤什委员会和科学与工业研究理事会完成了AYUSH 64（一种药物）的多中心临床试验，并发现它可用于治疗轻度至中度COVID-19感染；到2021年3月，印度出口的疫苗比向本国公民出售的疫苗多——向76个国家出口了6000万剂疫苗，向印度公民发放了5200万剂疫苗，除疫苗外，用于COVID-19治疗的药物也出现了出口上升的趋势，例如，瑞德西韦（Remdesivir）的出口额在2021年3月翻了一番，从2021年2月的575万美元增至1480万美元。2021年3月，联邦卫生部部长表示，印度全国有157所医学院处于不同的实施阶段，其中，58所学院处于第一阶段，24所处于第二阶段，75所处于第三阶段；非寿险行业健康保险公司的书面保费总额同比增长41%，达到218.505亿卢比（2.94亿美元），原因是COVID-19激增导致健康保险产品需求上升；2021年3月17日，卫生部的eSanjeevani远程医疗服务自推出以来，已进行了300万次电话咨询；2021年3月，总部位于海得拉巴的Virchow生物技术公司和俄罗斯直接投资基金（RDIF）宣布合作，在印度生产多达2亿剂人造卫星五型疫苗；2021年2月，印度批准向25个国家提供2400万剂COVID-19疫苗，是2021年1月出口的1050万剂疫苗的2倍多；2021年2月，NBCFDC公司与阿波罗医疗技能有限公司签署谅解备忘录，共同资助属于NBCFDC目标社区的护士、医护学生和药剂师的COVID-19疫苗管理局培训方案；2021年2月，印度竞争委员会（CCI）批准西门子健康公司收购瓦里安医疗系统公司。2021年2月，印度工商部部长和英国国际贸易国务秘书完成了一次会议，讨论印度-英国贸易和投资关系的双边经贸关系。部长们还欢迎加强两国之间的双边卫生合作，如疫苗合作，使印度能够成为抗击新冠疫情的全球力量来源。2021年2月，总理莫迪为两家医院奠基，并在阿萨姆邦启动了"阿萨姆马拉"项目，即国道和主要地区公路项目。他还补充说，该州有1.25亿人正从"阿尤什曼·巴拉特"计划中受益。

印度政府为促进印度保健业的发展而采取的一些主要举措如下：2021年5月12日，印度药物控制总长（DCGI）接受了主题专家委员会（SEC）的建议，并允许其制造商巴拉特生物技术有限公司2~18岁年龄组的Covaxin（COVID疫苗）第二、三期临床试验；2021年5月17日，国防部与海得拉巴雷迪实验室（DRL）共同推出了第一批抗COVID-19药物2-脱氧-D-葡萄糖（2-DG），该药物由核医学和联合科学研究所（INMAS）开发；2021年5月，政府宣布计划增加抗真菌药物安非他明-B的供应，以治疗"黑真菌"疾病，还向国内五家生产这种药物的制造商发放了许可证；2021年3月，各州和联合反恐委员会开始执行"强化特派团因德拉达努什3.0"任务，该任务旨在接触那些因COVID-19大流行而错过或被排除在常规免疫方案外的儿童和孕妇，其目的是通过任务模式干预，加速儿童和孕妇的全面免疫；2021年3月，议会通过了《2021年全国医疗保健专业联盟委员会法案》，旨在建立一个机构，规范和维持保健专业人员的教育和服务标准；在2021年联邦预算中[1]，卫生基础设施投资同比增长2.37倍，增幅为137%，2021—2022财年卫生部门总拨款为22384.6亿卢比（307亿美元），西塔拉曼表示，其中3500亿卢比用于新冠疫苗研发；政府在2021—2022财年联邦预算中宣布，在6年内为保健部门提供6418亿卢比（88亿美元）的支出，以加强现有的"国家卫生特派团"，发展一级、二级和三级保健、保健系统与提升发现和治疗新发疾病机构的能力；在2021—2022年联合预算中，政府宣布计划启动"波山2.0任务"，将"补充营养计划"与"波山阿比扬"（营养使命）合并，以改善112个落后地区的营养结果；印度政府根据2021—2022年联邦预算核准继续执行"国民健康特派团"任务，预算为3713亿卢比（51亿美元）；在2021年联邦预算中，AYUSH部的拨款为297.0亿卢比（4.0784亿美元），高于212.2亿卢比（2.9139亿美元）。

印度是一个为医疗保健行业参与者提供机遇的地方，还是高端诊断服务的主要目的地之一，它为先进的诊断设施投入了大量资金，从而满足了

---

[1] 西塔拉曼. 印度2021—2022财年财政预算报告［R］.［2021-02-01］.

更多人口的需求。此外，印度医疗服务消费者对医疗保健维护的意识也越来越强；印度医疗保健行业非常多样化，每个领域都充满了机会，包括提供商、付款人和医疗技术。随着竞争的加剧，企业正在寻找最新的动态和趋势，这将对医疗保健行业的业务产生积极影响。印度的医疗业将从2021—2022财年的4万亿卢比（合617.9亿美元）增至8.6万亿卢比（合1328.4亿美元），复合年均增长率为16~17%；印度政府计划到2025年将公共卫生支出增加到本国国内生产总值的2.5%。印度的竞争优势还在于印度公司获得简略新药申请（ANDA）批准的成功率提高。印度在研发和医疗旅游方面也提供了巨大的机会。综上所述，印度城乡医疗基础设施都有巨大的投资机会。

（六）印度医疗器械行业

在过去十年里，印度医疗保健和医疗器械行业有了显著发展，目前医疗器械的供需仍存在巨大缺口，为印度的医疗器械制造业提供了重要机遇。目前，许多医疗器械制造商（国内和国际）正在追逐大规模医疗器械在印度渗透的这一重大增长机会。

印度医疗器械市场位居全球前20，2020年，印度医疗器械市场为110亿美元，预计2024年将达到650亿美元；印度的医疗器械行业由大型跨国公司和中小型公司组成，印度政府已开始采取各种举措，加强医疗器械部门，重点是通过医疗器械的研发和100%的外国直接投资以提振市场信心，其主要得益于中国制造业的供应链和全类优势，以及中国作为全球最具潜力的医疗器械市场，产品普及需求与升级换代需求并存，推动了印度医疗器械的高速增长[①]。2000年4月至2020年12月，医疗和外科用具部门的外国直接投资流入为21.8亿美元。印度对医疗器械的进口依赖度为75%~80%，2019年出口额为14802亿卢比（210亿美元），预计2025年复合年均增长率为29.7%，达到70490亿卢比（1000亿美元）；为增加医疗器械出口，印度卫生和家庭福利部（MOHFW）以及中央药品标准控制组织

---

① 王柳，胡志毅，罗勇军. 中印医药产业竞争力比较研究［J］. 南亚研究季刊，2021（3）：71-92.

（CDSCO）实施了以下举措：重新审查和执行 MIII 附表（《关于良好制造做法和设施要求的指南草案》）、出口标签制度、临床评估和不良报告澄清制度、国家许可当局将免费销售证书的有效期从两年延长到五年，允许出口，创建具有出口许可证的制造商名单，以便轻松进入全球监管机构，2021 年医疗器械虚拟博览会展示了印度产品，并使印度供应商与来自参与国的买家和进口商之间能够直接互动，此外，来自医疗保健行业的 300 名外国买家参加了此次虚拟博览会。

  为了进一步鼓励对医疗器械制造业的投资，2020 年 5 月，政府宣布了在五年内至少投入 342 亿卢比（4.9 亿美元）的激励计划，这些资金只有在制造商投资制造关键医疗器械时才会提供给制造商，医疗器械的重大投资和发展在 2022 年。诺伊达的高塔姆布德纳加尔拥有印度北部的第一个医疗工具和系统制造园，由亚穆纳高速公路管理局在亚穆纳高速公路工业发展局（YEIDA）空间第 28 区开发，YEIDA 推出价值 500 亿卢比（6.8535 亿美元）的任务计划，其中 10 亿卢比（1371 万美元）由中央政府资助；2021 年 2 月，旁遮普省工商部部长宣布，在旁遮普省拉杰普拉拟建一个医疗器械公园，占地 210 英亩，项目费用为 18 亿卢比（2467 万美元）；泰米尔纳德邦政府提议在坎奇普拉姆区奥拉加达姆附近建造一个医疗器械公园（占地 350 英亩），开发该项目的拟议费用为 430 亿卢比（5.892 亿美元）；总部位于孟买的体外诊断公司 Transasia 生物医疗有限公司宣布计划投资 15 亿卢比（2100 万美元），在泰兰加纳苏丹普尔的医疗器械公园设立制造单位，该公司计划在该装置中制造最先进的高科技分析器，除了针对国内和出口市场的 COVID-19、人类免疫缺陷病毒（HIV）、登革热和结核病检测外，还用于生物化学、免疫学、血液学、分子检测；总部位于日本的 Omron 医疗保健公司于 2010 年在印度设立了分公司，目前正在为印度制订增长计划，其中可能包括在印度设立制造部门和扩大其零售业务，该公司计划在印度开设 10 家零售店，并计划在瓦兰加尔建立一个中心，作为其向印度南部扩张的一部分，该公司在 2020—2021 财年，其销售额的潜在贡献达 40%，该公司在印度的营业额达到 2.2 亿卢比（300 万美元）；总部位于新德里的 SS

创新公司由著名的机器人心胸外科医生 Sudhir P Srivastava 推广，推出印度首款最便宜的机器人手术系统，该公司在 2021 年生产 100 台新的"曼特拉"多臂手术机器人系统，该系统是在过去三年中自主研发的，未来五年将销售超过 1000 台；2021 年 4 月，美敦力在海得拉巴成立了美敦力工程与创新中心（MEIC），以利用印度庞大的多元化和合格人才库，加快其在该国医疗技术领域的创新工作；ResMed 扩展了印度基于云的远程监控和管理平台"通风 AirView"，使医疗保健专业人员和医生能够利用这一数字呼吸监测解决方案，远程跟踪患者并提供更好的护理；安特希尔风险投资公司宣布与 Kanfit3D（一家以色列健康科技公司）合作，帮助该公司在印度扩张，生产定制医疗植入物，并进入医疗保健提供商的市场。

在 2014 年的"印度制造"计划中，印度政府承认医疗器械为朝阳产业，为了促进国内医疗器械制造业发展，并吸引在印度的巨额投资，印度制药部启动了国内医疗器械制造的 PLI 计划，2019 年美国食品药品管理局（FDA）共批准 ANDA 仿制药（Original Abbreviated New Drug APProvals）837 个，印度获批超过 336 个，占比超过 40%[①]；在 2021—2028 财年期间，总支出为 342 亿卢比（4.6878 亿美元）；2021 年 3 月 25 日，美国药品部（DoP）发布了《公共采购令》修订通知，将 19 台医疗器械纳入个人财产处理办公室（PPPO）修订后的指南中，预计将改善国内医疗器械制造（并加强"印度制造"），减少进口账单 400 亿卢比（5.3862 亿美元）；2021 年 4 月为了加快吸氧机、氧气浓缩器和氧气罐等医疗器械的进口，政府放宽了《法律计量法》（2011 年《包装规则》）规定的通关要求，使进口关键医疗器械更加容易；政府还批准了 9 个符合条件的项目申请，这些项目将带来总投资额约 72.963 亿卢比（1.0001 亿美元），由公司［如西门子医疗保健私人有限公司、阿伦格斯医疗系统有限公司（AMSL）、阿伦格斯 OEM 私人有限公司（AOPL）、威普罗通用电气医疗私人有限公司、尼普罗印度私人有限公司、萨哈詹德医疗技术私人有限公司、酒店医疗保健

[①] 王柳，胡志毅，罗勇军. 中印医药产业竞争力比较研究［J］. 南亚研究季刊，2021（3）：71-92.

私人有限公司、Integris 健康私人有限公司〕制造并创造了 2304 个就业机会；政府成立了国家医疗器械促进委员会，以促进当地高端医疗器械的制造，并吸引对该行业的投资。

在印度，医疗器械制造成本高昂，因为它需要对科学设施进行高额投资，为此，安得拉邦政府正在建立安得拉邦科技区（APMTZ），该区将容纳所有资本密集型的科学设施、实验室等，并将租赁给维沙卡帕特南的制造商。这一举措将有助于降低优质产品的成本。

印度的决策者需要制订一项行动计划，以减少该国对医疗器械和技术进口的依赖，据报道，目前，印度政府政策智库印度国家转型研究所（NITI Aayog）正在制定医疗器械战略路线图，类似于为电子业务提供大量资本补贴的激励计划，有助于促进印度手机的本地生产；医疗器械企业将印度发展成为国内和国际市场的制造中心，与本土制造业相结合，进行印度创新，在印度开展"制造"和"印度创新"计划的合作，并生产中低技术产品，以迎合渗透不足的国内市场。

（七）印度制药工业

印度是全球最大的非专利药品供应国，在全球制药业占有重要地位。印度制药业供应全球各种疫苗需求的 50%以上，供应美国通用疫苗需求的 40%，供应英国所有药品需求的 25%。从全球来看，印度的药品产量排名第三，价值排名第十四，国内制药行业包括 3000 家制药公司和约 10500 家制造单位。印度拥有大量科学家和工程师，他们有可能将该行业推向更高的高度，目前，全球用于防治艾滋病（获得性免疫缺陷综合征）的抗反转录病毒药物中，80%以上由印度制药公司提供。根据《2021 年印度经济调查》显示，印度国内制药行业整个市场规模约为 420 亿美元，到 2024 年可能达到 650 亿美元，到 2030 年将进一步扩大到 1200 亿至 1300 亿美元，据估计，未来十年国内市场将增长 3 倍。印度的生物技术产业包括生物制药、生物服务、生物农业、生物工业和生物信息学。2019 年，印度生物技术产业价值 640 亿美元，到 2025 年将达到 1500 亿美元；2020—2021 财年，印度的药品和药品出口额为 244.4 亿美元。

印度联盟内阁已同意修订制药部门现有的 FDI 政策，允许外国 100% 直接投资自动制造医疗器械。根据 DPIIT 公布的数据，2000 年 4 月至 2020 年 12 月，药品和制药部门累计吸引外国直接投资流入 177.5 亿美元。以下是印度制药业的投资和发展案例：政府邀请业内人士提出关于氧气浓缩器关键部件创新研发的建议。印度免疫学有限公司（IIL）和巴拉特免疫学以及生物制品公司（BIBCOL）与巴拉特生物技术公司签署了技术转让协议在当地开发疫苗，以推动印度的疫苗接种运动。礼来公司向制药公司西普拉有限公司、卢平有限公司、纳特科制药有限公司和太阳制药工业有限公司颁发了非排他性自愿许可证，用于生产和分销治疗 COVID-19 的药物巴里西替尼。杜尔加普尔的中央机械工程研究所（CSIR-CMERI）自主研发了氧气浓缩装置（OEU）技术，该装置可提供每分钟约 15 升的医用空气，氧气纯度大于 90%；国家药品定价局（NPPA）确定了 81 种药品的价格，包括非专利抗糖尿病药物，允许患者获得专利期满的正当益处；奥罗宾多制药公司宣布计划从海得拉巴的 NVNR 电力和红外线两个开放项目采购太阳能，公司将以 150 万美元的投资收购两家公司 26% 的股本，收购已于 2021 年 3 月完成；泰兰加纳政府与思拓凡（Cytiva）合作，开设了一个"快速特拉克"实验室，以加强该州的生物制药工业；格伦马克制药有限公司在印度推出索坦（SUTIB）——一种苏尼替尼口服胶囊的通用版本，用于治疗肾癌；纳特科制药公司在印度推出布里瓦拉切坦治疗癫痫；俄罗斯卫生部允许格伦马克制药公司在俄罗斯销售其新型固定剂量组合鼻喷雾剂；中央政府宣布以 1430 亿卢比（19.57 亿美元）的价格建立三个散装药品园，用于生产药品的化合物或活性药物成分（API），并减少从中国的进口。

印度政府为促进制药业采取了如下举措：为了实现自力更生，最大限度地减少对本国基本散装药品的进口依赖，制药部启动了一项 PLI 计划，通过在四个独立的"目标区段"建立国内附加值最低的绿地工厂，从 2020—2021 财年到 2029—2030 财年预计累计支出 694 亿卢比（9.5127 亿美元），促进国内制药业的发展；印度政府加速开发和生产本土 COVID-19

疫苗，为了提高特派团下的 Covaxin 疫苗的本土生产能力，印度政府生物技术部以赠款的形式向疫苗制造设施提供财政资助，以提高生产能力，2021 年 9 月，每月的剂量为 10 亿；联邦政府决定精简和快速跟踪 COVID-19 疫苗的监管系统，这些疫苗已被美国食品和药物管理局、欧洲药品管理局（EMA）、英国药品和健康产品管理局（MHRA）、日本独立行政法人医药品医疗器械综合机构（PMDA）或世卫组织紧急使用清单（EUL）列出，这一决定有助于印度更快获得外国疫苗，并鼓励进口；旁遮普邦政府宣布在该州建立三个制药园，其中，在巴辛达拟建一个制药园，占地约 1300 英亩，项目价值约 180 亿卢比（2.4558 亿美元），拉杰普拉又提出了一个价值 18 亿卢比（2456 万美元）的医疗公园项目，第三个项目，即一个绿地项目，在瓦吉拉巴德、法塔赫格尔希 Fatehgarh Sahib 提出；根据 2021—2022 年联邦预算，卫生和家庭福利部已拨款 7393.2 亿卢比（103.5 亿美元），卫生研究部拨款 266.3 亿卢比（3.66 亿美元），政府向"国家卫生特派团"拨款 3713 亿卢比（51 亿美元），印度阿育吠陀瑜伽和自然疗法部门（AYUSH）的拨款为 297 亿卢比（4.0784 亿美元）。

未来五年，印度的医药支出增长将使印度成为医药支出排名前十的国家。今后，国内销售的增长还取决于公司是否有能力调整其产品组合，以治疗心血管病、糖尿病、抑郁症和癌症等正在上升的疾病的慢性疗法；印度政府采取了许多措施来降低成本和医疗费用，迅速将非专利药品引入市场使印度制药公司受益；此外，对农村保健方案、救生药物和预防性疫苗的推动将促进制药公司的发展。

（八）印度生物技术产业

印度的生物技术在全球可以排进前十二，包括 2700 多家生物技术初创企业和 2500 多家生物技术公司，印度有 665 家美国食品药品监督管理局（FDA）批准的美国工厂，44% 的全球新药应用（ANDA）和 1400 家制造工厂符合世卫组织的要求，印度也是世界第三大重组乙型肝炎疫苗生产商和第二大 BT 棉（转基因抗虫植物棉）生产商。

2019 年，印度生物技术产业投资额达 630 亿美元，2025 年预计达到

1500亿美元，复合年均增长率预计为16.4%；2025年，印度生物技术产业在全球生物技术市场的贡献率有望从2017年的3%增长到19%；2019年印度生物制药、生物技术市场是贡献率最大的板块，占58%，紧随其后的是生物农业占19%，再之后是生物服务占15%；2019年至2025年，印度生物制品市场的复合年均增长率预计为22%，2025年将达到120亿美元；占印度生物技术产业15%的生物服务，正在成为印度临床试验、合同研究和制造活动的领先技术。

印度允许在自动路线下将100%的外国直接投资（非居民或印度公司将不需要任何政府批准）用于绿地制药和制造医疗设备。印度生物技术产业部门最近的一些投资及发展迅速：2021年1月，必奥康（Biocon）生物制剂仿制药从阿布扎比的主权财富基金ADQ获得了55.5亿卢比（7500万美元）的投资；印度首个自主研发的抗COVID-19的DNA疫苗候选者Zy-CoV-D获得DCGI批准，进行第三阶段临床试验，并得到了印度国家生物制药特派团（NBM）的支持，该特派团由印度国家生物制药公司和印度政府生物技术部赞助；巴拉特生物技术公司2021年建立了四个工厂，生产了7亿剂COVID-19疫苗，并宣布在海得拉巴生产2亿剂，在其他城市生产5亿剂；2021年3月，全球科学参与者（Cytiva）与泰兰加纳政府合作，开放了面积为1万平方英尺的实验室，加快推进当地生物制药的扩大需求；格兰制药有限公司宣布，2021年第三季度将生产2.52亿剂COVID-19疫苗。

2021年4月13日，印度联邦政府批准简化和快速跟踪COVID-19疫苗的监管体系。这一决定有助于印度更快地获得外国疫苗，并鼓励进口，提高国内疫苗生产能力和疫苗总供应量；印度政府颁布了COVID-19安全计划以加快开发和生产本土COVID-19疫苗。

2021年4月，生物技术部（DBT）批准为印度"第一类"基于信使核糖核酸（mRNA）的COVID-19疫苗HGCO19的临床研究提供额外资金。该疫苗由浦那的Gennova生物制药公司开发，DCGI批准Zydus Cadila的"维拉芬"用于治疗中度COVID-19症状的患者，维拉芬是一种卵石干扰

素 α-2b（PegIFN），当患者早期阶段感染，皮下注射维拉芬有助于患者更快恢复；印度科学与工业研究委员会下属的中央机械工程研究所（CSIR-CMERI）自主研发了一种"氧气浓缩技术"，可用于治疗 COVID-19 患者，富氧装置可提供每分钟 15 升的医用空气，氧气纯度大于 90%。印度政府根据 2021—2022 财年联邦预算，为生物技术的研发拨款为 166 亿卢比（2.2794 亿美元），计划建立 9 个生物安全 3 级（BSL-3）实验室，2020 年 11 月，印度政府向 DBT 拨款 90 亿卢比（1.2326 亿美元），用于印度 COVID-19 疫苗的研究和开发，这一方案有助于加速 5~6 种疫苗候选者的发展，并确保这些候选疫苗更接近于获得许可和在市场上推出；印度医学研究理事会（ICMR）与巴拉特生物技术国际有限公司合作开发了本土 COVID-19 疫苗（BBV152 COVID）；ICMR 挑选了 12 个研究所进行第一种本土 COVID-19 疫苗的临床试验。2021 年 2 月，印度政府宣布了多项举措，如建立 10 个生物技术大学研究联合产业转化（URJIT）集群，在 9 个城市形成伞式结构，以便更好地协调研发机构之间的协作，并侧重于在国家研究基金会（NRF）确定的国家优先推进区进行联合产业转化。DBT 设立的生物技术产业研究援助委员会旨在加强新兴生物技术企业，使之有能力进行战略研究和创新。

印度国家生物制药代表团获得一项价值 2.5 亿美元的 DBT 项目，旨在汇集工业和学术界促进生物制药的创业精神和本土制造。印度联合卫生和家庭福利部于 2019 年出台了新的《药物和临床试验规则》，改变了监管格局，批准新药并在本国进行临床试验；印度生物技术园和孵化器由科技部下属的生物技术部在全国各地建立，通过提供必要的基础设施支持，将研究转化为产品和服务，这些生物技术园为科学家和中小企业提供技术孵化、技术示范和技术研究试点设施，以加速生物技术的商业发展，目前，政府支持各州建立的 9 个生物技术园，其中大部分位于印度南部地区。

印度生物技术主张建立在创业、创新、培养国内人才和展示价值的基础上，努力在"印度制造"和"印度初创企业"等旗舰项目下推动生物技术产业的发展，增加生物技术孵化器的数量，加强研究，促进初创企业的发展。

（九）印度金融服务行业

印度的多元化金融部门正在迅速扩张，既包括现有金融服务公司的增长，又包括进入市场的由商业银行、保险公司、非银行金融公司、合作社、养老基金、共同基金和其他较小的金融实体组成的新实体。银行业监管机构最近允许设立新的实体，如支付银行，从而增加了实体类型。然而，印度的金融部门主要是银行部门，商业银行占金融系统总资产的64%以上。印度政府已经进行了若干改革，以开放、管制和加强这一行业，政府和储备银行已采取各种措施，为微型、小型和中型企业提供便利。这些措施包括为中小企业推出信用担保基金计划，向银行发出有关抵押品要求的指引，以及设立微型单位发展及再融资机构（MUDRA）[①]。在政府和私营部门的共同努力下，印度是较具活力的资本市场之一。

截至2021年4月，共同基金业管理的资产管理规模（AUM）为323798.5亿卢比（4441.1亿美元），印度通过系统投资计划（SIP）预计流入的共同基金为9608亿卢比（合131.2亿美元），股票共同基金净流入8.04万亿卢比（合1140.6亿美元）；印度金融业的另一个关键组成部分是保险业，保险业一直在快速扩张，寿险公司一年的总保费达到2.59万亿卢比（合367.3亿美元）；此外，印度领先的证交所孟买证券交易所（BSE）将与亚太交换中心（AUM公司）成立一家合资企业，通过新的分销交易平台，在该国建立一个强大的保险分销网络；在首次公开发行（IPO）中筹集了42.5亿美元，国家证券交易所（NSE）和BSE的上市公司数量分别为1793家和5647家。

2021年5月，印度储备银行（RBI）授权Eroute技术公司作为预付费支付工具（PPI）公司运营，批准皮拉马尔集团以3425卢比（47亿美元）收购德万住房金融公司（DHFL）；Sundaram资产管理公司宣布以33.853亿卢比（4678万美元）收购主要资产管理公司；美国NSE推出了尼夫蒂

[①] 《中小企业无抵押贷款计划》，印度政府和储备银行，2015.5. https：//www.pradhanmantriyojana.co.in/mudra-loan-bank-yojna-apply.

金融服务指数，该服务指数可以为机构和散户投资者提供更大的灵活性来管理其财务；人寿保险公司（LIC）通过推出数字应用程序——ANANDA，采取措施促进更快地完成提案；Paytm（印度移动支付和商务平台）报告数字黄金交易在过去6个月中增长了2倍，自本财政年度以来，新客户增加了50%，平均订单价值增加了60%；RBI宣布成立创新中心，为了鼓励获得金融服务和货物，促进金融包容，这一倡议将创造一个生态系统，RBI的创新中心旨在通过利用技术和创造有利的创新环境，促进整个金融部门的创新；WhatsAPP在印度开始其统一支付接口（UPI）支付服务，以分级方式获得印度国家支付公司（NPCI）的批准，在UPI上"上线"；UPI记录了27.3亿笔交易，价值4.93万亿卢比（673.1亿美元）；通过即时支付服务（IMPS）进行的交易数量增至3.2296亿笔（按交易量计算），按价值计算达2.99万亿卢比（408.5亿美元）。政府已经批准了100%的保险中介机构外国直接投资，并将保险业的外国直接投资限额从2021—2022年联邦预算的49%提高到74%；2021年1月，中央直接税务局在税务局电子报税网站上推出自动电子门户，处理和接收逃税投诉、外国未公开的申诉和对"Benami"财产（某人所有自遭到第三方约束的财产）的投诉；印度储备银行发布了关于非银行金融服务公司（NBFCs）申报股息的通知草案，其中建议NBFCs在过去3年内应至少拥有15%的风险加权资产比例（CRAR），包括它提议申报股息的会计年度；联盟内阁批准了政府在由阿西姆基础设施金融有限公司（AIFL）与国家投资和基础设施基金（NIIF）基础设施金融有限公司（NIIF-IFL）资助的NIIF债务平台中600亿卢比（8.1454亿美元）的股权注入计划；签署了两项谅解备忘录，一项是印度国际交易所（印度INX）和卢森堡证券交易所，另一项是印度国家银行和卢森堡证券交易所，以促进在金融服务、ESG（环境、社会和治理）和当地市场绿色金融方面的合作；内阁经济事务委员会批准继续和修订"基础设施可行性差距供资（VGF）计划"中对公私伙伴关系的财政资助计划，直至2024—2025年，总支出预计为810亿卢比（10.8亿美元）。预计到2028年，印度将成为全球第四大私人财富市场。印度是当今最有活力的全球经济体之一，其后盾是稳健的银行和保险业。外国投资规则的放宽得到了保险业的积极响应，许多公司宣布计划增加与印度公司的合资企业的股份，未来几个季度，全球保险巨头和本土企业之间可能会达成一系列合资交易；印度共同基金协会（AMFI）的目标是到2025年，资产管理规模（AUM）增长近5倍，达到95万亿卢比（1.47万亿美元），据估计，印度移动钱包行业将以150%的复合年增长率增长，到2022年达到44亿美元，而同期移动钱包交易额达到32万亿卢比（4926亿美元）。

（十）印度银行业

根据RBI的数据，印度银行业资本、监管、财政和经济条件优于世界上部分国家，信贷、市场和流动性风险研究表明，印度银行总体上具有弹性，并抵御了全球经济下滑，印度银行业最近出现了诸如支付和小型金融银行等创新银行模式，RBI的新措施可能有助于国内银行业的重组；印度的数字支付系统在25个国家中发展得最多，印度的IMPS是快速支付创新指数（FPII）中唯一处于五级的系统。

印度银行系统由12家公共部门银行、22家私营部门银行、46家外国银行、56家区域农村银行、1485家城市合作银行和96 000家农村合作银行以及合作信贷机构组成。截至2020年11月，印度的自动取款机总数增加到209 282台，公共部门银行的资产为107.83万亿卢比（1.52万亿美元）；2016—2020财年，银行信贷复合年均增长率为3.57%，信贷总额激增至16989.7亿美元，存款的复合年均增长率为13.93%，到2020—2021财年达到1.93万亿美元；根据RBI的数据，截至2021年4月23日，银行信贷和存款分别为108.6万亿卢比（1.48万亿美元）和151.34万亿卢比（2.06万亿美元），对非食品行业的信贷为108.02万亿卢比（1.47万亿美元）。

印度银行业的主要投资和发展包括：2020年12月，针对RBI的警告信息，数字贷款人协会发布了修订后的数字贷款行为守则；2020年10月，HDFC银行和阿波罗医院合作推出了"健康生活计划"，这是一个整体的医疗保健解决方案，使阿波罗数字平台上的健康生活变得方便和负担得起；

2020年3月，印度最大的银行——印度国家银行（SBI）通过私募筹集了1亿美元的绿色债券，内阁经济事务委员会批准继续开展区域农村银行资本重组进程，向无法按照RBI规定的监管准则将最低资本与CRAR维持在9%的区域农村银行资本重组进程提供最低监管资本；商业银行的不良资产在过去四年中收回了4万亿卢比（572.3亿美元），其中包括2019财年创纪录的15674.6亿卢比（224.2亿美元）的回收。印度政府根据2021—2022年联邦预算，取消对印度工商发展银行（IDBI）的投资，并将两家公共部门银行私有化，采用全自动消费税退款模块和电子发票系统，以消除单独电子账单的需要；政府顺利进行整顿，使公共部门银行数量减少8家；"普拉丹·曼特里·扬·丹·约贾纳"（PMJDY）计划被列为不限成员名额计划，并增加了更多的激励措施；政府在2022年3月前向公共部门银行注资4200亿卢比（59.9亿美元）。

印度政府在银行业的成就：2021年4月，UPI记录了27.3亿笔交易，价值4.93万亿卢比（673.1亿美元）；根据印度央行的数据，印度的外汇储备有5824.1亿美元；为了改善农村基础设施，国家农业和农村发展银行（NABARD）从财政包容基金中批准了204000个销售点（PoS）终端；通过IMPS进行的交易数量增至3.2296亿笔（按交易量计算），按价值计算达2.99万亿卢比（408.5亿美元）。印度政府增加基础设施支出、迅速执行项目和继续改革，进一步推动银行业的增长；此外，技术的进步也使移动和网上银行服务更加便利，银行业更加重视为客户提供更好的服务，升级其技术基础设施，增强客户的整体体验，并赋予银行竞争优势，印度的数字贷款在2018—2019财年为750亿美元，到2022—2023财年将达到1万亿美元，得益于数字支出的五倍增长。

（十一）印度保险业

印度保险业有24家从事人寿保险业务，34家为非寿险公司。在寿险公司中，LIC是唯一的公共部门公司，非人寿保险领域有六家公共部门保险公司，除此之外，还有一家唯一的国家再保险公司，即印度综合保险公司（GIC Re）。印度保险市场的其他利益相关者包括代理商（个人和公司）、经纪人、测量师和第三方管理人，为健康保险索赔提供服务。

2020年，印度保险部门的总体市场规模达2800亿美元，2019年至2023年，寿险业的复合年均增长率为5.3%，印度的保险渗透率在2020—2021财年被定为3.76%，人寿保险的渗透率为2.82%，非人寿保险的渗透率为0.94%，就保险密度而言，印度2020—2021财年总体为78亿美元，私营企业在一般和健康保险市场的市场份额从2019—2020财年的47.97%增加到2020—2021财年的48.03%，在人寿保险领域，私人企业在2020—2021财年的保费承保服务中占有33.78%的市场份额；2020—2021财年（截至2021年3月），印度寿险公司新业务的保费为319亿美元；在印度，非寿险公司2020—2021财年的保费总额达到265.2亿美元，而2019—2020财年为264.9亿美元，这得益于一般保险公司的强劲增长；2021年3月，非寿险行业的健康保险公司增长了41%，原因是COVID-19激增导致健康保险产品需求上升，根据标普全球市场情报数据，印度是亚太地区第二大保险技术市场，占该地区36.6亿美元以保险技术为重点的风险投资的35%。

2020—2021财年印度寿险公司新业务的保费为319亿美元，LIC在个人保险业务下实现了创纪录的第一年保费收入5640.6亿卢比（77.5亿美元），比2020年增长10.11%。印度保险业的投资和发展公司正试图利用战略伙伴关系提供以下各种服务：Max人寿保险有限公司推出了"最大人寿萨拉尔养老金"，这是一个不挂钩的个人即时年金计划；Bharti AXA综合保险推出了"健康前卫"健康保险计划，以提供整体保险，防止与医疗需求和其他医疗保健设施相关的成本加速上升；国际金融服务中心（IFSC）授权国际金融机构在古吉拉特邦甘地纳加尔市的GIFT市设立IFSC保险办事处（IIO），这是私营部门的一家非人寿保险公司。

印度政府采取了一系列举措来促进保险业的发展，其中一些内容如下：印度保险监管和发展局（IRDAI）宣布，通过Digilocker（国家个人信息平台）发行保险公司的数字保险单。根据2021年联邦预算，财政部部长宣布，作为银行和保险部门整合的一部分，LIC的IPO于2021—2022财年实施。虽然尚未进行正式的市场估值，但 LIC 的 IPO 有可能筹集到 1 万亿卢比（136.2 亿美元）。2021 年 2 月，财政部宣布向国有普通保险公司注资 300 亿卢比（4.1313 亿美元），以改善企业的整体财务状况。根据 2021 年联邦预算，已拨出 1600 亿卢比（22 亿美元）的资金用于作物保险计划。印度财长西塔拉曼 2021 年 2 月 1 日发表讲话，正式公布 2021 至 2022 财年预算案，报道称，印度保险业外国直接投资限额放宽至 74%，并将调整金银铜铁制品、太阳能组件、棉花等多个物项的进口关税。寿险行业的未来前景看好，监管框架将发生若干变化，这将导致保险业开展业务和与客户互动的方式发生进一步变化，截至 2021 年年底，整个保险业达到 2800 亿美元。目前，印度有 110 多家 InsurTech 初创公司在运营。人口因素，如中产阶级的增长、年轻可保人口的增多以及人们对保护和退休规划需求认识的提高，都将支持印度人寿保险的增长。

（十二）印度电力工业

电力是基础设施最关键的组成部分之一，对各国的经济增长、生活福利至关重要，基础设施的存在和发展对印度经济的持续增长至关重要。印度的电力部门是世界上最多元化的部门，发电来源从煤炭、褐煤、天然气、石油、水电和核能等传统能源到风能、太阳能、农业和生活垃圾等可行的非常规能源，电力需求迅速增加，预计在未来几年内将进一步上升，为了满足国内日益增长的电力需求，需要大量增加发电装机容量。2018 年 5 月，印度在衡量其整体实力的指数中，在 25 个国家中排名第四。截至 2018 年，印度风力发电排名第四，太阳能发电排名第五，可再生能源装机容量排名第五，印度在清洁能源投资 900 亿美元的国家中排名第六，印度是 20 国集团中有望实现《巴黎协定》目标的国家[①]。

印度电力行业潜力巨大，同时也面临严峻的挑战。印度电力短缺，尽管人均通电率已达 80%，但停电现象经常发生，峰时电力短缺为 2000 万千瓦。印度电力短缺问题将持续存在，每年的电力缺口在 12%~14%，印

[①] 张爽. 高质量走出去：印度 [J]. 电器工业，2021（12）：34-63.

度人均用电量长期低于世界平均水平①。印度电力行业正在经历一场重大变革，重新定义了行业前景，持续的经济增长继续推动印度的电力需求，加快了该国的产能步伐，与此同时，燃料、物流、财务和人力市场与供应双方的竞争强度也在加大。到2022年，太阳能发电贡献114千兆瓦，其次是风能发电贡献67千兆瓦，生物质能和水力发电贡献15千兆瓦，可再生能源的目标已提高到227千兆瓦；2021—2022财年，全国电力总装机容量为234.72千兆瓦，可再生能源、水能和核能装机容量分别为95.01千兆瓦、46.20千兆瓦和6.78千兆瓦。

2000年4月至2020年9月，印度吸引的外国直接投资152.3亿美元，占印度外国直接投资流入总额的3%。印度电力部门的重大投资和发展情况如下：2021年4月，通用电气可再生能源公司宣布向ClealMax顺腾公司提供陆上风力涡轮机，共110兆瓦，用于陆上风力混合动力项目。私人股本公司英联投资有限公司（Actis LLP）计划投资8.5亿美元在印度建设两个绿色能源平台；据该公司称，第一个平台将侧重于建立并网的太阳能和风能发电园区，而第二个平台将针对商业和工业领域进行定制。道达尔收购了阿达尼绿色能源20%的股份，此外，作为这笔交易的一部分，道达尔在阿达尼能源有限公司的2.35千兆瓦太阳能资产组合中承担了50%的承接，合并后的交易金额为25亿美元。亚洲开发银行（简称"亚行"）和印度政府签署了1亿美元的贷款，用于更新和升级配电系统，以提高卡纳塔克邦班加罗尔电力供应的质量和可靠性；塔塔电力公司收到喀拉拉邦电力局有限公司（KSEBL）的一份奖励函，以开发110兆瓦的太阳能项目，届时，塔塔电力的可再生能源发电能力将增至4032兆瓦，其中2667兆瓦已投入运行，1365兆瓦正在实施中，其中包括根据该代理销售协议（LOA）赢得的110兆瓦。印度最大的混合可再生能源公园的基石在古吉拉特邦库奇区维加科特村奠基，项目的费用为1.5万亿卢比（204.4亿美元）。亚行和印度政府签署了1.328亿美元的贷款，以加强和现代化配电

---

① 白文波，张爽，杨红英. 印度电力市场分析及中国电力企业在印面临的机遇与挑战[J]. 电器工业，2021（4）：61-67.

网络，提高梅加拉亚家庭、工业和企业的供电质量。中央政府签署了在卡马拉贾尔港有限公司、THDC印度有限公司和东北电力公司（NEEPCO）达成战略销售的虚拟协议，从这些交易中获得1350亿卢比（19.3亿美元）。总部位于新加坡的能源公司——胜科工业公司向胜科能源印度有限公司注资52.1亿卢比。布鲁克菲尔德将在新电力项目投资8亿美元。阿达尼传输计划收购比卡纳赫特里变速器的全部股份。ReNew Power和沙普尔吉·帕隆吉将投资近75亿卢比（1.1亿美元），在北方邦建设一个150兆瓦的浮动太阳能发电项目，印度政府提供近20个输电项目，价值1600亿卢比（22.2亿美元）。

印度政府已确定电力部门是促进工业持续增长的重点部门，政府为推动印度电力部门而采取了以下举措：2021年4月，电力部发布了国家电力政策草案，国防部成立了一个专家委员会，成员包括来自州政府、新能源和可再生能源部（MNRE）、国家转型研究所（NITI Aayog）和中央电力管理局（CEA）的成员；据中央电力局估计，到2029—2030年，可再生能源发电的比重将从18%提高到44%，而热能发电的比例预计将从78%降至52%；电力部下属的PSUs与果阿新能源部（DNRE）合资的EESL签署了一份谅解备忘录，讨论印度在该州推出的第一个融合项目；政府宣布了一项计划，在NITI Aayog下设立一个部际委员会，以研究能源前沿建模，连同一个指导委员会一起，为印度能源模型论坛（IEMF）服务，该论坛由NITI Aayog和美国国际开发署（美援署）联合发起；印度政府根据2019—2025年的国家基础设施管道拨款111万亿卢比（1.34万亿美元）；在2019—2025年，能源行业可能占资本支出的24%；政府计划到2030年建立500千兆瓦的可再生能源能力；提出了《电力法》修正案草案，会议讨论了供电义务、对违反再生能源购电协议（PPA）行为的处罚、设置智能预付费电表的法规；政府启动了针对配电公司的全国改进计划，旨在改革公用事业的财务和运营绩效。

根据《2021—2022年联邦预算》，在过去的6年内，印度新增了139千兆瓦的装机容量和1.41万千米的输电线路，连接了2.8亿户家庭，印度的太阳能从7.36卢比/千瓦时（10美分/千瓦时）降至2.63卢比/千瓦时（3.57美分/千瓦时）；全国共销售LED灯泡36.69万个，LED管灯1.14万盏，节能风扇23万台，每年节约476.5亿千瓦时；根据政府数据，2020年11月上半月，印度的电力消耗增加了7.8%，达到501.5亿BU（印度电力单位），表明经济活动有所改善；2020—2021财年，常规能源发电量为1234.44亿BU，其中热能发电量为1032.39亿BU；水能（150.30亿BU）和核能（42.94亿BU），其中8.79亿BU是从不丹进口的；印度国家热电有限公司（NTPC）是位于北方邦辛格劳利的最老单位，在2020年4月至2020年12月间，全国所有热力单位实现了100.24%的最高工厂负荷系数（PLF）；在世界银行的"获得电力"排名中，印度的排名从137位跃升至22位；印度能源赤字从4.2%降至0.7%。

印度政府公布了到2022年实现可再生能源发电能力227千兆瓦（包括114千兆瓦太阳能和67千兆瓦风力发电）的路线图。印度联合政府正在制定一项"租屋顶"政策，以支持其到2022年通过太阳能屋顶项目发电40千兆瓦的目标；印度的煤炭发电能力目前为199.5千兆瓦，到2022年总装机容量增加47.86千兆瓦。当下的新冠疫情和中印关系对在印中企的业务影响很大，放眼中长期，在印中企所面临的限制与压力也不会明显降低，需要政府、行业组织与企业积极筹谋、探讨应对之策①。

（十三）印度电信业

目前，印度电信业市场拥有11.6亿用户②，在过去十年中取得了强劲增长；据GSM协会（GSMA）与波士顿咨询集团（BCG）的合作报告，印度移动经济正在快速增长，并对印度的国内生产总值做出重大贡献，2019年，印度在应用程序下载的数量方面超过美国，成为世界第二大电信市场。

---

① 白文波，张爽，杨红英. 印度电力市场分析及中国电力企业在印面临的机遇与挑战[J]. 电器工业，2021（4）：61-67.
② 竺道，格布. 手机用户超12亿，六个关键数据看懂印度电信市场[EB/OL]. 钛媒体，2017-07-21.

印度政府的改革政策促进印度电信业的快速增长和满足消费者对电信业的强劲需求，政府建立了积极的监管框架，保障电信设备能够方便地进入市场，提供的电信服务可以确保是消费者负担得起的价格，并放松对FDI规范的管制，使印度电信行业成为全球最大、资费最便宜的电信市场。电信行业也是印度本土增长最快的行业之一，并提供了印度排名前五的就业机会。

互联网用户总数从2021年1月的7.5761亿户直线增加，其中，有线互联网用户2226万户，无线互联网用户74284万户（包括有线用户与无线用户重合部分）。2020—2021财年第三季度，电信业总收入为6822.8亿卢比（93.5亿美元）。在未来五年内，移动电话普及率的上升和数据成本的降低将使印度增加5亿新的互联网用户，为新业务创造机会。

随着电信用户基数的不断增加，电信业已投入大量的资金，根据DPIIT公布的数据，2000年4月至2020年12月流入电信业的外国直接投资总额为376.2亿美元；2021年4月，伊隆·马斯克的SpaceX开始接受其在印度的Starlink卫星互联网服务测试版的预购；高级电视系统委员会（ATSC）和印度电信标准发展协会（TSDSI）签署了一项协议，以推动印度采用ATSC标准，以便在移动设备上提供广播服务，这使得TSDSI能够遵循ATSC标准，促进全球数字广播标准的协调；印度电信BSNL与印度天空技术公司合作，宣布为渔民、农民、建筑、采矿和物流企业提供基于卫星的NB-IoT（窄带物联网）的服务。2020—2021财年第一季度，客户在电信服务上的支出同比增长16.6%，超过四分之三用于数据服务，尽管因COVID-19而中断，但消费者支出仍出现大幅增长，截至2020年5月，印度在过去一个月内访问互联网的用户超过5亿；Jio平台有限公司根据Facebook、银湖、Vista、通用大西洋、穆巴达拉、阿布扎比投资管理局（ADIA）、TPG资本和卡特顿等单项交易，在8周内向10家全球投资者出售了价值1.04万亿卢比（147.5亿美元）的22.38%股权，这是世界上最大的公司连续筹款，政府加快了电信业的改革，并继续积极地为电信公司提供增长空间；爱立信和诺基亚等公司现在有扩大在印度发展业务的意愿，三星、思科、锡耶纳和富士康等全球性公司也表示有兴趣在印度建立电信和网络产品的生产基地；电信设备出口促进委员会（TEPC）组织了印度电信 2021 年技术与业务交流融合的平台；联盟内阁批准了电信部下属的电信和网络产品生产联结激励（PLI）计划，金额为 1219.5 亿卢比（16.5 亿美元）；2021—2022 年，电信部已拨款 5873.7 亿卢比（80 亿美元），56%的拨款用于收入支出，其余 44%用于资本支出；根据 2021—2022 年联邦预算，政府拨款 1420 亿卢比（19 亿美元）用于电信基础设施，包括完成以光纤电缆为基础的国防服务网络和推出宽带及改善东北部的移动服务；印度和日本签署了加强信息通信技术领域合作的谅解备忘录，谅解备忘录由通信、电子和 IT 联盟部长与日本内务和通信大臣签署；电信部发布通知，申请拍卖 700MHz、800 MHz、900 MHz、1800 MHz、2100 MHz、2300 MHz 和 2500 MHz 频段的频谱；由总理莫迪主持的联盟内阁批准了电信部提出的由公共数据办公室聚合器（PDOAs）建立公共 WiFi 网络的建议，以便通过公共数据办公室（PDO）提供公共 WiFi 服务；由总理莫迪主持的联盟内阁批准在科钦和拉克沙德韦普群岛（KLI 项目）之间提供海底光缆连接；由总理莫迪主持的联盟内阁批准通信和信息技术部与联合政府数字、文化、媒体和体育部签署关于电信、信息和通信技术领域合作的谅解备忘录；总理莫迪启动了一个通过光纤互联网服务连接比哈尔邦所有（45945 个）村庄的项目，该项目于 2021 年 3 月 31 日前完成，费用为 100 亿卢比（1.3597 亿美元），其中 64 亿卢比（8701 万美元）的资本支出由电信部供资；政府批准了大规模电子制造 PLI，该计划提出了与生产挂钩的激励措施，促进国内制造业吸引对移动电话制造和包括组装、测试、标记和包装的特定电子元件单元的大规模投资；电信业的外国直接投资上限从 74%提高到 100%，其中 49%通过自由投资完成，其余部分通过外国投资促进委员会（FIPB）审批路线完成，提供深色光纤、电子邮件和语音邮件的基础设施提供商可获得高达 100%的外国直接投资。

在过去四年里，电信部推出了"塔朗三查尔"的门户网站，共享有关移动塔和电磁辐射（EMF）排放合规的信息；UPI 的付款额达到 23.0 亿卢比（2800万美元）（按交易量）的历史最高水平，交易额为4.31万亿卢比（590.8亿美元）；互联网覆盖面从2.51亿用户增加到4.46亿，增幅超过75%。

2020年，电信设备部门的收入增至263.8亿美元，2021年，互联网用户数量翻一番，达到8.29亿，IP总流量增长4倍，复合年均增长率为30%；2020年至2023年间的年增长率为11%，印度有望成为增长最快的电信广告市场；印度政府正计划开发100个智能城市项目，物联网（IoT）将在开发这些城市方面发挥至关重要的作用。《2018年国家数字通信政策》设想到2022年吸引电信部门价值1000亿美元的投资。2018年印度的应用程序下载量为181.1亿次，2022年增至372.1亿次。

（十四）印度国防制造业

印度国防制造业对印度经济起着非常重要的作用。随着国家安全形势的变化，印度国防制造行业正在加速发展。由于印度的边境问题，例如，克什米尔北部邦和藏南地区的所有权问题，印度对国防装备的需求一直在增长；在过去五年中，印度一直在国防装备进口国之列，以获得堪比我国和巴基斯坦等竞争对手的技术优势，为了使其武装部队现代化，减少国防采购对外的依赖，政府采取了若干举措，通过政策举措支持鼓励"印度制造"。

2016年至2020年间，印度国防制造业的复合年均增长率为3.9%，印度政府设定了到2025年国防生产目标为250亿美元（包括到2025年出口50亿美元），2019—2020财年印度的国防出口额为12.9亿美元。2020—2021财年的国防进口额为4.63亿美元，2021—2022财年为4.695亿美元；过去两年，国防出口强劲增长，目标在未来5年内出口价值50亿美元的军事装备；截至2019年，印度排名第19并已向42个国家出口国防产品，跻身世界国防出口大国之列。

根据DPIIT公布的数据，2000年4月至2020年12月，国防部门的外国直接投资股本流入为6.151亿卢比（1015万美元）；2021年4月，根据发展与生产伙伴方案，国防研究与发展组织（DRDO）允许私营部门公司开发和生产导弹系统，如垂直发射的地空导弹系统方案，以促进国内国防工业；2021年4月，DRDO开发出一种先进的沙夫技术，以保护海军舰艇免受导弹袭击。DRDO的国防实验室Defence Laboratory Jodhpur（DLJ）自主研发了三种关键技术的变种，即短程沙夫火箭（SRCR）、中程沙夫火箭（MRCR）和远程沙夫火箭（LRCR），以符合印度海军的定性要求。DLJ成功开发先进的沙夫技术是朝着"阿特马尼尔巴尔·巴拉特"（使印度成为一个武器自给自足的国家）又迈出的一步；2021年4月，DRDO国防材料和商店研究实验室和发展机构（DMSRDE），开发了一种轻量级防弹夹克（BPJ），重9.0千克，符合印度陆军的定性要求；2021年4月DRDO开发了单晶叶片技术，并将其中60个叶片提供给印度斯坦航空有限公司（HAL），作为其本土直升机开发方案的一部分，用于直升机发动机应用；2021年3月，国防部与巴拉特动力有限公司（BDL）和国防公共部门企业（DPSE）签署了118.8亿卢比（1.612亿美元）的合同，用于制造和供应法国的米兰-2T反坦克制导导弹；2021年3月，国防部与马欣德拉国防系统公司（MDSL）签署了105.6亿卢比（1.433亿美元）的合同，向印度陆军供应1300辆轻型专业车辆；2021年2月，国防部在2021—2022年为国内采购拨款7000亿卢比（95亿美元）；2021年2月，国防部与国防公共部门承接公司巴拉特电子有限公司（BEL）签署了价值100亿卢比（1.375亿美元）的软件定义无线电战术采购合同；2021年2月，在班加罗尔HAL和米什拉达图尼加姆有限公司（MIDHANI）签署了一份MOU，用于复合材料的开发和生产；2021年1月，设在德里的DRDO实验室INMAS向中央后备警察部队（CRPF）赠送了基于自行车的伤员运输急救车Rakshita。

印度政府制定了《2020年国防生产和出口促进政策》，以推动"自力更生的印度"（"Aatmanirbhar Bharat"）计划下的国防制造业自力更生，目标是到2025年实现1.75万亿卢比（250亿美元）的营业额，包括出口3500亿卢比（50亿美元）的航空航天和国防产品及服务。为了鼓励初创企业和微型、中型与中小型企业更多地参与国防研究与发展（R&D），实现"阿特马尼尔巴尔·巴拉特"目标，国防部长拉杰纳特·辛格于2020

年 10 月 20 日发布了新版《国防研究与发展组织采购手册 2020》，计划建立新的基础设施，包括在喀拉拉邦建立一个国防公园，为武装部队制造国防设备，项目旨在推广中小微型企业（MSMES）和推动"印度制造"计划；2020 年 11 月，国防部与国防和武装部队合作，建立了土地管理系统，作为加强国防用地管理整体努力的一部分；2021 年 2 月，DRDO 在班加罗尔向印度航空公司的 20 个行业移交了 14 项 DRDO 开发技术的许可协议。

印度财政部长尼尔马拉·西塔拉曼公布 2021 财年年度军事预算总额为 496 亿美元（不包括养老金和抚恤金），与 2020 年相比增长了 3%，用于武器采购支出为 184.8 亿美元，比 2019 年增长了 16%。印度国防部长拉杰纳特·辛格表示，这是过去 15 年来，印度国防预算增长最高的一次。为了增加印度的国防制造，使印度成为友好国家的可靠武器供应国，印度政府于 2020 年 9 月允许以下外国直接投资限制：对于新的持牌人 FDI 允许高达 74% 通过自动路线；74% 以上的外国直接投资需要在政府路线下允许；对于现有持牌人通过在 30 天内申报变更或者转让，可增加高达 49% 的新国外投资的注入。

国防部计划对 101 个国防项目（火炮和突击步枪）实施进口禁运，为印度国防工业提供潜在的军事硬件制造机会。2020 年 2 月，印度国防部长拉杰纳特·辛格宣布，到 2022 年将国防进口至少减少 20 亿美元。国防部估计，未来 5~7 年（2025—2027 年），国内工业的潜在合同价值为 4 万亿卢比（572 亿美元）。为了促进国内国防部门的制造业发展，国防部于 2020 年 12 月批准出口本国研制的地对空阿卡什导弹系统，并设立了一个小组，以确保各国更快地批准采购建议。

印度政府正致力于创新解决方案，通过"国防卓越创新（iDEX）"提高国家国防和安全能力，为初创企业在未来五年（2021—2026 年）与国防机构建立联系并开发新技术为新产品提供平台；通过合作伙伴孵化器，iDEX 能够吸引初创企业社区参与国防印度创业挑战（DISC）计划；国防部制定了到 2027 年 70% 的武器自力更生目标，为工业参与者创造了巨大的前景；引入绿色通道地位政策，促进和鼓励私营部门对国防生产的投资，以发挥私营部门在国防生产中的作用。

(十五) 印度耐用消费品工业

印度耐用消费品市场广泛分布在城市和农村市场，由庞大的中产阶级、相对富裕的阶级和经济上处于不利地位的小型阶层组成，并吸引着来自世界各地的营销人员。跨国公司将印度视为未来增长可能出现的主要市场之一，印度消费市场的增长主要受有利的人口构成和可支配收入增加的推动。预计到 2025 年，家电和消费电子行业翻一番，达到 1.48 万亿卢比（211.8 亿美元）；电子硬件产量从 2019—2020 财年的 4.43 万亿卢比（723.8 亿美元）增至 2020—2021 财年的 5.47 万亿卢比（893.8 亿美元）；在印度卫星电视（DTH）市场的推动下，2020—2021 财年，电子、家用电器和空调市场估计分别约为 597.6 亿卢比（8.6 亿美元）、1787.3 亿卢比（18 亿美元）和 1256.8 亿卢比（12.6 亿美元），印度的电视普及率为 69%；2020 年 9 月，全国 DTH 用户总数为 7070 万；根据印度手机和电子产品协会（ICEA）的数据，到 2025 年，印度在笔记本电脑和平板电脑的制造方面有望实现 1000 亿美元的价值，智能手机出货量同比增长 8%，达到 1.525 亿部，成为全球前 20 大智能手机市场中增长最快的智能手机市场。Care Ratings 报告电子消费产品和电器制造商在 2020—2021 财年需求萎缩后，在 2021—2022 财年产量增加 5%~8%。

根据 OPIIT 数据，2020—2021 财年，电子产品出口额为 111 亿美元；2021 年 4 月，消费市场部门的戈德瑞吉（Godrej）电器宣布投资 10 亿卢比（1360 万美元），建设两个制造工厂——马哈拉施特拉邦的希尔瓦尔和旁遮普邦的莫哈利，到 2025 年将其空调（80 万台）的生产能力扩大；2021 年 1 月，松下（印度）宣布计划到 2024 年将其住宅空调业务翻一番；2021 年 4 月，B2B 在线市场 Zetwerk 制造公司宣布，在新冠疫情（COVID-19）暴发后，随着需求和供应链中断加剧，该公司正进入服装和耐用消费品行业；2021 年 3 月，印度柯达高清 LED 电视品牌授权人超级拼音公司宣布，将投资 30 亿卢比（4026 万美元），以增强其物联网技术，并挖掘智能家居设备市场的新机遇；2020 年 11 月，中国台湾 iPhone 组装商和硕联合（Pegatron）公司宣布计划投资 1.5 亿美元在印度建厂；2021 年 1 月，印度智能手机公司 Lava Mobiles 发布了全球首款可定制的智能手机，允许用户自行从公司网站上选择相机、内存、存储空间和颜色等组件；2020 年 10 月，卡纳塔克邦政府批准 Aequs SEZ 私人有限公司投资 354 亿卢比（4.8263 亿美元），在距班加罗尔约 430 千米的哈布巴利开发消费电子产品和耐用品集群；2020 年 10 月，亚马逊（印度）在班加罗尔启动了新的专业配送中心，存储容量为 120 万立方英尺，专门存储和管理其产品组合中大型家用电器和家具类别的客户订单。

印度政府极力鼓励印度耐用消费品品牌"印度制造"，期望它们未来能够自力更生；消费者也对本土产品表现出亲和力；《2019 年国家电子政策》的目标是到 2025 年生产 10 亿部手机，价值 1900 亿美元，其中 6 亿部手机价值 1000 亿美元；印度政府允许在电子系统设计和制造部门的自动路线下 100%FDI；外商直接投资进入单一品牌零售额已由 51% 提高到 100%，政府正计划将多品牌零售业的外国直接投资限制提高至 51%；2020 年 9 月，印度政府计划向消费电器、汽车和太阳能电池板等公司提供价值 1.68 万亿卢比（230 亿美元）与生产挂钩的激励措施，以吸引企业在印度建立制造工厂；2020 年 11 月 11 日，联合内阁批准了 10 个关键部门（包括电子和白色家电）的 PLI 计划，以提高印度的制造能力、出口竞争力和促进"阿特马尼尔巴尔·巴拉特"倡议；到 2022 年，印度的手机出口额达到创纪录的 16 亿美元，其中 98% 是智能手机；PLI 计划已获批准的 16 家电子公司，包括 10 家手机制造商，该计划将进一步发挥印度在全球移动市场的作用，并助力印度成为全球移动生产中心的目标。

印度的家电、电子产品零售正规渠道正在慢慢成形，在线零售业务也渐渐发展起来了。随着可支配收入的增加和信贷的便捷获得，需求增长可能会加速。农村地区日益电气化和在线销售的广泛可用性也将有助于需求的增长。印度家电及消费电子市场成为全球增长快的市场之一。预计截至 2025 年，印度将从世界家电及消费电子大国第 12 位升至第 5 位。

（十六）印度电子系统设计与制造（ESDM）行业

在过去几年中，印度对电子产品的需求急剧上升，皆归因于印度作为全球第二大手机制造商的地位和互联网普及率的飙升。政府高度重视电子硬件的制造，因为它是印度制造、数字印度和印度初创项目的关键支柱之一；ESDM部门在政府到2025年实现数字经济创造1万亿美元经济价值的目标中发挥着至关重要的作用。随着政府采取各种旨在促进国内制造业的举措，手机和其他消费类电子产品等的生产和组装活动也随之增加。

电子市场的需求增长，市场规模从2016—2017财年的1450亿美元增长到2019—2020财年的2150亿美元，电子市场复合年均增长率为14%；2020—2021财年，进口额为500亿美元，其中，中国和中国香港为280亿美元，占印度电子进口总额的57%；电子产品出口额为117亿美元，由于消费者需求旺盛，2020年智能手机出货量达到1.5亿部，5G智能手机出货量突破400万部。

ESDM大致分为电子系统和电子设计，电子系统市场预计到2024—2025财年，其现有规模的需求将达到1600亿美元；电子设计领域增长20.1%，占2019—2020财年ESDM市场规模的22%；预计在2024—2025财年，ESDM市场规模将占市场的27%，移动设备的产值从30亿美元增至300亿美元；到2025年，印度的消费电子和电器行业有望成为世界第五大电子和电器行业。

根据DPIIT的资料，从2000年4月至2020年12月，外国直接投资权益流入为30.0035亿美元。从印度电子和ESDM部门的投资和发展来看，已有19家公司申请IT硬件PLI计划，在未来四年内，该计划预计将带来16000亿卢比（218.8亿美元）的总产量，在总产量中，IT硬件公司已提议生产超过1.35万亿卢比（184.6亿美元）；国内公司生产超过2500亿卢比（34.2亿美元）；2021年4月，日本电子品牌AIWA注册了其印度子公司，目前在真无线立体声（TWS）和音频领域重新推出5种产品，总投资额为1000万美元，用于第一阶段的运营；2021—2022年，其在电子制造业领域获得了1800亿卢比（24亿美元）的投资；松下人寿解决方案印度公司全资子公司投资60亿卢比（8234万美元），在安得拉邦斯里市建立新的电器制造工厂；亚马逊开始与富士康在钦奈的子公司云网络技术公司合作，生产印度电子产品，该设备制造计划每年大量生产"消防电视棒"设备，以满足印度客户的需求；耳机和智能可穿戴设备制造商 boAt 从一家重要的私人股本公司华平投资集团（Warburg Pincus）获得了 1 亿美元的投资；2020 年 12 月，联想宣布计划在印度开始生产平板电脑，并将笔记本电脑生产扩大 10 倍，由于教育部门和大型企业的需求增加，该公司预计本财年将增长 25%~30%；政府将与电子和信息技术部和工业协会合作，建立三个卓越中心；2020 年 11 月，为了探索半导体无晶圆厂加速器实验室（SFAL）初创企业基础设施融资和国际知名度的孵化和指导机会，SFAL 与美国应用材料公司签署了谅解备忘录，该备忘录将现有的无晶圆厂中小企业提升到一个新的水平，促进国内创新，并在 ESDM 市场创造更多就业机会。2021 年 5 月，由总理莫迪主持的内阁批准了重工业和公共企业部提出的一项提案，即实施"国家先进化学电池（ACC）储存方案"，以实现ACC50 千兆瓦时和"尼奇"ACC5 千兆瓦时的生产能力，支出为 1810 亿卢比（24.7 亿美元）；根据 2021—2022 年联盟预算，电子和信息技术部已拨款 972.066 亿卢比（13.3 亿美元），在分配的预算中，收入支出拨款为927.466 亿卢比（12.7 亿美元），资本支出拨款为 44.6 亿卢比（6134 万美元）；政府的主要举措，如"印度制造"和"数字印度"，2021—2022 年，"数字印度"方案的预算拨款总额为 680.633 亿卢比（9.3619 亿美元）；2021 年 1 月，ICEA 提议，智能手机的出口产品关税减免（RoDTEP）费率为 2%，功能电话为 2.4%，平板电脑和笔记本电脑为 2%，电池充电器为3.4%，电池组为 1.48%；2020 年 12 月，印度政府发出意向书，表示有兴趣在该国建立或扩大现有的半导体晶圆和设备制造设施，或在海外收购半导体 FAB；为了加速量子计算主导的研究与开发，实现新的科学发现，电子和信息技术部（MeitY）将与亚马逊网络服务（AWS）合作，在全国建立一个量子计算应用实验室；2020 年 12 月 2 日，由卡纳塔克邦创新与技术服务（KITS）支持和资助、印度电子与半导体协会（IESA）管理的"Hubli ESDM 交易所"（ESDM）在哈布巴利 KLE 技术大学（KLETU）的KLE 技术园区启动；电子、信息技术、英国电信、科技部已批准一项为期三年的3.2亿卢比（433.46万美元）的基金；据2020—2021年联邦预算，MeitY已拨款9.2亿美元，在分配的预算中，收入支出分配为8.7亿美元，资本支出分配为5000万美元；2020年10月，政府批准了16家电子公司的申请，其中包括10家手机制造商，根据PLI计划获得奖励，总金额为4000亿卢比（54.4亿美元），获准用于生产发票价值15000卢比（204.35美元）及以上的移动电话的国际手机制造公司有三星、鸿海富士康、新星、威斯特龙和飞龙；印度政府允许在ESDM部门的自动路线下100%的FDI。对用于国防的电子产品，在自动路线下允许外国直接投资高达49%，超过49%则需要政府批准。在强有力的政策支持、公共和私人利益相关者的巨额投资以及电子产品需求激增的推动下，预计到2025年，印度的ESDM部门将达到2200亿美元，2019年至2025年间的复合年均增长率为16.1%。

（十七）印度教育产业

印度在全球教育产业中占有重要地位，拥有世界上最大的高等教育机构网络之一，但是，教育体制仍有很大发展潜力。印度是世界上的人口大国，年龄在5~24岁的人口约5亿，26.31%的人口年龄在0~14岁，这为教育部门提供了许多增长机会；印度的大学数量在2021年达到967所，2019—2020财年，高等教育毛入学率达到26.3%，印度有3740万学生接受高等教育；印度技术学院用户约950万，预计到2026年，在线教育市场将达到116亿欧元。

根据DPIIT公布的数据，2000年4月至2020年12月，FDI权益流入为42.1767亿美元，印度教育和培训部门经历了一些重大投资和发展，其中，2021年5月，澳大利亚卫生与管理研究所（IHM）宣布计划向印度护士提供价值10亿卢比（1300万美元）的奖学金，以表彰他们在COVID-19大流行期间的承诺和奉献精神，奖学金将提供给那些从事"全球护理计划"的护士；BITS管理学院（BITSOM）与伦敦商学院（LBS）联手，这种伙伴关系将侧重于三个部分：学生参与方案、BITSOM和LBS教师教学以及在妇女领导领域制定联合执行方案；为护理人员提供职业培训的医疗保健教育技术初创公司 Virohan 从 Rebright 合作伙伴的 A 系列资金中筹集了 300 万美元；根据 2021—2022 年联邦预算和 NISHTHA 培训方案，2020—2021 年将培训约 560 万名教师；该公司计划到 2023 年拥有 200 多所学校的租赁模块；联合教育部长启动了全国英语教师委员会（NCTE）门户网站的"MyNEP2020"平台。该平台旨在邀请利益攸关方提出建议，为制定《国家教师专业标准》和《国家辅导方案成员使命》起草草案，"MyNEP2020"平台于 2021 年 4 月 1 日至 2021 年 5 月 15 日运行；2021 年 1 月，印藏边防警察（ITBP）部队在恰蒂斯加尔受纳萨尔暴力影响的地区为学童开办了一个基于互联网工具的学习中心。

印度政府采取的其他一些主要举措为：2021 年 4 月，印度与孟加拉国、巴西、中国、埃及、印度尼西亚、墨西哥、尼日利亚和巴基斯坦一起加入了联合国的 E9 倡议，E9 倡议是三个阶段进程中的第一个，旨在共同创建关于数字学习和技能的倡议，针对边缘化的儿童和青年，特别是女孩，该倡议旨在通过推动教育系统的快速变革，加速推进可持续发展目标四议程；根据 2021—2022 年联邦预算，政府为学校教育和扫盲部拨款 5487.366 亿卢比（75.3 亿美元），而 2020—2021 年联邦预算拨款为 5984.5 亿卢比（85.6 亿美元）；政府拨出 3835.065 亿卢比（52.8 亿美元）用于高等教育，拨款 300 亿卢比（4.1312 亿美元）用于学校教育和扫盲；根据 2021—2022 年联邦预算，政府主要强调通过建立国家数字教育架构（NDEAR）来加强国家的数字教育基础设施；2021 年 1 月，为了减轻 COVID-19 大流行带来的影响，教育部发布了关于移徙儿童身份识别、入学和继续教育的准则；2020 年 12 月，技能发展和创业部与塔塔印度技能研究所合作，开办了两期工厂自动化短期课程。

据估计，到 2030 年，印度的高等教育将结合在线学习和游戏的培训方法，未来 2-4 年将增长 38%；在高等教育中采取变革性和创新性的方法：毛入学率（GER）增加 50%；将 GER 中的州、性别和社会差异降低到 5%；印度的高等教育将成为全球最大的人才提供者，全球四分之一的毕业生是印度高等教育体系的产物；在研究产出方面，印度是世界前五位国家之一，年研发支出为1400亿美元；在全球二百强大学中拥有20多所大学，除了注重电子学习和学习新的教育技术外，政府还采取了各种措施，以促进远程教育市场的增长。近年来，教育部门经历了一系列改革，这些改革可能使该国成为知识避风港。随着人力资源在国家整体发展中的重要性日益增强，教育基础设施的发展有望成为近十年的重点，在这种情况下，教育部门的基础设施投资在近十年中可能会有相当大的增长，印度政府采取了若干措施，包括在新地点开设国际投资局和IIM公司，并为大多数政府机构的研究学者分配教育补助金。此外，随着一些教育组织使用在线教育模式，印度高等教育部门将在未来几年内发生重大变化和发展。

（十八）印度农业及附属工业

农业是印度约58%的人口的主要生计来源。在2020—2021财年，农业、林业和渔业增加值约为19.48万卢比（2.76亿美元），印度农业及其相关部门在总附加值（GVA）中所占份额为17.8%。在流行病导致的经济萎缩之后，印度的消费支出在2021年恢复增长，增幅高达6.6%。

印度食品工业由于其巨大的附加值，增长潜力巨大，特别是在食品加工业中，它对世界粮食贸易的贡献每年都在增加。印度食品和杂货市场是世界第六大市场，零售额占销售额的70%。印度食品加工业占印度食品市场总量的32%，是印度最大的工业之一，在生产、消费、出口和预期增长方面排名第五。

2021年1月至2021年9月主要农产品的出口额超过300亿美元。《印度2020—2021年经济调查》报告指出，2020—2021财年，印度粮食总产量为2.9665亿吨。政府设定了在2021—2022财年从中央储备库购买4274万吨粮食的目标：这比2020财年购买的数量多10%。在2021—2022财年，政府设定了一个创纪录的目标，农民将粮食产量提高2%，达到3.0731亿吨。2021—2022财年产量为3.0334亿吨，而目标为3.01亿吨。

据估计，印度园艺作物的产量在2020—2021财年达到创纪录的3.266亿吨，比2020—2021财年增加了581万吨。印度全国牛奶产量从2020—2021财年的1.98亿吨增至2.08亿吨，同比增长10%。2021财年园艺面积增长2.7%。

根据印度糖厂协会（ISMA）的数据，2020年10月至2021年5月的糖季期间，印度的糖产量近3000万吨。

印度是世界15个主要农产品出口国之一。2019—2020财年，印度农产品出口额达到385.4亿美元，2020—2021财年达350.9亿美元。

预计2015—2025年，印度有机食品部门的复合年均增长率为10%，从2015年的270亿卢比（3.8632亿美元），到2025年将达到7500亿卢比（107.3亿美元）。

食品加工业雇用约177万人。据DPIIT称，2000年4月至2021年12月，印度食品加工业累计吸引FDI权益流入超100亿美元。例如：2020年3月，印度历史最悠久的大型化肥生产企业Fact突破100万产销大关。雀巢印度公司将投资70亿卢比（1.0016亿美元）在古吉拉特邦建设第九家工厂。Haldiram与亚马逊在美国达成了一项协议，以实现亚马逊的全球销售计划。可口可乐推出了"Rani Float"果汁，以推出其标志性的果汁汽水。由印度农业研究理事会（ICAR）开发的两个诊断试剂——印度兽医研究所（IVRI）和日本脑炎lgM ELISA于2019年10月推出。印度已宣布投资850亿卢比（11.9亿美元）用于乙醇生产。

政府最近在DPIIT采取的一些重大举措如下：食品加工部在2021—2022年联邦预算中拨款130.866亿卢比（1.8026亿美元）。2021年4月，印度政府批准了食品加工部门的PLI计划，从2021—2022财年开始的六年内，奖励支出为1090亿卢比（14.84亿美元）。2020年11月，政府在旁遮普省启动了一个价值10.783亿卢比（1460万美元）的大型食品公园，该公园将分布在55英亩的土地上。2020年10月，印度部落合作营销发展联合会（TRIFED）在其电子市场（tribesindia.com）上包括了100种来自印度各地部落的新型森林新鲜有机产品。2020年10月，农业贷款人纳巴德（国家农业和农村发展银行）提议设立一家子公司，为农业和农村发展贷款提供担保。2020年10月，政府宣布为农民建立一个共享的数据基础设施。PMFBY（普拉丹·曼特里·法萨尔·比马·约贾纳）、PM-Kisan计划

（是一个中央部门直接利益转移计划，每年向全国所有拥有土地的农民家庭提供 6000 卢比的财政援助，但须符合特定的标准）和土壤健康卡将通过一个共同数据库和土地记录详细信息进行集成。2020 年 9 月，政府推出了电子戈帕拉应用程序和渔业生产、乳制品、畜牧业和农业的几个倡议。根据这一计划，政府未来 4~5 年内将在 21 个州投资 2000 亿卢比（27 亿美元）。2020 年 5 月，政府宣布启动 1500 亿卢比（21.3 亿美元）的畜牧业基础设施发展基金。2019 年 9 月，总理纳伦德拉·莫迪先生启动了国家动物疾病控制方案（NADCP），将根除家畜口蹄疫（FMD）和布鲁氏菌病。2020 年 5 月，向该计划拨款 1334.3 亿卢比（18.9 亿美元）。印度政府提出了运输和营销援助计划，为农产品的运输和销售提供财政援助，以促进农业出口。农业出口政策于 2018 年 12 月获得印度政府批准。这项新政策旨在通过稳定的贸易政策制度，到 2022 年将印度的农业出口额增加到 600 亿美元，在未来几年内增加到 1000 亿美元。印度政府将提供 200 亿卢比（3.0629 亿美元）用于初级农业信贷协会（PACS）的计算机化，以确保合作社通过数字技术受益。印度政府投资 5000 亿卢比（77 亿美元）启动了普拉丹·曼特里·克里希·辛柴·约贾纳（PMKSY）计划，旨在开发灌溉资源，为抗旱提供永久解决办法。政府计划将印度食品加工部门的生产能力从目前的 10%增加到 30%，并承诺投资 60 亿卢比（9.3638 亿美元），作为农业-海洋加工和农业加工集群发展计划的一部分，用于该国大型食品园的投资。印度政府允许 100%的外国直接投资线上电子商务销售食品。

而所取得的成就有：截至 2020 年 1 月 10 日，2020—2021 年度哈里夫营销季（KMS）的稻田采购量达到 5.3444 万吨，较上年 4.2335 万吨的采购量增长 26.24%。2020 年 11 月，冬季作物种植面积比上年增长 10%以上，豆类种植面积增长 28%。种植总面积从上年的 645 万公顷增加到 825 万公顷。在被批准的 37 个大型食品园中，有 22 个大型食品园投入运营。2020 年 11 月，消费者事务、粮食和公共分配部宣布，印度的国家机构正在进行的粮食季节采购达到 7.42 千万吨，而 2019 年为 6270 万吨。电子全国农业市场（e-NAM）于 2016 年 4 月启动，旨在通过现有农产品市场委员会

(APMC)网络,建立一个统一的全国农产品市场。截至2021年12月,该公司有约1.7亿农民和16万名交易员在其平台上注册。印度已有1000多个寺庙与电子全国农业市场建立联系。2020年,全国拖拉机销量为880048台,出口量为77378台。

2020—2021财年和2021—2022财年出口显著正增长的主要商品有小麦和其他谷物、大米、大豆、原棉、糖、香料、茶叶、咖啡。

预计印度农业在未来几年内将产生更好的势头。此外,转基因作物的日益普及可能会实现印度农民生产收入翻一番的宏伟目标。由于对灌溉设施、仓储和冷藏等农业基础设施的投资增加,科技的提升,早期成熟的豆类品种的丰富和最低支持价格的提高,预计印度在未来几年内豆类将自给自足。

未来五年内,印度中央政府将争取在渔业部门投资90亿美元。政府的目标是到2024—2025年将鱼类产量提高到2200万吨。今后,食品加工业采用多种食品安全和质量保证机制,将带来若干好处。今后印度的农业出口可能达到600亿美元/年的目标。

农民保障投入有所增加。新财年农业信贷目标将提高至16.5万亿卢比,针对农村地区的基建投入也从此前的3000亿卢比升至4000亿卢比。同时,印度政府将采取措施帮助农村务工者增加就业,并在住房、保险等方面提供保障。

(十九)印度科学与研发产业

印度在全球最具吸引力的技术交易投资中排名第三。科技部部长指出"技术是政府的一个强有力的优先领域,它旨在使人民以科学为中心"。现在印度十分注重科学技术,认识到它是经济增长的关键要素。印度是世界科学研究领域排名较高的国家之一,是太空探索领域的五个强国之一,定期执行空间任务,包括登月任务和著名的极地卫星运载火箭任务(PSLV)。印度在为南盟国家发射卫星方面发挥主导作用,通过向其他国家提供空间设施来创造收入。

印度在 2020 年全球创新指数（GII）中排名前 50 位[①]，得分为 35.6。2019 年，它以 36.58 分的 GII 得分位列第 52；政府正广泛推广研究园科技企业孵化器（TBI），以推广创新理念，直至成为商业企业。2020 年，印度的研发总支出为 965 亿美元，到 2022 年，研发支出的目标至少要达到印度国内生产总值的 2%，印度的工程研发和产品开发市场年复合年均增长率为 12%。

2021 年印度的 IT 支出达到 930 亿美元，同比增长 7.3%，2022 年进一步增至 985 亿美元。NITI Aayog 编制的印度国家人工智能战略概述了在不同领域利用人工智能（AI）的潜力和前进道路，埃森哲在最新的人工智能研究中，为评估部分 G20 国家人工智能的经济影响提供了一个框架，并预测到 2035 年，人工智能将使印度的年增长率提高 1.3%。

在政府的支持下，通过科学研究，农业、保健、空间研究和核能等不同部门产生了相当大的投资和发展。例如，印度正在逐步成为核技术自主的国家。

印度科技领域最近的一些发展如下：2021 年 3 月，微型、中小型企业部长在维萨卡帕特南和博帕尔为两个技术中心、大型技术中心的三个推广中心揭幕；IT 硬件 PLI 计划获得批准，以推动 IT 硬件的国内制造；印度约有 10 万妇女通过"We Think Digital"接受数字素养培训；中小型企业（SME）与公路运输和公路联盟部长启动了 50 个以工匠为基础的传统产业再生基金计划（SFURTI）集群，这些集群分散在 18 个州，以支持 42000 名传统手工艺的工匠；OPPO 的印度研发中心（R&D）已申请了 200 项专利，其中包括 5G 和相机技术专利，该公司计划从其 70 亿美元的全球投资中拨出部分在印度进行投资；法国、德国和欧洲联盟大使宣布，他们将共同制订一项详细计划，在未来几年内为喀拉拉邦更多的环保项目提供资金；印度工程出口促进委员会和国家设计研究所合作，促进和升级医疗器械行业的设计和技术，使其能够满足该国卫生部门的新兴需求，特别是在

---

① 马子斌.《2020 年全球创新指数报告》的概述与启示［J］. 中国发明与专利，2021，18（4）：28-34.

新冠疫情（COVID-19）之后；由总理莫迪主持的联合内阁签署了印度天体物理学研究所（IIA）、班加罗尔和加那利西亚天文研究所（IAC）与西班牙格兰特坎研究所之间的谅解备忘录，以发展天文学领域的科学和技术合作。

根据2021—2022年联邦预算，政府宣布向科技部拨款1479.403亿卢比（20.2亿美元），原子能部已拨款1826.489亿卢比（25亿美元），科学和技术部已拨款606.739亿卢比（8.3163亿美元），地球科学部拨款189.713亿卢比（2.6003亿美元）。

印度正在积极努力，尽力争取在工业化和技术发展方面成为领导者，与此同时印度希望扩大其核能力，核能部门可能会有重大进展；此外，纳米技术有望改变印度的制药业，农业部门也会经历重大改革，政府将投入巨资进行技术驱动的绿色革命，印度政府通过《2013年科学、技术和创新政策》等，力求使印度跻身世界五大科学强国之列，印度空间研究组织（ISRO）在2022年启动首次印度载人航天任务。印度发起了一项具有里程碑意义的政策，称为"2020年科学、技术和创新政策"，该政策旨在引入"动态政策"的概念，并引入强大的政策治理机制，包括定期审查、政策评估、反馈和适应等特点。

（二十）印度制造业

制造业已成为印度高增长的行业之一。印度总理莫迪启动了"印度制造"计划，将印度作为制造业中心置于世界地图上，目标是2022年为制造业创造1亿个新的就业机会，并让全球认可印度经济。

按目前价格计算，制造业的增加值总额为3485.3亿美元，这是2020—2021财年的第二次估算，埃信华迈（IHS Markit）印度制造业采购经理人指数（PMI）达到55.5，制造业GVA占全国实际增加值的19%。据最新调查，2020—2021财年第三季度印度制造业的产能利用率为66.6%。IIP衡量的制造部分为116.9。根据统计和方案执行部的数据，2021年3月，IIP衡量的工业产出为143.4。

在"印度制造"计划的帮助下，印度迈向高科技制造中心之路：通用电气、西门子、宏达电、东芝和波音等全球巨头已经或正在印度建立制造工厂，印度市场有超过 10 亿消费者，购买力也在不断增强；2020 年 5 月，印度政府通过自动路线将国防制造业的外国直接投资从 49% 增加到 74%，印度已成为制造业投资较具吸引力的目的地之一。最近的投资和发展：印度共收到 FDI 流入 817.2 亿美元，同比增长 10%；亚马逊宣布开始在印度生产电子产品，首先从亚马逊 Fire 电视棒制造开始，该公司于 2021 年底与合同制造商云网络技术公司（富士康在钦奈的子公司）开始生产；三星开始在其 Noida 工厂生产移动显示面板，并计划很快加大 IT 显示面板的制造力度，三星显示器 Noida 投资 4825 亿卢比（65.042 亿美元）将其移动和 IT 显示器制造工厂从中国迁至北方邦，并得到了州政府的特别奖励；巴蒂电信（Bharti）企业有限公司和迪克森技术（印度）有限公司成立合资企业，利用政府的 PLI 计划生产电信和网络产品；Godrej 电器公司推出了一系列印度制造的空调，该公司计划投资 10 亿卢比（1348 万美元）。

　　印度政府采取了若干举措，为制造业的增长创建一个健康的环境。举措是：批准了 16 家主要起始材料（KSMs）和药物中间体与 API 工厂的 PLI 计划，这 16 家工厂的建立将带来 348.70 亿卢比（4.701 亿美元）的总投资，并创造 3042 个就业机会，这些工厂的商业开发已于 2023 年 4 月开始；作为发展智能手机组装行业和加强电子供应链努力的一部分，政府向每家在印度设立制造元件部门的半导体公司提供价值 10 亿美元的现金。2021—2022 年联邦预算促进了印度国内制造业、贸易和其他部门的增长，为制造业提供一个强大的基础设施、物流和公共事业环境，其中一些举措如下：2021 年 5 月，政府批准了一项价值 1800 亿卢比（24.7 亿美元）的 PLI 计划，用于生产 ACC 电池，该计划将吸引价值 4500 亿卢比（61.8 亿美元）的投资，并进一步提高印度核心组件技术的能力，使印度成为全球清洁能源中心；在印度，由于电力需求上升和可再生能源的日益普及，电钢板制造市场正面临电力变压器生产商的高需求，为此，2021 年 5 月，JFE 钢铁公司与 JSW 钢铁有限公司签署了一份谅解备忘录，以评估在印度建立一家电气钢板制造和销售合资企业的可行性；为了促进信息和通信技术及电信等行业的制造和投资，印度电信设备制造商协会（TEMA）与印度-加拿大商会（ICCC）签署了一项合作协议，以促进"印度制造"和"自给印度"倡议；据估计，印度的显示面板市场将从2021年的70亿美元增长到2025年的150亿美元；建造世界级基础设施的巨型投资纺织园（MITRA），从而受益于规模经济和集聚经济，七个纺织园计划在三年内建立；政府提议在建设现代化的渔港和鱼类登陆中心方面进行重大投资，包括科奇、钦奈、维萨卡帕特南、帕拉迪普和佩图阿加特的五个主要渔港，以及泰米尔纳德邦的多用途海藻公园，这些举措改善了纺织品和海洋部门的出口；食品加工业部的"绿色行动"计划从仅限于洋葱、土豆和西红柿，现已扩大到22种易腐产品，以鼓励农业部门的出口，促进园艺产品的基础设施项目；2021—2022年工会预算拨出1000亿卢比（13.716亿美元）的资金，用于茶工人，特别是妇女和儿童的福利。

印度制造业将是很有吸引力的外国投资中心，手机、奢侈品和汽车品牌等已经或正在中国建立生产基地，到2025年，印度制造业有可能达到1万亿美元，这对投资者具有很大的吸引力；ICEA预测，印度有可能通过政策干预，到2025年将其笔记本电脑和平板电脑生产能力扩大至1000亿美元；在大力发展工业走廊和智慧城市的政策推动下，印度政府的目标是确保国家的全面发展，这些举措将有助于进一步整合、监测工业发展的环境，并促进制造业的发展。但在新冠疫情的影响下，印度制造业的需求端和供给端均受到重创，给印度制造业带来了较大影响，印度制造业企业处于被迫停工休息状态；印度制造业原材料对海外市场的依赖程度极高，其供应链上端处于短缺状况；印度人民处于担忧情绪中，对市场前景信心不足，对制造业相关产品的需求降低[1]。

新冠疫情严重影响了制造业的生产运行。印度的人口高密集度和文化传统决定了印度新冠疫情传播和治理的特点，印度政府全面积极采取应对措施，以降低新冠疫情对其国民经济社会发展的影响。

---

[1] 肇启伟，谢正娟，秦雨桐. 新冠疫情对印度制造业的影响及其应对举措［J］. 南亚研究季刊，2020（4）：51-60.

(二十一) 印度基础设施行业

基础设施行业是印度经济的主要推动力，该行业对推动印度的全面发展负有高度责任，并受到政府的高度关注，因此印度政府出台了确保在该国有时限地建立世界级基础设施的政策。基础设施行业包括电力、桥梁、水坝、道路和城市基础设施发展。

根据 DPIIT 公布的数据，2000 年 4 月至 2020 年 12 月，建筑发展部门（乡镇、住房、基础设施和建筑开发项目）和建筑（基础设施）活动的 FDI 分别为 259.3 亿美元和 239.9 亿美元。2020—2021 财年，基础设施活动占外国直接投资流入总额（817.2 亿美元）的 13%。

在 2021 年联邦预算中，政府通过拨款加强交通基础设施，大力推动基础设施部门的发展。政府将"国家基础设施管道"（NIP）扩大到 7400 个项目，已完成 217 个项目，价值 1.10 万亿卢比（150.9 亿美元）。2021 年财政预算案主要为：2021 年 5 月，公路运输和公路部长以及微型、中小型企业部长指出，政府正在把基础设施建设放在最优先的位置，并制定了今后两年价值 15 万亿卢比（2060 亿美元）的道路建设目标；铁道部计划在试运行后将东西部专用货运走廊等资产货币化，通过政府和社会资本合作（PPP）引进 150 条现代化铁路，通过 PPP 进行车站、铁路地块、多功能综合体（MFC）、山地铁路和体育场馆重建；政府宣布了一项 820 亿美元的长期计划，投资本国的海港。根据萨加马拉项目，已确定 574 个项目，议会通过了一项法案，设立国家基础设施和发展融资银行（NaBFID），为印度的基础设施项目提供资金；印度铁路获得 11005.5 亿卢比（150.9 亿美元）的投资，其中 10710 亿卢比（146.9 亿美元）用于资本支出；已拨给公路运输和公路部门 11810.1 亿卢比（162 亿美元）。政府宣布了"普拉丹·曼特里·阿特马尼尔巴尔·斯瓦斯·巴拉特·约贾纳（PMANSY）"计划领导下的以下干预措施：该计划将加强 17000 个农村和 11000 个城市的保健和保健中心，在所有地区建立综合公共卫生实验室，在 11 个州建立 3382 个公共健康单位，在 602 个区和 12 个中央机构建立重症监护医院；加强国家疾病预防控制中心建设，设立 5 个区域分支机构和 20 个大都市卫生监测单位,将集成健康信息门户扩展到所有州,一种"印度制造"的肺炎球菌疫苗将在全国各地推广,2021—2022 财年已拨款 3500 亿卢比(480 亿美元)用于 COVID-19 疫苗;政府宣布为地铁项目提供 1899.8 亿卢比(26.1 亿美元);MITRA 计划推出,旨在建立世界级的纺织业基础设施,并在三年内建立 7 个纺织园;政府宣布在未来五年内提供 30598.4 亿卢比(420 亿美元),用于改革和结果挂钩的新配电部门计划。基础设施部门已成为印度政府最大的重点领域,印度计划于 2019—2023 年期间在基础设施上花费 1.4 万亿美元,以实现本国的可持续发展,政府建议从 2018 年至 2030 年投资 50 万亿卢比(7500 亿美元)用于铁路基础设施建设,印度和日本已联手在印度东北部各州开展基础设施建设,并正在建立一个印度—日本东北发展协调论坛,为该地区开展基础设施项目提供战略决策。

(二十二)印度航空工业

印度民航业是过去三年中印度增长最快的行业之一,而且印度是世界第三大国内航空市场,2024 年将有可能超过英国,成为第三大航空客运市场。2020—2021 财年,印度的客运量为 1.1537 亿人次,由于受新冠疫情的影响,同比下降 61.7%,国际客运量为 1010 万人次,同比下降 84.8%,2021 年 3 月,日均客运量为 546702.90 人次。

2016—2021 年,印度机场的货运量从 270 万吨降至 247 万吨,复合年均增长率为-1.77%。国际飞机的移动量下降,复合年均增长率为-18.52%。2020—2021 财年,印度国内和国际飞机的移动量分别达到 106.2 万架次和 13.5 万架次,为应对日益增长的空中交通需求,印度政府一直在努力增加机场数量。截至 2021 年,印度有 153 个运营机场,到 2040 年运营机场数量预计会增加至 190~200 个,此外,行业不断增长的需求也推动了运营的飞机数量的增加,2027 年的飞机数量预计将达到 1100 架。

根据 DPIIT 公布的数据,2000 年 4 月至 2020 年 12 月,印度航空运输部门(包括空运)的外国直接投资流入达 28.8 亿美元。政府允许定期航空运输服务、区域航空运输服务和国内定期客运航空公司的自动路线下 100%的外国直接投资;然而,超过 49%的外国直接投资需要政府批准。印度航空业在未来四年内投资3500亿卢比（49.9亿美元），政府计划至2026年投资18.3亿美元，用于机场基础设施建设和航空导航服务的发展。

　　印度航空业的主要投资和发展包括：2021年4月，飞机制造商波音公司宣布，它已与印度航空学院（IAA）和南加州大学（USC）合作，为国内航空业的所有利益相关者举办安全管理系统培训；2021年3月，德里英迪拉甘地国际机场（IGI）宣布了一项关键扩建项目，以提高其旅客处理能力，扩建工程包括一个新的航站楼、先进的设施、额外的跑道；2021年3月，政府宣布计划在阿萨姆邦建立两个水上机场，在安达曼和尼科巴群岛设立四个水上机场，以促进旅游业发展和提升连通性；2021年3月，政府根据民航部的UDAN-RCS（区域连通计划）提交了在乌贾尼大坝开发水上机场项目的提案，联邦民航部长哈迪普·辛格·普里在安得拉邦奥尔瓦卡尔的库尔努尔机场举行了虚拟仪式，Kurnool机场的飞行运营于2021年3月28日开始；2021年2月25日，印度机场管理局（AAI）发出在古吉拉特邦Dholera国际机场一期工程的建设招标，需要投资98.7亿卢比（1.3507亿美元），新设施建在DMIC项目下的绿地城市；2021年1月19日，AAI与阿达尼集团签署了三个机场的特许协议：斋浦尔机场、古瓦哈蒂机场和蒂鲁瓦南塔普拉姆机场，特许期为自商业运营之日起50年；2020年12月21日，IndiGo宣布与城市大道汽车租赁公司合作，在印度60个城市提供自驾和司机驾驶服务；2020年10月，苏黎世国际机场签署了德里郊区杰瓦尔机场开发特许协议，该协议已授予苏黎世国际机场在未来40年内设计、建造和运营诺伊达国际机场（NIAL）的许可证；2020年10月，AAI宣布计划到2022年3月升级全国7个机场的跑道；2020年1月，IndiGo成为印度首家机队规模达到250架的航空公司，并成为首家每天运营1500个航班的航空公司；AAI计划在未来五年内投资2500亿卢比（35.8亿美元），加强机场的设施和基础设施；英国集团在涡轮航空的新航空公司TruStar投资95亿卢比（1.359亿美元）。

　　印度政府采取了一些重大举措：2021年5月8日，AAI在印度东北部第15机场和阿萨姆邦第7机场鲁普西机场开始商业运营；2021年3月，印度民航部根据UDAN 4.1招标程序提出了392条航线；印度机场管理局计划取消特许权使用费，并提供租金的大幅折扣，以鼓励飞机发动机维护、修理和大修（MRO）单位在其机场设置设施；2020年10月，在总理莫迪成功启动水上飞机服务后，政府计划在古吉拉特邦纳尔马达区凯瓦迪亚附近的团结雕像和艾哈迈达巴德的萨巴尔马蒂河沿岸之间再开通14个水上机场；2020年11月，印度政府宣布，由于预计节日和节日期间乘客人数将增加，国内航班总数增加到新冠肺炎疫情前的75%。

印度政府在航空业的成就：2021年2月28日，国内旅客航班为313668架次，为自2020年5月25日国内航班恢复以来的最高数字。印度航空公司遣返了1035471名印度国民，私人航空公司遣返了74675名印度国民。2020年4月，印度政府推出了"生命线Udan"航班，运送基本医疗货物到印度偏远地区，以支持印度抗击新冠肺炎疫情，根据这项计划，约有600个航班飞行了50多万千米，运送了约1000吨基本货物。考虑到航空旅行对该国大多数人其中近40%是向上流动的中产阶级来说仍然很昂贵，印度航空业还有发展空间尚待开发，而且增长机会极大；行业利益相关者应与决策者进行接触和协作，以实施高效和合理的决策，从而推动印度民航业的发展，凭借正确的政策和对质量、成本和乘客利益的不懈关注，印度或许有能力实现成为第三大航空市场的愿景。2021年，印度游客的支出增长到9.5万亿卢比（1360亿美元），由于航空旅行需求增加，到2038年，印度可能会需要2380架新的商用飞机。

（二十三）印度水泥工业

印度是世界第二大水泥生产国，水泥产量约占全球的7%，随着基础设施建设和建筑行业有较长足的发展，水泥行业从中也受益匪浅。印度有98个智能城市，其发展对水泥行业有着重大的影响；在政府适当的外交政策的帮助下，获得了像海德堡水泥和维卡特等一些外国公司的投资，这也是促进这一行业增长的一个重要因素；在印度，生产石灰石和煤炭等水泥的原材料随时可用。2019—2020财年，水泥产量达到3.29亿吨，2020—2021财年，印度水泥总产量为2.62亿吨，到2021—2022财年，水泥产能达5.5亿吨；2021—2022财年消费量达到3.81亿吨，由于印度石灰石矿床的数量和质量较高，水泥行业有较大的增长潜力，印度水泥行业的需求正在改善，2020—2021财年第二季度，印度水泥公司报告披露，在农村复苏的推动下，公司盈利大幅反弹，对水泥行业的需求增加。随着农村市场正常化，需求前景依然强劲；2020—2021财年，里昂证券覆盖股票的水泥市场税前利润同比增长了14%。

根据印度DPIIT公布的数据，2000年4月至2020年9月，水泥和石膏产品吸引了价值52.8亿美元的外国直接投资。2021年，远程工作快速进行，二三线城市的经济适用房的需求增加，从而增加了对水泥的需求。印度水泥工业的一些主要投资如下。

2020年12月，达尔米亚水泥宣布，其位于西米德纳普尔的孟加拉邦水泥厂（BCW）单位的产能将增加230万吨/年，投资额为36亿卢比（4947万美元），公司实际投资547.7亿卢比（7.7699亿美元），产能提高128万吨/年，扩建工程包括拉贾斯坦邦帕利的水泥厂，以及北方邦、奥瑞萨邦、比哈尔邦和西孟加拉邦670万吨/年的产能扩建。2021年1月，ACC安装新的研磨装置，在现有的3个百万吨/年单元中每年增加140万吨的产能；公司投资1.37亿美元，将阿萨姆邦古瓦哈蒂的综合水泥厂的生产能力提高200万吨，扩建在2023年中旬完成；2021年2月，IBM与史瑞水泥合作，在基于IBM POWER9的IBM电源系统上使用AIX（操作系统）并运行其数据库和核心业务应用程序，使史瑞水泥能够无缝链接提高整个制造工厂的供应链效率和生产率；2021年3月，超技术水泥收购了比纳尼工业的子公司；2021年4月，ACC宣布了其磨削装置的扩建计划，该机组的水泥产能为160万吨；为了帮助私营公司在该行业蓬勃发展，政府一直在批准其投资计划。政府迟迟没有采取的一些举措如下：在《2021—2022年联合预算》中，印度政府根据《所得税法》第80-IBA条将福利延长至2021年3月31日，以促进印度负担得起的出租住房发展；根据2021—2022年联邦预算，政府批准了公路运输和公路部11810.1亿卢比（1622亿美元）的支出，这一举措会增加对水泥的需求；根据2021—2022财年联邦预算，国家基础设施管道项目从 6835 个项目扩大到 7400 个项目；联盟预算拨款 1375 亿卢比（18.8 亿美元），城市复兴特派团（AMRUT 和智能城市特派团、斯瓦赫巴拉特特派团）拨款 1229.4 亿卢比（16.8 亿美元）。

印度东部各邦是水泥公司尚未开发的市场，在未来 10 年内，印度可能会成为向中东、非洲和世界其他发展中国家出口熟料和灰水泥的主要国家。港口附近的水泥厂，如古吉拉特邦和维萨卡帕特南的水泥厂，具有额外的出口优势，在后勤方面也有保障，能够面对来自国内水泥厂的激烈竞争。因为住房、商业建筑和工业建筑等各部门的需求不断增加，预计到 2025 年水泥工业将达到每年 5.5 亿至 6 亿吨，因为利润率和稳定的需求，外国企业也会陆续进入水泥行业。

（二十四）印度化学品工业

印度的化学工业涵盖 8 万多种商业产品，非常多样化，可广泛分为散装化学品、特种化学品、农用化学品、石化产品、聚合物和化肥。在全球范围内，印度是仅次于美国、日本和中国的第四大农用化学品生产国；印度占世界染料和染料中间体产量的 16%，着色剂行业已成为占全球市场份额约 15% 的关键行业；印度生产的危险化学品很少，在全球化学品进出口中处于有利地位，出口排名第 14 位，进口在全球排名第 8 位（不包括药品）。由于国内需求改善和化学品价格高昂，2020—2022 财年国内化工行业的中小企业收入增长 18%~23%；印度靠近中东，中东是世界石化原料的来源地，印度从规模经济中受益。

2019 年，印度化工行业出口额为 1780 亿美元，2025 年将达到 3040 亿美元，复合年均增长率为 9.3%，对化学品的需求以每年 9% 的速度增长，化学工业为印度国内生产总值贡献 3000 亿美元；印度化工和石化部门的投资达 8 万亿卢比（1073.8 亿美元），2020 年 10 月，重点化工产品产量为 88 万吨，石化产量为 180.8997 万吨，特种化学品占印度化工和石化市场总量的 22%，2019—2022 年，特种化学品需求将以 12% 的复合年均增长率增长，2019—2023 年，石化产品复合年均增长率为 7.5%，聚合物需求增长 8%，印度农用化学品市场的复合年均增长率为 8%，2021—2022 财年为

37亿美元，到2024—2025财年将达到47亿美元；2021年4月，有机化学品和无机化学品出口2288.30亿美元，同比增长68.54%。

印度化学部门最近的一些发展及投资如下：2020年1月，超海洋颜料公司成功委托安得拉邦内洛尔的硫化工厂生产表面活性剂和特种化学品；2020年10月，格拉西姆工业公司与路博润（Lubrizol）先进材料公司（特殊化学公司）签署了一项最终协议，在古吉拉特邦生产和供应氯化聚氯乙烯（CPVC）树脂；2020年11月，印度企业与日本、韩国和泰国为代表的战略投资者寻求与中国实现供应链多元化的合作，包括2020—2021财年的大宗交易——科尔伯格·克拉维斯·罗伯茨（KKR）以4.14亿美元收购JB化学制药有限公司，凯雷以2.1亿美元收购SeQuent科学有限公司；2020年11月6日，HIL（印度昆虫杀虫剂有限公司）与化工部和石油化工部签署谅解备忘录，以实现45.1亿卢比（6086万美元）的收入目标；2020年11月4日，彼得利特（Pidilite）工业公司以210亿卢比（2.8338亿美元）收购亨茨曼集团印度子公司，以加强黏合剂和密封剂组合，补充公司的零售投资组合；2020年12月，博拉姆德夫合作糖厂卡瓦达和查蒂斯加尔酿酒厂的子公司NKJ生物燃料公司建立了印度第一家乙醇工厂，在国家建立公私伙伴关系（PPP）模式；初步生产于2022年年底开始。

印度政府启动了各种举措，要求对进口化学品进行类似国际清算银行的认证，以防止廉价和不合格化学品倾销到该国；印度政府承认化学工业是一个关键的增长要素，并预测到2025年，化学工业在制造业中所占的份额将增加到国内生产总值的25%；2021—2022年联邦预算，政府向化学和石化部拨款23.314亿卢比（3220万美元）；印度政府正在考虑在化工部门启动一项PLI计划，以促进国内制造业和出口；政府制定了2034年化工和石化行业愿景，以探讨改进国内生产、减少进口和吸引该部门投资的机会。政府计划对农用化学品部门实行10%~20%的产出激励制度：通过集群的增长创建对口的制造生态系统；自2020年4月1日起，首五年对经济特区单位出口收入免征100%所得税，此后五年免征50%，再往后五年免征出口利润50%。中央和州级审批单一窗口审批。2000年4月至2020年9

月，化学品（化肥除外）部门的外国直接投资流入总额达 180.6 亿美元；政府提出了在印度经济特区内建立采购或制造平台的几项激励措施；2020 年 10 月，政府敦促农用化学品行业的参与者拿出新的全球标准化学品，以造福于农民，而行业组织 CropLife India 则呼吁制定稳定的政策和监管制度，以促进该行业的增长；在化学品部门的自动路线下，允许 100% 的外国直接投资，但不包括危险化学品；2020 年 12 月，石油、化工和石化投资区域（PCPIR）政策正在完全重新设计。根据新的 PCPIR 政策 2020—2035 年：到 2025 年，总投资为 10 万亿卢比（1420 亿美元），到 2030 年为 15 万亿卢比（2130 亿美元），到 2035 年，全国的总投资额为 20 万亿（2840 亿美元）。这三个 PCPIR 预计将为 338.3~350 万人创造就业机会。

虽然受到中国供应链中断以及美欧和中国之间贸易摩擦的影响，印度化学工业仍拥有许多机会，中国的防污染措施也将为印度化工行业在特定领域创造机遇。

在财政激励方面提供额外支持，例如税收减免和通过 PCPIR 政策或经济特区鼓励下游单位的特别奖励，将促进该行业的生产和发展。PCPIR 政策下的专用综合制造中心，到 2035 年吸引 20 万亿卢比（2764.6 亿美元）的投资；国内化学工业可以实现结构性变化，未来的投资不仅可侧重于汽油和柴油等燃料的运输，还可以侧重于为满足化学品生产而建立的粗化学品综合体或炼油厂。

（二十五）印度纺织工业

印度纺织业是印度经济中历史最悠久的行业之一，可追溯到几个世纪以前。该行业种类繁多，一端是手工纺制和手工编织的纺织行业，另一端是资本密集型精密磨坊行业，纺织工业与农业产品棉花等原材料紧密联系。印度在纺织品方面的古老文化和传统，与其他工业相比独树一帜，印度纺织业有能力生产适合印度和世界各地不同细分市场的多种产品。

2018—2019 年，印度纺织业按产值对工业产出的贡献率为 7%，纺织和服装业对国内生产总值的贡献率为 2%，对出口收入的贡献率为 12%，占全球纺织品和服装贸易的 5%；2019—2020 年，印度纺织品和服装出口在商品出口中所占份额为11%，纺织业有大约4500万就业工人（包括全国352.2万名手工业工人）棉花产量3600万包；2020—2021财年的消费量1.14亿包，比上年增长13%，国内纺织品和服装市场体量为1000亿美元，原棉年产量3540万包，纤维产量为160万吨，而同期纱线产量为47.62亿千克。截至2021年3月，棉纱、人造纱线、法布、手工地毯、黄麻地毯等所有纺织品的出口额为294.5亿美元。

纺织业的投资激增，2000年4月至2020年12月，该行业（包括染色和印刷）吸引了价值36.8亿美元的外国直接投资。印度政府已经为纺织业制定了多项出口促进政策，允许在自动路线下100%的外国直接投资进入该行业。2021年4月，印度政府采纳倡议，将大力支持通过与工程组织合作进行机械生产，减少对进口机床的依赖。纺织业的PLI计划基本就绪，该计划旨在发展人造纤维（MMF）服装和技术纺织品行业，在规定的5年增量营业额上提供3%~15%的奖励。为了支持织工及织工企业家，Weaver MUDRA计划启动以每织工最多1万卢比（134.22美元）贷款金额的20%提供保证金资金援助，贷款利率为6%，信用担保期为3年。戈勒克布尔有望成为主要的服装制造中心，推动北方邦东部的经济。戈勒克布尔工业发展局（GIDA）提供四英亩土地为引进企业家建造化工厂。纺织部赞成印英自由贸易协定的有限协议，推动服装业的发展。英国是印度第十四大贸易伙伴，出口额为87亿美元，进口额为67亿美元，根据拟议的贸易协定，纺织部期望印度纺织和服装部门有更多的市场准入，充分发挥其潜力。农业和农民福利部与纺织部下属的中央丝绸局签署了一项谅解备忘录，就在丝绸部门实施农林业的趋同模式上达成一致。为促进出口，政府已将《出口产品关税减免计划》（RoDTEP）的效益扩大到所有出口商品。为了支持手工业，政府已采取措施，在GeM里加入织工匠，从而为其提供更广阔的市场，使他们能够将产品直接销售给各个政府部门和组织，在GeM门户网站上注册了171个织工、167个工匠实体。DRDO正在帮助印度纺织业生产纱线，以摆脱对中国和其他外国军服服装的进口依赖，印度国防部已表示支持印度技术纺织部门，国防参谋长在国际纺织联合会举办的第9届印度产业用纺织品及非织造布展（TECHNOTEX）会议上发言时，赞赏印度技术纺织品的创新，并表示武装部队将宁可减少进口，也要从印度纺织工业采购军用纺织品。作为"阿特马尼尔巴尔·巴拉特"倡议的一部分，由总理莫迪主持的内阁经济事务委员会批准，100%的粮食和20%的糖强制使用黄麻包装袋。根据1987年《黄麻包装材料（包装商品的强制性使用）法》，政府规定强制使用黄麻包装材料。政府推出《大型电子制造业的生产挂钩奖励计划》（PLI计划），为制造和出口人造纤维制成的特定纺织品企业提供奖励。联合内阁批准印度纺织委员会与日本染色检查协会（Nissenken）质量评估中心①签署谅解备忘录，以提高印度纺织品和服装在日本市场的质量和测试，这项印日纺织品合作协定，便于印度出口商按照后者的技术条例满足日本进口商的要求。根据2020—2021年联盟预算，建议成立一个国家技术纺织品特派团，估计支出为148亿卢比（2.1176亿美元）。纺织部发布《新纺织品政策》。外贸总局（DGFT）根据印度商品出口计划（MEIS）将纺织工业两个子部门（即现成服装和化妆）的奖励税率从2%调整为4%。印度政府采取了若干措施，包括修订后的技术升级基金计划，到2022年为350万人创造就业机会，并实现价值9500卢比（141.7亿美元）的投资；印度政府批准了羊毛综合发展方案（IWDP），以支持羊毛行业，从饲养者到终端消费者，提高其质量和产量。

在2020年，印度棉花公司在MSP业务（政府对农作物的最低支持价格）下采购了创纪录的1510万包，比去年同期的384.3万包高出约290%；技术升级基金计划（I-ATUFS）于2016年4月21日启动了基于Web的索赔监控和跟踪机制；381个新的块级集群受到制裁；根据综合纺织园计划，共有59个纺织园获批，其中22个已落成；截至2021年12月，所有纺织品成衣出口额为11.9亿美元。

印度正在制定重大举措，推动技术纺织工业的发展。由于新冠肺炎疫情流行，对个人防护用品（PPE）套装和设备形式的技术纺织品的需求正

---

① 染色检查协会质量评估中心1948年成立，2000年成为国际纺织和皮革生态学研究与检测协会（OEKO-TEX©）成员机构，拥有非常先进的检测和实验室设施。

在上升，政府通过资金和机械赞助来支持技术纺织工业；该行业的顶级企业正在通过生产使用天然可回收材料制成的纺织品来实现产品的可持续性；印度纺织业的前景被看好，强劲的国内消费和出口需求的增加，以及消费主义和可支配收入的上升，零售行业在过去十年中经历了快速增长，一些国际公司进入印度市场。

（二十六）印度工程和资本货物工业

工程部门是印度最大的工业部门，它占工业部门工厂总数的27%，占对外合作总数的63%，在过去几年中，印度的工程部门在基础设施和工业生产投资增加的推动下有了增长，工程部门与制造业和基础设施部门密切相关，对印度经济具有战略重要性；印度在发展工程部门方面迈出了重大步伐，政府指定工程出口促进委员会（EEPC）为负责印度工程产品、产品和服务推广的最高机构，印度向世界各国出口运输设备、资本货物、其他设备以及铸造、锻件和紧固件等轻工产品；印度半导体产业是一个高增长潜力领域，因为半导体的采购行业本身就见证了高需求；印度于2014年6月成为《华盛顿协议》的常任理事国，《华盛顿协议》是一项关于工程研究和工程师流动的精英国际协定。

2020年资本货物业营业额为920亿美元，到2025年将达到1151.7亿美元；印度主要向美国和欧洲出口工程产品，占出口总额的60%以上，2020—2021财年工程出口额为759亿美元，电气设备工业IIP为105.5，机床的生产和消费分别为615亿卢比（8.7246亿美元）和1567亿卢比（22.2亿美元）；100%的外国直接投资允许通过自动路线进行，主要国际企业寻求到进入印度工程部门的机会，印度的工程部门在制造成本、技术和创新方面的一些优势，吸引了外国企业的兴趣，有利的监管政策和制造业的发展，使一些外国企业得以在印度投资；根据联合国贸易和发展会议的数据，2019年印度跻身FDI十大接收国之列，吸引外资490亿美元，比上年增长16%，推动了南亚的外国直接投资增长；根据DPIIT公布的数据，机械和工程部门的外国直接投资流入为36.6951亿美元。

2021年，印度工程和设计部门有许多的重大投资和发展，塔塔电力与日立 ABB 电网和嘉吉合作；日立 ABB 电网有限公司订购了价值 16 亿卢比（2166 万美元）的变压器，向印度铁路公司供电；电动汽车制造商特斯拉在班加罗尔设立了研发中心，并将子公司注册为特斯拉印度汽车和能源私人有限公司；辛德勒与拉林—图布罗（L&T）技术服务有限公司（LTTS）合作，提升其创新的数字工程能力。根据这一伙伴关系，LTTS 将为产品开发、创新和工程提供服务和解决方案，帮助辛德勒加快其数字化和连接计划；戴姆勒印度（一家商用车制造商）将重点拓展网络，该公司计划到 2022 年在印度拥有至少 350 家经销商；L&T 赢得了多个订单，为煤炭、水泥和铁矿石行业提供采矿设备，合同的范围包括提供设备和维修合同，以支持 3~4 年以上的业务，拉森和图布罗提前向 ISRO 交付了加加尼亚运载火箭的第一个助推器段硬件。

  印度工程部门与其他工业部门的密切融合，对经济具有战略重要性。为推动制造业的发展，政府放宽了工厂门税、资本货物、耐用消费品和车辆消费税，享有 100% 的外国直接投资；根据印度评级和研究机构（Ind-Ra）的数据，太阳能生产相关保险（PLI）计划将在 2029—2030 年之前支持光伏电站需求的 8~13%，并在未来五年内帮助增加 20 千兆瓦的能源；根据发展与生产伙伴方案，DRDO 允许私营部门公司开发和生产导弹系统，如垂直发射的地空导弹系统方案，以促进国内国防工业；由于政府批准了 1219.5 亿卢比（16 亿美元）的电信设备生产相关激励计划，印度电信设备市场在增加；即将出台的新纺织政策在 FDI 的帮助下建立纺织机械制造中心；印度政府与阿根廷和巴西谈判，签署了与南美洲两个最大市场的贸易协定，以寻求加强与该地区的贸易机会；北方邦 2020—2025 年调整出口政策，以促进出口增长和竞争力，向出口子公司提供必要的出口援助和服务，并改善技术以及有形基础设施，以改善国家工业的出口；为了加强资本货物部门，政府通过各种举措设立了一个有 22 名成员的部际委员会，有效地实现 5 万亿美元经济和 1 万亿美元制造业的国家目标；在 2021 年联邦预算中，政府通过拨款 23308.3 亿卢比（320.2 亿美元）加强交通基础设施，大力推动基础设施部门的发展；联盟内阁已批准对投资者提供高达

1000亿卢比（14.7亿美元）的奖励措施，修订了特别奖励（M-SIPS）计划，以进一步激励对电子部门的投资，创造就业机会，减少对进口的依赖；政府批准了大型电子制造业的"生产激励计划"。

到2025年，资本货物工业营业额将增至1151.7亿美元。到2022—2023财年，印度的工程研发市场将从2019财年的360亿美元增加到420亿美元；印度需要在未来十年对基础设施进行235万亿卢比（3.36万亿美元）的投资，预计到2030年，工程品出口额将达到2000亿美元。

（二十七）印度可再生能源产业

印度可再生能源产业是全球第四大最具吸引力的可再生能源市场[①]，2019年印度风力发电排名第五，太阳能发电排名第五，可再生能源装机容量排名第四。在过去几年中，可再生能源发电装机容量的安装速度加快，在2016—2020财年之间，复合年均增长率为17.33%。随着政府支持的增加和经济的改善，从投资者的角度来看，该产业已变得极具吸引力，印度的能源需求到2040年将达到15820兆瓦时，可再生能源发挥重要作用。政府的目标是2022年实现227千兆瓦的可再生能源产能，包括新增114千兆瓦的太阳能发电能力和67千兆瓦的风力发电能力，超过《巴黎协定》规定的175千兆瓦的目标。政府计划到2030年建立523千兆瓦的可再生能源发电能力，包括73千兆瓦的水电产能。

根据DPIIT公布的数据，2000年4月至2020年12月，印度非常规能源部门的外国直接投资流入为98.3亿美元。自2014年以来，印度可再生能源部门已投资超过420亿美元，2018年，清洁能源的新投资达到111亿美元。印度可再生能源部门的重大投资和发展为：2021年5月，阿达尼绿色能源有限公司（AGEL）签署了向软银集团（SBG）和Bharti集团收购SB能源印度公司100%股权的股份购买协议，可再生能源组合总量为4954兆瓦，分布在印度四个州；可再生能源平台Virenscent基础设施公司收购

---

① 林健，李莉，吴念远，等. 国际可再生能源发展现状及展望[C]//国际清洁能源论坛. 国际清洁能源产业发展报告（2019）. 中国言实出版社，2019：276-313，591.

了总部位于新加坡的辛迪卡图姆可再生能源公司私人有限公司76%的印度太阳能资产组合；中央电力局批准将印度电力公司（JSW）能源卡查姆旺图水电站的发电量从1000兆瓦增加到1091兆瓦；通用电气印度公司批准以7200亿卢比（96亿美元）收购NTPC GE电力服务有限公司50%的股份；NTPC在2022年5月至6月之间委托印度最大的浮动太阳能发电厂在特拉曼加纳的拉马贡丹的总发电量为447兆瓦；美国国际开发署（USAID）和美国国际开发金融公司（DFC）制定了一项价值4100万美元的贷款担保方案，用以支持印度中小企业对可再生能源的投资；阿达尼绿色能源公司受英雄未来能源公司委托，计划收购北部拉贾斯坦邦的250兆瓦太阳能发电项目，交易价值为10亿卢比（1.362亿美元）；AGEL签署了一项合同，收购SkyPower Global（加拿大太阳能开发商）在特伦甘纳（Telangana）的50兆瓦太阳能发电项目100%的股份，可再生发电能力增加到3395兆瓦，可再生能源组合总量为14865兆瓦；日本国际协力事业团与塔塔清洁技术资本有限公司（TCCL）签订了100亿日元（9031万美元）的贷款协议，日本国际协力事业团向印度公司提供关于可再生能源生产、电动汽车的解决方案和符合绿色贷款原则的节能贷款，以减少温室气体排放从而降低对气候变化的影响；欧洲联盟加入了抗灾基础设施联盟（CDRI），这是印度领导的一项倡议，旨在确保长期发展，同时应对气候变化的不利影响；印度和美国同意重组战略能源伙伴关系，专注清洁能源领域，包括生物燃料和氢气生产；印度在新冠肺炎疫情流行期间增加了2320兆瓦的太阳能发电量；经印度国家可再生能源投资和公共资产管理部批准，NTPC成立可再生能源业务全资公司，NTPC可再生能源有限公司的目标是到2032年，从可再生能源中产生30%或39千兆瓦的总发电能力；印度太阳能公司（SECI）为太阳能公园进行了大规模的中央拍卖，并授予了47个综合容量超过25千兆瓦的公园的合同；Vikram Solar印度本土太阳能解决方案提供商在CPSU-II计划下，以1750亿卢比（2.5039亿美元）从NTPC的竞价竞拍了300兆瓦的太阳能发电厂项目；阿达尼集团的目标是到2025年成为世界上最大的太阳能发电公司，到2030年成为最大的可再生能源公司；

2019年4月至12月，私营公司在可再生能源方面进行了约3672.949亿卢比（52.6亿美元）的投资。

印度政府为推动可再生能源部门而采取的举措：2021年4月，CEA和CEEW-CEF联合推出了印度可再生能源仪表板，提供印度可再生能源（RE）项目的详细运营信息；电力部发布了2021年国家电力政策草案，并征求了中央公共部门、印度太阳能公司、电力传输公司、印度储备银行、印度可再生能源开发署、HDFC银行、印度工业信贷投资银行（ICICI）以及工业、太阳能和风能协会等所有利益攸关方和州政府的建议。联盟内阁批准了印度和法国可再生能源合作领域的谅解备忘录；哈里亚纳邦宣布了一项计划，根据新能源和可再生能源部的指导方针，对3千瓦的家庭电厂提供40%的补贴，以鼓励该州的太阳能发电，对于安装指定公司4～10千瓦的太阳能系统的，提供20%的补贴；印度推出了用高效节能灯替换所有低效灯泡的Gram UJALA计划，以10卢比（0.14美元）的价格在农村地区安装世界上最便宜的LED灯泡，增强自力更生能力；2021—2022年联盟预算中，新能源和可再生能源部分别获得了575.3亿卢比（7.8845亿美元）和30亿卢比（4112万美元）用于"绿色能源走廊"计划；根据2021—2022年联盟预算，政府提供了额外的资本注入——100亿卢比（1.3704亿美元）给SECI，向印度可再生能源开发署提供150亿卢比（2.0557亿美元）。为了鼓励国内生产，太阳能逆变器的关税从5%提高到20%，太阳能灯的关税从5%提高到15%；拉达克在列城（Leh）印度空军基地获得了中央政府"印度制造"计划下最大的太阳能发电项目，容量为1.5兆瓦；政府宣布了价值450亿卢比（6.1023亿美元）用于五年期间的高效太阳能光伏组件制造的PLI计划；印度计划在古吉拉特邦和拉贾斯坦邦等西部边境的沙漠沿线增加30千兆瓦的可再生能源装机容量；德里政府决定关闭位于印度首都新德里东郊的朱木拿河畔的火力发电厂并将其发展为5000千瓦的太阳能园区；印度政府计划实施一项耗资2.38亿美元的先进超超临界技术国家任务，以利用更清洁的煤炭；印度铁路正在加大努力，通过持续的节能措施和最大限度地使用清洁燃料，到2030年将排放水平降低33%。

政府致力增加清洁能源的使用，并承接各种大型可持续电力项目，大力推广绿色能源。此外，可再生能源有潜力在各层面创造更多就业机会，尤其是在农村地区。MNRE 制定了目标，到 2022 年年底可再生能源装机容量提高到 227 千兆瓦，其中太阳能装机容量约为 114 千兆瓦，风能装机容量为 67 千兆瓦，水力和生物能装机容量为 67 千兆瓦。未来四年，印度的可再生能源部门预计吸引价值 800 亿美元的投资，到 2023 年，印度建立约 5000 座压缩沼气厂；据中央电力局估计，到 2029—2030 年，可再生能源发电的比重将从 18% 提高到 44%，而热能发电的比例预计将从 78% 降至 52%。使用可再生能源代替煤炭每年节省 5400 亿卢比（84.3 亿美元），到 2030 年，可再生能源将占总装机容量的 55%，预计到 2040 年，约 49% 的总电力将由可再生能源产生，因为将使用更高效的电池来储存电力，与当前成本相比，这将使太阳能成本进一步降低 66%。根据新可再生能源部 2020 年的年终审查，另有 49.59 千兆瓦的可再生能源产能正在安装中，另外 27.41 千兆瓦的容量已经招标，这使得已投入使用或正在建设中的可再生能源项目总容量达到 167 千兆瓦。印度政府希望在每个邦发展一个以可再生能源为动力的"绿色城市"，"绿色城市"将通过所有房屋的太阳能屋顶系统、城市郊区的太阳能公园、能源发电厂的废物和支持电动交通的公共交通系统，将环保电力纳入主流。

（二十八）印度房地产行业

印度房地产总值在全世界排名较后，远远低于西方发达国家和中国，这与其庞大的人口基数和强大的国民生产总值不相匹配，也足以说明其国内房地产发展程度还不够[1]。印度房地产行业由四个子行业组成：住房、零售、酒店和商业。房地产行业的增长与企业环境的增长以及对办公空间、城市住宿需求相得益彰。在印度，房地产业是仅次于农业的第二大就业来源。在短期和长期内产生更多的非居民印度人（NRI）投资，班加罗尔有望成为 NRI 最青睐的房地产投资目的地，其次是阿拉哈巴德、浦那、

---

[1] 张仁枫，王莹莹. 印度房地产市场发展的现状、问题与启示 [J]. 亚太经济，2013 (2): 73-78.

钦奈、果阿、德里和德拉顿。

到2025年印度房地产行业的市场规模将占印度国内生产总值的13%，到2040年，印度房地产市场将比2019年增长5倍；零售、酒店和商业地产也在大幅增长，为印度不断增长的需求提供了急需的基础设施。2020年零售房地产和仓储部门分别吸引了2.2亿美元和9.71亿美元的私人股本（PE）投资，预计到2022年，甲级办公空间吸收量将突破700平方英尺，德里对此需求最大。从2020年10月到2020年12月，印度8个主要城市的房屋销售量增长了2倍，达到61593套，而上一季度为33403套。

根据《经济时报》住房金融峰会，每千人每年建造约3套住房，目前城市地区的住房短缺为1000万套，到2030年，还需250万套住房以满足该国城市人口的增长。印度房地产业最近出现了高速增长，对办公和住宅空间的需求也有所上升。2020年，印度房地产吸引了50亿美元的机构投资，相当于上一年交易额的93%，PE公司和风投基金的投资达到40.6亿美元。房地产行业在2020—2021财年第四季度的19笔交易中吸引了价值2394.6亿卢比（32.41亿美元）的私人股本投资，与2020年第四季度的147亿卢比（1.99亿美元）相比，该行业的投资增长了16倍，从价值上讲，这些投资在2020年占80%，在2019年占48%。2019—2020财年，经济特区出口额达到7.96万亿卢比（1130亿美元），比2018—2019财年的7.1万亿卢比（1003亿美元）增长13.6%；根据DPIIT公布的数据，建筑业在外国直接投资流入方面是第三大部门，2000年4月至2020年9月，印度房地产包括建筑开发和建筑活动的外国直接投资为429.7亿美元。德里-NCR在2019—2020财年第一季度的净吸收办公空间增加了5%，面积为107万平方英尺，未来三年，印度的灵活空间存量可能会从目前的3600万平方英尺增长10%~15%，在前七个城市中，房屋销售在2020—2021财年第四季度增长29%，新房销售增长51%，德里-NCR、孟买、班加罗尔和浦那的销售额合计占同期销售额的83%，包括诺伊达和古尔冈在内的德里-NCR地区的微型市场表现，房地产升值价格出现了两位数的增长，分别增长11%和13%。根据印度Anarock（一家印度房地产服务公司）的数据，7个城市的房屋销售在第二季度和第四季度增长29%，新推出的房屋销售量比2020年第四季度增长了51%，由于购房者利用了低抵押贷款利率和开发商提供的激励措施，2020—2021财年第四季度住宅房地产需求恢复，住宅销售恢复到2020年前七大城市的90%。百仕通是印度最大的私人市场投资者之一，管理着房地产行业约369.4亿卢比的市值，该公司预计在未来10年投资162.5亿卢比；2021年，远程工作快速进行，预计二三线城市对负担得起的住房的需求将增加，导致这些地区的房价上涨；HDFC资本顾问与瑟伯勒斯（Cerberus）资本管理公司合作，创建了一个平台，专注于印度住宅房地产行业的高收益机会，该平台旨在购买库存，并为全国各地在建住宅项目提供最后一英里的资金；Godrej地产宣布推出10个新的房地产项目；Godrej地产通过收购HDFC风险托管公司的股权，将其在Godrej房地产公司的股权从51%增加到100%；首霸SOBHA有限公司的全资子公司萨巴海瑞斯风险投资有限公司收购了安纳拉克什米土地开发商Pvt有限公司100%的股份；领先的酒店集团雅高（Accor）在印度推出7个新酒店；威望地产项目有限公司以1274.5亿卢比（17亿美元）的价格将大量办公、零售和酒店地产出售给百仕通；泰姬集团与房地产公司安布贾纽蒂亚（Neotia）集团合作，推出了三家新酒店，两家在加尔各答，一家在帕特纳；Godrej集团与Godrej住房金融公司（GHF）一起进军金融服务行业，希望通过该业务在印度建立一个长期和可持续的零售金融服务业务，目标是在未来三年内实现1000亿卢比（13.5亿美元）的资产规模；布鲁克菲尔德资产管理公司通过20亿美元的房地产交易在印度进行了大量投资而且将从私人控股的开发商RMZ公司购买1250万平方英尺的商业房地产资产，购买包括租金收益的办公空间和商业共同办公空间；拉贾斯坦邦房地产开发商布米卡集团计划分别在乌代普尔、阿尔瓦尔和斋浦尔投资45亿卢比（6081万美元）的两个住宅和一个零售项目；澳大利亚REA集团有限公司同意收购伊拉拉技术有限公司的控股权。房地产顾问Anarock称，到2022年，印度可能拥有100家新商场，其中，69家商场建在前七大都市，其余31家商场建在二三线城市。政府批准了TCS和印度最大房地产商 DLF 提出的在哈里亚纳邦和北方邦为 IT 部门设立经济特区的建议；百仕通在印度的投资超过 120 亿美元；房地产公司 Puravankara Ltd 计划在未来四年内投资约 85 亿卢比（1.216 亿美元），在班加罗尔、钦奈和孟买开发三个超豪华住宅项目；印度首个上市房地产投资信托基金 REIT 于 2019 年初由全球投资公司百仕通和房地产公司大使馆集团发起，筹资 475 亿卢比（6.7964 亿美元）；RMZ 公司与三井富三（亚洲）有限公司建立了战略平等伙伴关系，以扩大其业务足迹。

印度政府与有关国家政府采取了若干举措，鼓励房地产行业的发展，智能城市项目计划建设 100 个智慧城市，这是房地产公司的绝佳机会。印度政府根据 2021—2022 年联邦预算，将住房贷款利息的减税额提到最高 15 万卢比（2069.89 美元），经济适用房项目的税收减免延长至 2021—2022 财政年度结束；财政部部长宣布阿特马尼尔巴尔·巴拉特 3.0 一揽子计划，尼尔马拉·丙塔拉曼（Nirmala Sitharaman）对房地产开发商和购房者出售和购买价值住宅单位（最高为 2000 万卢比；即 271450.60 美元）出台了所得税减免措施；为了在全国顶级城市恢复约 1600 个停滞不前的住房项目，政府已批准设立 2500 亿卢比（35.8 亿美元）的替代投资基金，政府在国家住房银行（NHB）设立了住房基金，初始资金为 1000 亿卢比（14.3 亿美元），将银行和金融机构优先部门的短期贷款，用于小额融资，截至 2021 年 1 月 31 日，印度正式批准 425 个经济特区，其中 265 个已经投入使用，大多数经济特区都位于 IT/BPM（业务流程管理）部门。

印度证券交易委员会（SEBI）已批准房地产投资信托（REIT）平台，该平台允许各类投资者投资印度房地产市场，在未来几年里，在印度市场创造价值 1.25 万亿卢比（196.5 亿美元）的机会。为了应对日益知情的消费者，并铭记全球化的影响，印度房地产开发商已经转变了方向，接受了新的挑战，最显著的变化是从家族企业向专业管理企业转变。房地产开发商为了满足跨城市管理多个项目的需求，也在集中流程方面进行投资，并在项目管理、建筑和工程等领域招聘合格的专业人员。中央政府根据住房和城市事务部的普拉丹·曼特里·阿瓦斯·约贾纳（PMAY）计划，到

2022年在全国各地的城市地区建造2000万套住房，目前城市地区的住房短缺估计为1000万套，到2030年，还需要2500万套住房，以满足该国城市人口的增长。印度房地产的外国直接投资不断增加，这提高了透明度，同时为了吸引资金，开发商已经修改了会计和管理系统，以达到尽职调查标准。印度房地产吸引了大量外国直接投资，2021—2022财年注入了约80亿美元的资本。

（二十九）印度零售业

由于一些新公司进入印度，印度零售业已成为最具活力的行业之一。2021年，消费支出总额从2017年的18.24万亿美元增至近36万亿美元，占全国国内生产总值的10%以上，约占就业人口的8%。印度零售业排全球第五，印度在联合国贸易和发展会议2019年商业与消费者指数（B2C）中排名第73位，在世界银行2020年营商排名中排名第63位，在外国直接投资信心指数中印度排名第16位。2020年，印度的零售额为8830亿美元，杂货零售额为6080亿美元；到2024年，市场将达到1.3万亿美元；印度线下零售商（又称砖瓦和砂浆零售商）的收入在2019—2020财年增加1000亿卢比~1200亿卢比（13.9亿美元~16.7亿美元）。根据印度零售商协会（RAI）的数据，2021年2月零售业实现了新冠肺炎疫情前销售额的93%；耐用消费品和快餐店（QSR）分别增长15%和18%；消费品FMCG行业在经历了2020年1月至3月下降19%之后，在2020年7月至9月的季度却同比增长1.6%。FMCG部门增长迅速，也反映了在经济开放和放松封锁限制的情况下，整体宏观经济形势的积极性。

根据DPIIT公布的数据，2000年4月至2020年12月期间，印度零售贸易共收到FDI权益流入34.4亿美元；随着消费电子产品和家用电器等不同行业对消费品需求的上升，许多公司在过去几个月中投资了印度的零售领域。2020年，印度零售业从各种私人股本和风险投资基金中吸纳了62亿美元；2021年5月，大集市在博帕尔、曼加洛尔、雷普尔、兰奇、古瓦哈蒂、坎普尔、勒克瑙和瓦拉纳西等小城市推出了两小时的送货服务，刚开始几周订单大幅增长；Flipkart将其超本地送货服务快速扩展到德里、古鲁格拉姆、加齐亚巴德、诺伊达、海得拉巴和浦那六个新城市，因为在2021年5月份的印度第二波疫情防控期间，电子商务平台对必需品的需求激增；AP集团宣布了其意大利品牌——"就是卡瓦利"（Just Cavalli）的扩张计划，2021年推出200家线下门店；"真我"（Realme）扩大在印度的零售业务，在古吉拉特邦开设第一家面积超过1万平方英尺的旗舰店；小米推出了"与米共同发展"的新举措；长城汽车（GWM）计划在未来两年内拥有6000多家零售店；亚瑟士（ASICS）在印度扩展了其零售概念，在班加罗尔开设了一家新店；vivo于2021年在印度开设约100家独家零售店；苹果高端经销商独角兽宣布到2021—2022财年在印度开设4~6家新旗舰店；Mi India 为其零售合作伙伴推出了10亿卢比（1362万美元）的支持计划；手工地毯品牌 Greyweave 投资750万卢比（102875.65美元）用于该公司的离线扩张计划。

印度政府采取了各种措施，改善印度的零售业，政府改变了食品加工行业的FDI规则，允许电子商务公司和外国零售商销售印度制造的消费品；印度政府允许通过自动路线100%的外国直接投资进行商品和服务的在线零售，从而明确其在印度经营的电子商务公司的现有业务；政府改善二级和三级市场数字基础设施的重点有利于该行业[①]。

电子商务在全国稳步发展，客户以最低的价格选择的产品数量不断增加，电子商务在创造零售业最大的革命，这种趋势在未来几年内可能会继续下去，零售商利用电子商务数字零售渠道减少在房地产上的支出，同时接触二线和三线城市的更多客户，到2024年，印度电子商务产业将增长84%，达到1110亿美元，移动购物在未来四年内将以每年21%的速度增长。2020年，网上最常见的支付方式是数字钱包（40%），其次是信用卡（15%）和借记卡（15%），到2024年，零售业的在线渗透率达到10.7%，而2019年是4.7%。然而，在收入增加、人口增长、外国企业进入以及城市化进程加快的支持下，该行业的长期前景看起来是积极的。

---

① 杨怡爽.从印度零售业改革看印度改革的前景[J].东南亚南亚研究，2013（2）：57-61.

（三十）印度快速消费品行业

FMCG 行业是印度第四大行业，家庭和个人护理占 FMCG 在印度销售额的 50%，日益提高的认识和改变生活方式的需求一直是该部门主要的增长动力。城市份额（占收入份额约 55%）是印度 FMCG 部门总收入的最大贡献者，然而，在过去几年中，FMCG 市场在印度农村的增长速度比印度城市快，半城市和农村份额正在快速增长，FMCG 产品占农村总支出的 50%。

到 2023 年，印度零售市场将从 2017 年的 8400 亿美元增至 1.1 万亿美元。根据尼尔森的数据，2021 年 1 月至 3 月，印度 FMCG 行业增长 9.4%，这得益于消费导向型增长和产品价格上涨带来的价值扩张，尤其是主食价格上涨，同季农村市场取得 14.6% 的升幅，而地铁市场在两个季度后取得正增长。农村消费的增长推动 FMCG 市场，对 FMCG 总支出的贡献率为 36%。在印度农村，FMCG 在 2021 年第三季度，由于政府采取各种举措（如包装主食和卫生类别），实现了 10.6% 的两位数增长，预计到 2025 年，印度加工食品市场将从 2019—2020 年的 2630 亿美元扩大至 4700 亿美元。

政府允许食品加工和单品牌零售 100% 的外国直接投资，多品牌零售 51% 的外国直接投资，这将促进就业、供应链和 FMCG 品牌在有组织的零售市场提高知名度，从而增加消费者支出，并鼓励更多产品发布，从 2000 年 4 月至 2020 年 12 月，该部门出现了 180.3 亿美元的外国直接投资流入。FMCG 部门最近发展：2021 年 5 月，以流行面条品牌威威（Wai Wai）闻名的尼泊尔 CG Corp Global 集团（一家尼泊尔企业集团，在 24 个国家拥有超过 169 家公司和 79 个品牌）宣布，计划投资 20 亿卢比（2742 万美元），在西孟加拉邦和北方邦新建两家制造工厂；Rasna 推出了负担得起的免疫增强糖浆浓缩物，包括维生素 E、B12、B6、锌；ITC 有限公司推出奶昔和蛋糕，以扩大巧克力和主食等类别；桑杰·戈达瓦特集团推出了一种能量饮料"RIDER"，它适用于所有现代零售形式，如超市、普通商店和电子商务平台；雀巢印度公司宣布计划在未来 2~3 年内覆盖 12 万个村庄（每个村庄人口超过 5000 人）；Haldiram 的食品和零食公司与非洲未来生活公司合作，将其营养食品系列带到印度，两家公司推出了多种产品；塔塔消费品公司宣布，它正在寻找方法，将饮料产品组合添加到直接消费平台上，以占领城市的在线市场；塔塔消费品公司推出了两款新产品，即塔塔茶塔尔西绿和塔塔茶金护理，并更新了现有的泰特利绿茶，添加了维生素C；印度达布尔决定进军"牛酥油"领域，这些产品将从拉贾斯坦邦饲养的土著奶牛的牛奶中制成；德尔蒙特在印度推出了一种1升特制的油袋，价格为250卢比（3.42美元），使消费者能够负担得起橄榄油；印度的FMCG企业计划通过进入新的类别，如口腔喷雾剂、漱口水，扩大其口腔护理产品组合，以满足消费者对卫生产品不断增长的需求。

政府为促进印度的FMCG部门而采取了一些主要举措：2020年11月11日，联邦内阁批准了10个关键部门（包括电子和白色家电）的PLI计划，以提高印度的制造出口能力和推动"阿特马尼尔巴尔·巴拉特"倡议；食品包装部门的发展将有助于提高农产品的价格，减少高废物量。为了通过PLI计划提供支持，建立了独特的产品线——具有高增长潜力和创造中大型就业机会的能力；印度政府已批准100%的食品加工部门和单一品牌零售的外国直接投资，以及51%的多品牌零售外国直接投资；政府已起草了一项新的《消费者保护条例草案》，特别强调建立一个广泛的机制，确保简单、迅速、方便和及时地向消费者伸张正义；下调商品和服务税（GST）对FMCG行业有利，因为许多FMCG产品，如肥皂、牙膏和发油，现在都属于18%的税阶，而之前的税率为23%~24%。此外，食品及卫生产品的消费税已分别下调至0%~5%及12~18%；随着所有大公司在将业务改造为大型物流和仓储，预计GST将把FMCG行业的物流转变为现代高效的模式。

农村消费在人们收入增加和生活水平提高的情况下有所增加，印度农村对品牌产品的需求不断增加。预计到2025年，印度农村FMCG市场将从2018—2019财年的236亿美元增长到2200亿美元；另一方面，随着无组织市场在FMCG行业所占份额的下降，有组织的行业增长预计将随着品牌意识的提高而上升。推动印度对粮食服务需求的另一个主要原因是青年人口不断增加，主要是在城市地区。印度拥有大量年轻消费者，他们占劳动力的大多数，由于时间限制，几乎没有时间做饭，在线门户有望发挥关键作用。互联网为以更便宜、更便捷的方式扩大公司的覆盖面提供了便利，到2025年，印度的互联网用户数量可能能达到10亿，印度40%的FMCG消费将在网上进行，在线FMCG市场将从2017年的200亿美元增至450亿美元；据估计，印度通过实施消费税每年将获得150亿美元。消费税将推动农村和城市地区的需求增长，促进长期有条理的经济增长和改善行业内公司的业绩。

（三十一）印度石油和天然气工业

石油和天然气工业是印度的八大核心产业之二，在影响经济及其他所有重要部门的决策方面发挥着重要作用，经济增长与能源需求密切相关，因此，对石油和天然气的需求增长越多，越有利于该行业投资，印度政府采取了若干政策，以满足日益增长的石油和天然气需求，允许100%的FDI进入天然气、石油产品和炼油厂领域等，同时，也吸引了信实工业有限公司（RIL）和凯恩印度的投资。

从石油供应来看，印度的油气资源并不丰富[1]，印度是世界上最依赖进口的国家之一，其消费的石油超过8%来自外国生产商[2]。印度2019—2021年原油进口从2016—2017年的707.2亿美元大幅增长至1014亿美元；截至2021年5月，印度的炼油能力为2.593亿吨，是亚洲第二大炼油国，私营公司拥有约35.29%的炼油总产能；2020—2021财年，印度的原油产量为32.2亿吨，原油进口量增至4.54亿桶，预计到2040年，天然气消费量将达到1.4308亿吨，印度液化天然气进口量为3368亿吨；印度石油产品消费量增长4.5%，印度石油产品出口从2016—2017财年的60.54亿吨增长到2020—2021财年的65.7亿吨，印度出口石油产品总值从2019—2020财年的349亿美元增至358亿美元。印度天然气管理局（GAIL）拥有

---

[1] 任娜. 印度石油市场分析及展望[J]. 国际石油经济，2019，27（9）：90-98.
[2] 李缙. 印度私营和国有炼油商将合作进口石油[J]. 油气田地面工程，2021，40（11）：4.

印度天然气管道网络（17126千米）的最大份额（69.39%或11884千米）。

根据DPIIT公布的数据，2000年4月至2020年12月，石油和天然气部门吸引了价值79.1亿美元的外国直接投资。2021年4月，印度天然气产量同比增长22.7%，因为信实工业有限公司及其合作伙伴英国石油公司（BP plc）在东海岸的KG-D6区块提高了产量；印度主要的石油零售商，如巴拉特石油和印度斯坦石油，2021年增强了其在农村地区的石油销售能力；印度石油天然气公司（ONGC）把KG盆地块的天然气产量提高到每天250万至300万标准立方米；政府在阿萨姆邦启动了关键的石油和天然气项目，如印度石油公司邦盖贡炼油厂的INDMAX机组、印度石油有限公司在马杜班的二级储罐农场、迪布鲁加尔和阿萨姆邦的赫贝达村、马库姆和廷苏基亚的"天然气压缩机站"，拉马纳塔普拉姆—图图库迪天然气管道和马纳利钦奈石油有限公司的汽油脱硫装置，印度石油公司与格林斯塔特氢气印度有限公司签署"意向书"，建立氢气价值链和其他相关技术，如储氢、燃料电池等卓越中心，据印度政府称，外国投资者将有机会在印度投资价值3000亿美元的项目，因为印度希望到2022年将石油进口减少10%。印度新任石油部长计划提高国内石油和天然气的产量，并提升天然气在该国能源结构中的地位，还承诺2030年天然气在能源结构中的比重将提高至15%[①]。

印度政府为促进石油和天然气行业发展采取的一些主要举措：2021年2月，印度总理莫迪宣布，五年内在石油和天然气基础设施上投资7.5万亿卢比（1024.9亿美元）；在2021年联邦预算中，政府拨出1248卢比（17.1亿美元）的资金，直接用于液化石油气107.8亿卢比（1.4731亿美元）的原料补贴以及印度第二大炼油公司BCPL和阿萨姆天然气裂解厂的原料补贴；石油天然气行业发布了《液化天然气政策草案》，旨在到2030年将该国液化天然气再气化能力从每年4250万吨提高到7000万吨，到2040年提高到1亿吨；石油天然气部根据"乙醇混合汽油（EBP）方案"

---

① 李缙. 印度新任石油部长将着力于提高石油和天然气产量[J]. 油气田地面工程, 2021, 40（8）：39.

(2019年10月11日)发布了长期"乙醇采购政策",该计划涵盖了长期乙醇采购方式、拟议的长期采购合同机制、定价方法和其他主题;国营能源公司巴拉特石油公司、印度斯坦石油公司和印度石油公司计划到2022年投资200亿美元用于炼油厂扩建,以增加设备;政府计划到2023年建立5000个压缩沼气厂,政府计划投资28.6亿美元,在上游石油和天然气生产方面,到2022年将天然气产量翻一番,达到60亿吨,并钻探120多口勘探井。

由于经济持续地强劲增长,印度的能源需求增长快于所有主要经济体的能源需求,到2035年,印度的能源需求将从2017年的7.537亿吨翻一番,达到15.16亿吨。此外,到2035年,印度在全球一次能源消费中所占的份额将增加两倍;到2040年,原油消费量将从2017年的2.2156亿吨增长到5亿吨,复合年均增长率为3.6%;印度的石油需求将以全球最快的速度增长,从2020年的每天505万桶增加到2030年的每天1000万桶;到2040年,天然气消费量将从2018年的5810万吨增加到1.4308亿吨,复合年均增长率为4.18%;到2029—2030年,印度的柴油需求将翻一番,达到1.63亿吨;印度将再增加17000千米的天然气管道,将印度的天然气网扩展至34500千米。到2022年,现有每年42亿吨的再气化能力将扩大到每年61亿吨。

(三十二)印度金属和采矿业

印度在钢铁和氧化铝的生产和转化成本方面拥有相当大的优势,其战略位置使出口机会得以发展,亚洲市场也得以快速发展;2020—2021财年,印度报告的矿藏数量为1229个,其中金属矿报告为545个,非金属矿为684个;基础设施开发和汽车生产量的增长正在推动该行业的发展,电力和水泥行业也促进了该行业的发展,鉴于住宅和商业建筑行业强劲的增长预期,钢铁需求将继续增长;2020—2021财年,印度铁矿石产量为1.89亿吨,共有914家生产粗钢的钢铁厂,印度粗钢产量为1.0249亿吨;国家铝业有限公司获准在奥迪沙开采乌特卡尔-E煤块;为了改善其在新冠肺炎疫情防控期间的业务运营,Vedanta铝业和巴拉特铝业(BALCO)等公司利用智能数字技术冶炼厂解决方案用于无人监控运营、预测和规范分析的高级数据分析、用于识别信息通信技术网络热点的视觉分析以提高资产可靠性从而提高产量；Vedanta Ltd. 与印度的研究机构签署了 MOU，探讨如何利用铝土矿残渣创造价值，以便进一步在公司下游细分市场利用。印度产铝量为 365 万吨，按价值计算，铝出口额为 2018 万美元；安赛乐米塔尔日本钢铁公司（AMNS）与法国道达尔能源公司签署了一项合同，在 2026 年之前每年供应多达 50 万吨液化天然气（LNG）；2020 年 1 月 5 日，印度在巴罗达（Baroda）重水厂举行奠基仪式，正式启动高纯钠金属生产设施的建设，高纯钠主要供钠冷快堆使用[①]；印度煤炭有限公司（CIL）宣布成立两家全资子公司——CIL 太阳能光伏有限公司和 CIL 纳维卡尼亚乌尔贾有限公司；CIL 批准了 32 个新的煤矿项目，其中 24 个正在扩建现有项目，其余为绿地，该项目的费用为 4700 卢比（64.7 亿美元）；国有 NMDC 计划利用 97% 的生产能力生产 3500 万吨铁矿石；阿塞洛-米塔尔-尼蓬钢铁印度公司与奥迪沙政府达成协议，计划在该州肯德拉帕达地区建立一座综合钢铁厂（产能为 1200 万吨），耗资 5000 亿卢比（68.9 亿美元）；奥瑞萨新建了两座铁矿，综合铁矿石储量为 2.75 亿吨，这些矿山每年将带来 500 亿卢比（6.7928 亿美元）的收入；CIL 与白俄罗斯矿业设备制造商别拉斯（Belaz）签署了一项采购自卸车的合同，投资额为 290 亿卢比（3.9398 亿美元）；CIL 还宣布计划投资 1.43 万亿卢比（194.3 亿美元），用于 20 个主要项目，其中包括太阳能、热力和铝项目。

外贸总局通知，有色金属进口监测系统（NFMIMS）将铜铝进口政策由"免费"改为"免征"，该政策自 2021 年 4 月 12 日起生效。为了增加印度的铁矿石供应，政府采取了多项举措：推进"矿业和矿产政策"改革，以增加政府矿业公司的产量和最大提升产能利用率；在 2021 年联邦预算中，政府将非合金、合金和不锈钢的半、扁平、长产品关税降至 7.5%，以减轻中小企业的关税负担；为了促进印度铜的回收利用，印度政府宣布在 2021 年联邦预算中将铜废料的进口关税从 5% 降低到 2.5%；国家钢铁

[①] 伍浩松，张焰. 印度新建钠金属生产厂[J]. 国外核新闻，2020（2）：2.

政策的目标是到 2030—2031 年将人均钢消费量提高到 160 千克,政府有一个固定的目标,即到 2030—2031 年,将农村钢材消费量从目前的人均 19.6 千克增加到 38 千克。

铁矿、铝土矿和煤炭开采的新技术有很大的空间,未来发现地下矿床的机会也很大。基础设施项目继续为钢铁、锌和铝生产商提供利润丰厚的商业机会,钢铁依然是房地产行业的核心组成部分,鉴于住宅和商业建筑行业强劲的增长预期,这些金属的需求将继续增长。

(三十三)印度钢铁工业

印度是世界第二大钢铁生产国[1],2019 年产量为 1.112 亿吨。印度钢铁业的增长是由国内铁矿石等原材料供应和具有成本效益的劳动力推动的,因此,钢铁行业是印度制造业产出的主要贡献者。印度钢铁工业是现代化的,既有最先进的钢厂,也有老钢厂不断改进实现现代化的。印度钢铁工业分为三类:主要生产国、主要生产商和第二生产者。

印度成品钢消费量在 2016—2020 财年以 5.2% 的复合年均增长率增长,达到 1 亿吨。印度粗钢和成品钢产量在 2019—2020 财年增至 1.085 亿吨;2020 年 4 月至 2021 年 2 月,印度成品钢累计产量为 8560 万吨;2021 年 4 月,印度成品钢消费量为 678 万吨,印度粗钢累计产量为 9278 万吨;2019—2020 财年成品钢进出口分别为 824 万吨和 669 万吨。

钢铁工业及其相关的采矿和冶金部门最近经历了重大投资和发展,根据 DPIIT 公布的数据,2000 年 4 月至 2020 年 9 月期间,印度冶金工业吸引的外国直接投资为 142.4 亿美元,印度钢铁业的一些主要投资如下:2021 年 5 月,JSW 钢铁公司与其战略联盟伙伴 JFE 钢铁公司签署了 MOU,在印度建立一家以谷物为导向的电气钢板制造和销售合资企业;JSW 钢铁公司宣布,在截至 2024 年 3 月的财政年度内,其查耶那加尔(Vijayanagar)工厂的炼钢规模每年增加 500 万吨,从而达到每年 1700 万吨的目标;JSW 钢铁完成对负债累累的布山电力钢铁有限公司的收购,使前者总产量达到 2150 万吨,JSW 钢铁的产能为 1800 万吨,加上布当电力钢铁公司

---

[1] 王婷婷.印度钢铁产业近期情况分析及启示[J].中国钢铁业,2020(4):50-52.

（BPSL），JSW 钢铁的多尔维钢铁厂的产能将增加一倍，达到 1000 万吨；阿塞洛米塔尔钢铁公司与奥迪沙政府签署了 5000 亿卢比的协议，在该州建立一家钢铁厂；JSW 钢铁公司实施一项 41.4 亿美元的资本支出计划，到 2020 年钢铁总产能从 1800 万吨增加到 2300 万吨；塔塔钢铁 BSL 与软件物流公司 FarEye 合作，改进其数字化转型流程，塔塔钢铁公司决定将其卡林加纳加尔综合钢铁厂的产能从 300 万吨提高到 800 万吨，投资 36.4 亿美元；为了实现自力更生，印度钢铁公司开始提高钢铁产能，SAIL 宣布在 2020 年 9 月将其 5 家钢铁厂的产能增加一倍，阿塞洛米塔尔日本钢铁印度公司（AM/NS）从埃德尔韦斯资产重建公司收购了位于古吉拉特邦哈齐拉的 Bhander 发电厂；古吉塔家族（GFG）联盟以 42.5 亿卢比（6081 万美元）收购了印度钢铁制造商（Adhunik Metaliks）及其子公司锡安钢铁公司，标志着其进入印度钢铁市场；在 2019—2020 财年，JSW 钢铁公司设定了向全国地铁项目供应约 15 万吨热处理（TMT）钢筋的目标，阿塞洛米塔尔以 4200 亿卢比（60.1 亿美元）完成对埃萨尔钢铁的收购，并与日本钢铁株式会社成立合资公司；钢铁部计划通过加快该部门的发展，向该国东部地区投资 7000 万美元；预计到 2025 年，SAIL 的生产能力从 1300 万吨增加到 5000 万吨，总投资 248.8 亿美元。

政府在这方面采取的举措如下：根据 2020—2021 年联邦预算，政府向钢铁部拨款 3.925 亿卢比（540 万美元）；2021 年 1 月，印度政府钢铁部与日本政府经济产业省签署了合作备忘录，通过在印度-日本钢铁对话框架下开展联合活动，促进钢铁业的发展；石油天然气和钢铁部长呼吁科学界为印度创新创造竞争优势，使印度成为"Aatmanirbhar"（自给自足的印度）；钢铁部起草了《印度钢铁集群发展框架政策草案》；国家外贸总局宣布，国内钢铁生产企业可以通过服务中心、经销商、库存场对供应的钢材享受退税优惠；政府推出废钢回收政策，以减少进口；为确保国内钢铁工业的供应，对铁矿石征收了 30% 的出口税；印度政府重视基础设施建设，并计划重启公路项目，这有助于钢铁需求增长。此外，农村经济和基础设施的进一步加速发展也有望促进钢铁需求的增长；印度政府批准了《国家钢铁政策》，要在印度创建一个具有全球竞争力的钢铁行业；《国家钢铁政策》年计划到 2030—2031 年达到 3 亿吨炼钢能力，人均钢消费量达到 160 千克；钢铁部正在推动成立一个以工业为导向的印度钢铁研究和技术代表团，与公共和私营部门的钢铁公司合作，以 20 亿卢比（3000 万美元）的启动资金来领导钢铁工业的研发活动；印度政府两次提高大多数钢铁项目的进口关税，每次提高 2.5%，并对钢铁项目征收反倾销和保障税等措施。

过去五年里，人均钢材消费量从 57.6 千克增加到 74.1 千克，政府的固定目标是到 2030—2031 年将农村钢材消费量从目前的人均 19.6 千克提高到人均 38 千克；根据印度钢铁协会（ISA）的数据，2019—2020 年和 2020—2021 年，钢铁需求增长均为 7.2%；印度的人均钢铁消费相对较低，由于基础设施建设的加强以及汽车和铁路部门的蓬勃发展，预计这将为印度钢铁工业的发展提供巨大的增长空间。

（三十四）印度铁路行业

印度铁路是世界上最大的铁路网之一，线路长度为 67956 千米，拥有 13169 辆客运列车和 8479 辆货运列车，每天从 7349 个车站运送 2300 万旅客和 300 万吨货物，印度的铁路网被公认为世界上最大的单一管理铁路系统之一。铁路网除了是节能和经济的运输方式外，也是长途旅行和散装商品运输的理想之选，印度铁路是印度首选运输工具，印度政府通过制定有利于投资者的政策，重点投资于铁路基础设施，使 FDI 在铁路上改善货运和高速列车的基础设施。目前，一些国内外公司都希望投资印度铁路项目。

多年来收入增长强劲，2020—2021 财年，印度铁路总收入为 17466.052 亿卢比（247.8 亿美元），货运收入为 11348.789 亿卢比（162.4 亿美元），客运收入为 5066.909 亿印度卢比（72.5 亿美元）。受新冠肺炎疫情的影响，2021—2022 财年乘客收入将同比下降 72%，至 1500 亿卢比（20 亿美元），货运仍然是铁路的主要收入部门，占其总收入的 65%，其次是客运部门，印度铁路的货运量创下了历史新高，为 12.3264 亿吨。因此，印度铁路 2020—2021 财年的货运收入也增至 11738.6 亿卢比（160.4 亿美元）。

自 2020 年 8 月以来，印度铁路公司运营了 450 条铁路服务，能够运输超过 14.5 万吨的农产品和易腐品；宽带服务公司（RailTel）是铁道部下属的印度国有企业（PSU），在印度铁路网中提供快速、免费的 Wi-Fi。2021 年 3 月，印度铁路实现最高货运量 1.3038 亿吨，较去年的 1.0305 亿吨相比增长 26.52%；印度铁路公司 40% 的专用货运走廊（DFC）通车，而整个 2800 千米的线路于 2022 年 6 月完工，印度是全球前 20 大铁路出口国之一。2010—2018 年，印度铁路出口复合年均增长率为 31.51%，达到 5.079 亿美元。2019 年铁路出口额为 6.35 亿美元。

2000 年 4 月至 2020 年 9 月，与铁路有关的部门外国直接投资流入为 11.2 亿美元。印度铁路部门的主要投资和发展：截至 2021 年 5 月，印度铁路装车量为 7345 万吨，其中煤炭 3562 万吨，铁矿石 977 万吨，粮食 338 万吨，化肥 222 万吨，水泥 315 吨（不包括熟料）；印度铁路公司已在 6000 个火车站投入 Wi-Fi，印度政府与欧洲投资银行（EIB）签署了浦那地铁项目第二批 1.8230 亿美元的融资合同，从哈里亚纳邦的新阿泰利开往拉贾斯坦邦的基尚甘杰，莫迪总理开通了世界上第一列双栈长途集装箱列车；现代汽车印度有限公司（HMIL）通过印度铁路向尼泊尔出口了 125 辆汽车，该出口产品据称是环保型的，也是该公司首次出口，通过这一步骤，该公司的目标是减少 20260 吨的碳足迹，东北边境铁路（NFR）发言人表示，2021 年完成 6 个建设项目，包括 3 条新线和 3 个双线项目。在这三个新的铁路线项目中，两个是国际线路，连接邻国孟加拉国和尼泊尔，国家高速铁路有限公司（NHSRCL）与 L&T 签署协议——孟买-艾哈迈达巴德子弹头列车项目设计和建造 47% 的对接工程；印度铁路公司在新冠肺炎疫情的封锁期，完成了八大扩容项目，这些项目包括三个总长 68 千米的超级关键项目、三个总长 45 千米的关键项目、从比哈尔邦的贾贾到北方邦潘迪特·登达亚尔·乌帕迪亚亚枢纽的 389 千米铁路线的升级以及一条新的 82 千米的港口连接线到帕拉迪普，印度铁路公司宣布了"克隆列车计划"，计划运行同号列车的克隆列车，以帮助和缓解客运量大的线路；作为铁路网升级计划的一部分，铁道部宣布，所有非空调卧铺客车将被空调客车取代，用于开行速度为 130 千米/小时的列车，此举已成为高速列车的技术需要，好处是可以改善乘客体验。

印度政府最近采取倡议：2020—2021 年间，印度铁路在一年内实现电气化程度最高，达到 6015 千米，是过去 7 年电气化发展的 5 倍多；2021 年 4 月，印度铁路公司完成了建设中的切纳布（Chenab）大桥的拱形封闭，该桥是世界上最高的铁路桥梁，切纳布桥长 1315 米，比巴黎埃菲尔铁塔高 35 米。这座桥的总造价约为 148.6 亿卢比（2.0046 亿美元），据说该桥的设计寿命为 120 年；在 2021—2022 财年，印度铁路公司宣布完成几个项目，铁道部已确定各铁路区 56 个项目竣工；根据 2021—2022 年联邦预算，政府向铁道部拨款 11005.464 亿卢比（151.9 亿美元）；铁道部部长在喀拉拉邦、泰米尔纳德邦、中央邦、西孟加拉邦和卡纳塔克邦贡献了 88 个铁路项目，价值 100 亿卢比（1.3814 亿美元），印度铁路公司呼吁"资格申请（RFQ）"，在公私伙伴关系下重建新德里火车站，项目成本估计为 500 亿卢比（6.9075 亿美元）；为了加强铁路基础设施，使印度铁路网的未来做好准备，印度铁路公司已确定在全国各地的 56 个项目 2021—2022 财年之前完成，铁道部邀请 RFQ 私人参与 109 条始发地（OD）线路的旅客列车运营服务，作为计划的一部分，铁路将在 2022—2023 财年推出 12 辆列车，2023—2024 财年推出 45 辆，2024—2025 财年推出 50 辆，2025—2026 财年将推出 44 辆，到 2026—2027 财年，列车总数将达到 151 列，该项目涉及私营部门 3000 亿卢比（40.9 亿美元）的投资，印度铁路公司研制出抗 COVID-19 大巴，以防止新型冠状病毒的传播。这种抗 COVID-19 教练车有免提水箱和冲洗功能，铜涂层手柄和锁，铁道部部长宣布，茶叶将在全国所有火车站以环保的"库尔哈德"土杯代替塑料杯出售。目前，400 多个火车站在用"库尔哈德"供应茶叶，这一战略将是印度铁路公司对无塑料印度的贡献。铁道部出台政策，在路边火车站发展货物棚设施，通过私营部门的参与来增加候机楼容量，私人当事人可以开发货物码头、工人休息空间、饮用水等公用设施、接近道路、装卸码头和其他相关基础设施，印度铁路公司批准了 7 个子弹头列车项目的可行性研究，全部对

PPP投资开放，铁道部决定在铁路局设立专门的"项目开发小组"，以增加外国直接投资的投资和流入。印度铁路公司正研究在货场部署基于机器视觉的设备，以减少人工检查，并最大限度地减少基于RFID的货车识别，这将有助于为单个资产建立庞大的数据库[①]。政府提出一项"国家铁路计划"，使该国能够将铁路网络与其他运输方式结合起来，并发展了多模式的运输网络，印度铁路公司的研究部门"研究设计与标准组织"（RDSO）推出了"新的在线供应商注册系统"，该系统和程序数字化和透明化。

未来五年，印度铁路市场将位居第三，占全球市场的10%，印度铁路和煤炭联盟部长表示，印度铁路公司可以创造100万个就业机会，政府宣布了两项关键举措，即寻求私人运营商在铁路网中运营私人投资运营的客运列车和在全国范围内重建火车站。印度铁路公司称，这些项目有可能在未来五年内带来超过75亿美元的投资。"阿达什"车站自2009—2010年开始实施，目前，根据已确定的车站需要提供更好的乘客设施，对火车站进行了升级和现代化改造，根据该计划，已确定1253个车站供开发，其中1201个站迄今已开发完毕，其余52个车站计划于2022年开发。

印度铁路公司也在关注其他创收领域，如改变客车的组成，以便推动更有利润空间的空调客车旅行；通过数字预订印度铁路餐饮和旅游公司（IRCTC）来增加收入来源；取消对IRCTC的投资。印度铁路公司启动了国家铁路计划，2024年愿景，加快实施多轨拥堵路线等关键项目，实现100%电气化，将德里—豪拉和德里—孟买航线速度提升至160千米/小时，将所有其他黄金四边形-金色对角线（GQ/GD）线路的速度提升至130千米/小时，到2024年消除GQ/GD线路上的所有水平交叉口。

（三十五）印度港口工业

根据印度航运部的数据，印度约95%的交易量是通过海运完成的，2020年11月，总理莫迪将航运部更名为"港口、航运和水路部"；印度有12个主要港口和205个中小型港口，根据《萨加马拉国家展望计划》将开

---

① MOHAN V，李军亮. 印度铁路公司货运大数据[J]. 智慧轨道交通，2022，59（1）：72-74.

发六个新的巨型港口①。印度港口和航运业在保持贸易和商业增长方面发挥着至关重要的作用,印度是世界第十六大海洋国家,海岸线约7517千米,印度政府允许FDI高达100%,印度政府支持港口建设以及维护项目的同时还为开发、维护和经营港口、内河航道和内河港口的企业提供了10年的税收假期。

2020—2021财年,印度主要港口的年运力为15.3491亿吨,2021—2022财年,印度所有主要港口的货运量为6.726亿吨,商品出口额达到2559.2亿美元,政府采取了若干措施,打算通过机械化来提高业务效率。

2021年4月,CCI批准了阿达尼港和经济特区有限公司(APSEZ)收购89.6%甘加瓦拉姆港有限公司的计划;阿达尼港与维什瓦萨穆德拉控股有限公司签署协议,收购阿达尼克里希纳帕特南港有限公司(克里希纳帕特南港)25%的股份280亿卢比(2.264亿美元);APSEZ宣布计划以360.4亿卢比(4.937亿美元)收购甘加瓦拉姆港有限公司58.1%的股份,该港口目前由DVS拉朱和家族所有,阿达尼港宣布与约翰·基尔斯控股公司和斯里兰卡港务局合作,开发和运营斯里兰卡科伦坡港西集装箱码头35年;贾瓦哈拉尔·尼赫鲁港信托(JNPT)启动了一个全面的固体废物管理项目,作为其绿色港口倡议的一部分;印度西部港口莫尔穆戈亚的运营商莫尔穆戈亚港信托(MPT)将铁矿石进出口货运优惠延长至2021年6月,缓解印度在新冠肺炎疫情大流行期间的铁矿石运输贸易;JSW基础设施公司以100亿卢比(1.355亿美元)的价格完成了对切蒂纳德集团港口业务的收购,使JSW基础设施公司能够获得深水国际煤炭码头和卡马拉贾尔港有限公司(KPL)散装码头以及新曼加洛尔港信托(NMPT)煤炭和大宗商品码头的所有权和运营控制权;APSEZ以1200亿卢比(16.3亿美元)的企业价值完成了对克里希纳帕特南港有限公司(KPCL)的收购;APSEZ推出离岸债券发行,融资7.5亿美元。迪拜环球港务集团(DP World)在科奇和班加罗尔之间开通了新的铁路服务,以降低成本,将两个城市之间的交通

---

① 任佳.印度的港口导向型发展战略及其影响[J].南亚东南亚研究,2020(2):56-65.

时间缩短40%；2000年4月至2020年6月，印度港口部门累计获得的外国直接投资达16.3亿美元。

政府为促进印度港口部门而采取的主要举措：2021年5月10日，JNPT和新曼加洛尔港因新冠肺炎疫情大流行而优先处理了120吨医用氧气；印度在2021年5月底在伊朗查巴哈尔港建造两个码头并全面展开运营；在2020—2021年联盟预算中，航运部的总拨款为170.235亿卢比（2.3348亿美元）。五年以来，私营部门对港口的投资稳步增长，到2020年达到23.5亿美元的历史最高水平；财政部部长提议到2024年将船舶回收能力提高一倍，达到450万吨轻排量吨（LDT），在印度创造额外的15万个就业机会；在2021年联邦预算中，政府宣布向印度航运公司提供价值162.4亿卢比（2.2274亿美元）的补贴资金；印度议会通过了《2020年主要港口当局法案》，该法案旨在下放决策权，加强主要港口治理的卓越性。

投资和货物运输的增加，使印度港口行业的前景趋于健康，运营和维护（O&M）、领航、港口以及驳船和挖泥船等海洋资产的提供者从投资中受益，港口新增运力以5%~6%的复合年均增长率增长，从而增加275~325吨的运力；国内水道已成为一种经济高效、环境可持续的货运方式，政府的目标是到2030年使23条水道投入使用；作为萨加马拉项目的一部分，计划在2015年至2035年期间实施574个项目，价值6万亿卢比（820亿美元）；在2021年印度海事首脑会议上，港口、航运和水路部共确定了400个项目，价值2.25万亿卢比（310亿美元）；根据国家运输发展政策委员会的一份报告，2021—2022年，印度港口处理的货物运输量将达到16.95亿吨。

（三十六）印度交通运输行业

印度拥有世界第二大公路网，总长589万千米。这条公路网运输了印度64.5%的货物。多年来，随着全国城市、城镇和村庄之间连通性的改善，公路运输逐渐增加，在印度，汽车销售和公路货运量正在快速增长。

2016—2021财年，印度的公路建设以17%的复合年均增长率增长，尽管新冠肺炎疫情大流行和城市封锁，印度在2019—2021财年仍修建了

13298千米的高速公路；2020年10月，总长262千米的9个国家公路投资275.2亿卢比（3.7113亿美元）项目在特里普拉邦建立，印度政府根据2019—2025财年的国家基础设施管道项目拨款111万亿卢比（1.4万亿美元），道路部门占资本支出的18%；2020年10月，国家投资和基础设施基金（NIIF）在整合其公路和公路投资组合方面取得进展。NIIF通过NIIF主基金收购了埃塞尔·德瓦纳哈利收费公路和埃塞尔·迪奇帕利收费公路，这些道路基础设施项目得到NIIF专有公路网络Ahaang基础设施的支持，由运输领域拥有不同领域专业知识的成熟专业人员提供协助。

联邦公路、运输和航运国务部长指出，政府的目标是增加企业对公路和航运部门的投资，同时引入有利于商业的战略，以平衡盈利能力和有效的项目执行。印度政府计划到2025年新建23条国道；国家公路局决定部署网络勘测车（NSV）提高国道质量，强制性地在国道上使用NSV进行路况调查，以证明项目完成情况，此后每六个月进行一次；在加速道路发展特别项目——东北部（SARDP-NE）下启动的米佐拉姆—缅甸公路项目已经完成了92%，计划于2021年6月完成；根据2021—2022年联邦预算，印度政府向公路运输和公路部拨款10823亿卢比（148.5亿美元）；高速公路管理局（NHAI）在2020—2021财年上半年建成了1330千米的高速公路，是2019—2020财年的1.6倍，是2018—2019财年的3.5倍。NHAI是全国高速公路建设的节点机构，它设定了在2020—2021财年建成4500千米项目的目标；2021年2月，MSME（印度中小型企业）和公路运输部长尼廷·加德卡里批准在泰兰加纳修建一条158千米长的环形公路，价值1000亿卢比；印度政府和新开发银行签署了两项贷款协议，金额为6.46亿美元，用于改善安得拉邦的国道网和地区公路网；交通部提议在今后五年内再开发6万千米的国道，其中2500千米为高速公路和通道控制高速公路，9000千米为经济走廊，2000千米为沿海和港口连接公路，2000千米为边境公路和战略公路，建造改善100个旅游目的地连通性的公路，并为45个城镇建造绕行线；联合公路运输和公路在比哈尔邦索内河上为三条长1.5千米的科尔瓦尔大桥揭幕，为总长266千米价值412.7亿卢比（5.6088亿美元）的纳加兰15个国家公路项目奠基，宣布了一项大型财政资助方案，发放了800亿卢比（10.8亿美元）周转资本以满足承包商的要求。公路运输和公路部与奥地利共和国联邦气候行动、环境、能源、机动、创新和技术部签署了关于公路基础设施部门技术合作的谅解备忘录①；公路运输部发布了《2020年机动车拥堵指南》，以规范共享交通，减少交通拥堵和污染；政府正通过一系列政策措施，吸引投资者的兴趣，到2022年，全国公路总千米数达20万千米。

（三十七）印度服务业

服务业不仅是印度国内生产总值的主导部门，而且还吸引了大量外国投资，对出口做出了重大贡献，并提供了大规模的就业机会，服务业涵盖贸易、酒店和餐馆、运输、仓储和通信、金融、保险、房地产、商业服务、社区、社会和个人服务以及与建筑有关的服务等②。

服务业是印度经济增长的主要推动力，在2019—2020财年按当前价格对印度的增加值贡献了55.39%，以2020—2021年第二季度基本价格为基础的GVA估计为42.80万亿卢比（5808.0亿美元），而2019—2020年第二季度为44.66万亿卢比（6335.7亿美元），收缩4.2%，根据RBI数据，2021年2月，服务出口为211.7亿美元，进口为106.1亿美元。印度服务业商业活动指数和IHS Markit服务采购经理人指数从2021年3月的54.6降至2021年4月的54，原因是商业活动受到新冠肺炎疫情因素的限制，对增长前景的期待有所减弱。

2000年4月至2020年12月，印度的服务类别累计吸引了FDI858.6亿美元，根据DPIIT公布的数据，服务业在外国直接投资流入中名列第一；2021年4月，教育部和大学赠款委员会（UGC）开始与利益攸关方进行一系列在线互动，以简化流程减轻高等教育部门的合规负担，作为政府注重

---

① 印度与奥地利就道路基础设施领域的技术合作达成协议［EB/OL］．见道网，2020-12-10.

② 齐茵．"一带一路"背景下印度服务业增长对法治的影响［J］．现代商业，2020（35）：138-140.

简化业务方便利益相关者生活的后续行动；卫生部的 eSanjeevani 远程医疗服务自推出以来，超越了 300 万次电话咨询的目标；目前，DoT 正在筛选这一举措，更多开发项目很快公布；六家健康技术初创公司被印度爱迪生加速器公司选中，旨在打造战略合作伙伴，共同开发医疗保健解决方案；印度医疗保健行业通过电话咨询实现数字化远程咨询，从 2020 年至 2022 年，印度远程医疗市场的复合年均增长率达 31%；伽马技能自动化培训公司为工程师推出了一个独特的机器人和自动化职业启动计划，位于哈里亚纳邦古尔冈马内萨尔的"工业 4.0 动手技能学习中心"；西门子、BMZ（德国电池企业）与印度技能开发和创业部（MSDE）启动了"IGnITE"（平台费用的降低、增长计划）方案，鼓励高质量的培训和技术教育。"IGnITE"旨在培养训练有素的技术人员，让他们为行业和未来做好准备，基于德国双职业教育培训（DVET）模式。到 2024 年，该计划旨在提高 4 万名员工的技能；Bharti Airtel 以业务为中心的"Airtel IQ"推出，尔后进入云通信市场；印度政府认识到促进服务业增长的重要性，并在保健、旅游、教育、工程、通信、运输、信息技术、银行、金融和管理等部门广泛提供若干激励措施。

印度政府最近采取一些倡议：根据 2021—2022 年联邦预算，政府向 BharatNet 方案拨款 700 亿卢比（9.6397 亿美元），以促进印度全国的数字连接；保险公司的外国直接投资限额从 49% 提高到 74%；2021 年 5 月，印度工商部宣布，印度获得的外国直接投资流入为 817.2 亿美元，是 2020—2021 财年外国直接投资最高的国家；中央政府通过非利息债券向印度中央银行、印度海外银行、印度银行和印度合众银行（UCO）银行注入了 1450 亿卢比（19.9 亿美元）的资金。印度政府电信部与日本政府通信部签署了谅解备忘录，加强在 5G 技术、电信安全和海底光缆系统领域的合作；由总理莫迪主持的联盟内阁批准在通信和信息技术部与联合王国政府数字、文化、媒体和体育部之间签署一项谅解备忘录，以便在电信、信息和通信技术领域开展合作；政府选择休斯通信印度公司，在 2021 年 3 月之前，通过巴拉特网项目，将边境和纳萨尔受影响的州和岛屿领土的 5000 个村庄与卫星宽带连接起来；政府通过债券资本重组向公共部门银行注入2000亿卢比（27.2亿美元）；在未来五年内，电子和信息技术部正在努力将数字经济的贡献率提高到国内生产总值的20%，政府努力为协作网络构建基于云的基础设施；在2020年独立日，总理莫迪宣布成立国家数字健康代表团（NDHM），为每一个印度人提供独特的健康ID，并通过使印度的每个人都能轻松获得该ID来改革医疗行业，彻底改变医疗保健行业；泰米尔纳德邦政府宣布了一项新电子和硬件制造政策，到2025年将国家的电子产品产量增加到1000亿美元。这项政策的目标是到2024年培训10万人来满足增加人力资源的需求；印度政府发起了国家宽带特派团，目标是到2022年向所有村庄提供宽带接入。

到2023年，医疗保健行业产值预计将达到1320亿美元。据估计，到2025年，印度的数字经济会达到1万亿美元。到2023年年底，印度的IT和商业服务部门产值达到143亿美元，增长8%。货物和服务税的实施创造了一个共同的全国市场，减轻了货物的总体税收负担。

（三十八）印度旅游业和酒店业

印度旅游业和酒店业已成为印度服务业增长的主要推动力之一，印度丰富的文化和历史遗产、多样的生态、地形和自然美景，使旅游业具有巨大的潜力，旅游业除了是印度重要的外汇来源外，还是潜在的大型就业创造者，2020—2019财年，印度旅游业的就业岗位为3900万个。根据世界旅游业理事会（WTTC）的数据，2019年，在185个国家中印度的旅游业对国内生产总值的总贡献排名第十，2019年，旅游业对国内生产总值的贡献率为6.8%，约为136810亿卢比（1943亿美元）。

印度是数字化程度较高的旅游国家，有较为便利的规划、预订和体验旅程的数字工具，印度中产阶级的崛起和可支配收入的增加支持了国内和国外旅游业的增长，2019年，印度的外国游客达1093万人次，同比增长3.5%，旅游业的费用同比增长4.8%，达到19488.1亿卢比（299.6亿美元），通过电子旅游签证入境人数同比增长23.6%，达到290万人次。2020年，自由贸易协定同比下降75.5%，通过电子旅游签证入境人数同比下降67.2%，至84万人次，截至2021年3月，电子旅游签证设施已扩大到171个国家的公民。根据印度酒店和餐馆协会联合会（FHRAI）在2020—2021财年的数据，受新冠肺炎疫情的影响，印度酒店业的收入受到了1.30万亿卢比（178.1亿美元）的冲击。

在新冠肺炎疫情流行之前，印度在旅游和旅游投资方面位居全球第三，2018年流入457亿美元，占该国投资总额的5.9%，2000年4月至2020年12月，酒店和旅游部门累计收到外国直接投资流入156.1亿美元，印度政府意识到本国在旅游业中的潜力，并采取了若干措施，想使印度成为全球旅游中心。

印度政府为促进旅游业和酒店业发展而采取的重大举措是：2021年5月，旅游和文化部部长参加了20国集团旅游部长会议，与成员国合作保护旅游业企业、就业，并采取措施制定政策准则，支持旅游业和酒店业的可持续和有弹性复苏；政府利用印度的灯塔来促进印度的旅游业，71座灯塔已被确定为旅游景点；旅游和文化部部长宣布在卡尔吉尔拉达克开发一个国际级基础设施，以促进冒险旅游和冬季运动；IRCTC运营着一系列巴拉特达山旅游列车，旨在将人们带到全国各地的各种朝圣地；旅游和文化部部长根据普拉沙德（PRASHAD）计划为"喀拉拉邦古鲁瓦尤尔开发"项目建造的"旅游便利化中心"设施揭幕；印度旅游部的"看看我们的国家""DekhoApnaDesh"网络研讨会系列名为"12个月的冒险旅行"，推动印度成为一个冒险旅游目的地；马哈拉施特拉邦首席部长在纳格普尔为巴拉萨赫布·塔克雷·戈尔瓦达国际动物公园揭幕，它是印度最大的动物园，占地564公顷，预计每年吸引250万游客；旅游部与印度质量委员会（QCI）合作，制定了一项名为酒店业评估、意识和培训系统德霍·阿普纳·德什（SAATHI）的倡议，该倡议将有效执行参照新冠肺炎疫情防控期间发布的关于酒店、餐馆和其他单位安全运营的准则；旅游部推出了SAATHI网络研讨会系列，提供关于印度文化和遗产的许多目的地和纯粹的深度和广泛的信息；萨达尔·瓦拉布拜·帕特尔雕像（又称"团结之雕像"）于2018年10月落成。这尊高达182米的雕像是世界上最高的雕像，这将被列入世界旅游地图。

根据 2020—2021 年预算，印度政府拨款 120 亿卢比（1.717 亿美元），用于开发斯瓦德什·达尔尚计划下的东北 8 个州的旅游线路，印度政府已拨款 20.755 亿卢比（2970 万美元），用于根据 PRASHAD 计划开发旅游线路。

印度政府为斯瓦德什·达尔尚计划下的新项目追加了 185.467 亿卢比（2.6922 亿美元）的资金；旅游部批准了 18 个项目，涉及所有东北各州，金额为 145.6 亿卢比（2.1135 亿美元），以根据斯瓦德什·达尔尚和 PRASHAD 计划开发和促进该地区的旅游业。

虽然印度的旅游业有着巨大的增长潜力，但由于新冠肺炎疫情的不断恶化，印度政府也实行了更严格的封控措施，旅游业似乎蒙上了一层阴影，原本快速发展的旅游业就像夏日迎来一场大雪一样，骤然失去了原本的样子。

（三十九）印度中小企业产业

微型、中小型企业部门是印度社会经济发展的主要贡献者，对印度国内生产总值和出口的贡献较大，特别是在印度的半城市和农村地区的创业发展方面也做出了巨大贡献；根据《微型、中小型企业发展法》的规定，印度微型、中小型企业分为制造企业和服务企业两类，企业根据设备投资和年营业额进一步分类。（见表 4-1）

表 4-1 印度微型、中小型企业分类及标准

标准	制造业		服务业	
	营业额	投资	营业额	投资
微	5000 万卢比（60 万美元）	少于 250 万卢比（3 万美元）	5000 万卢比（60 万美元）	小于 100 万（1 万美元）

续表

标准	制造业		服务业	
	营业额	投资	营业额	投资
小	5亿卢比（680万美元）	超过250万卢比（3万亿美元），但少于5000万卢比（60万美元）	5亿卢比（680万美元）	超过100万卢比（1万美元），但少于2000万卢比（30万美元）
中	25亿卢比（3400万美元）	超过5000万卢比（60万美元），但少于1亿卢比（140万美元）	25亿卢比（3400万美元）	超过2000万卢比（30万美元），但不超过5000万卢比（60万美元）

印度拥有大约6300万的中小型企业MSME。根据MSME行业的数据，截至2021年5月16日，Udyam注册门户注册了3000822名MSME。注册微型企业为280万（93%），其次是小型企业，为17.8万（6%），中型企业24657家（1%）。印度中小型企业部门通过其国家和国际贸易对国内生产总值的贡献率约为29%。BSE中小型企业平台有望在一年内（2021—2022年）见证60家中小型企业进入市场，为满足其业务需求募集股权基金，IPO路线见证了16家中小型企业入市：2020年，他们筹集了10亿卢比（1374万美元）。鼓励MSME通过政府拥有和经营的GeM在电子商务网站上销售其产品。截至2020年9月，该平台已记录了价值5504.8亿卢比（75亿美元）的交易。国内企业需要强有力的财政刺激，提供优惠的营运资金贷款，以确保政府和金融机构在业务运营中保持充足的流动性。

印度政府为中小型企业的增长制定了各种政策，2021—2022财年中小型企业预算拨款增加了一倍多，达到1570亿卢比（21.4亿美元），政府还宣布为企业提供3万亿卢比（408.5亿美元）的无抵押自动贷款，向符合条件的微、小、中型企业（MSPME）借款人提供价值1000亿卢比（13.6

亿美元）的"担保紧急信贷额度"（GECL）贷款，大大提振了该行业。

2021年5月，紧急信贷额度担保计划（ECLGS）已批准发放的贷款额为2.54万亿卢比（350.9亿美元），比2021年1月的165886亿卢比（2292亿美元）增加了53%；BSE与印度邓白氏（Dun & Bradstreet）信息服务公司合作，为中小型企业建立起了一个促进促销和促进增长的生态系统；CSIR-CMERI将氧气浓缩装置技术移交给两家中小型企业，以提高公司的技术能力；海得拉巴国家微型、中小型企业研究所（NI-MSME）与印度管理学院纳格浦尔分校（IIM Nagpur）签署了谅解备忘录，在中小型企业发展、培训、研究和咨询与创业领域开展合作，Flipkart通过其融资方案扩大了对MSME卖家的福利；根据新的融资方案，卖方可以利用9%的利息贷款，并为价值500万卢比（6.91万美元）至5000万卢比（69.084万美元）的资金筹集信贷；Spoton物流宣布为MSMES提供可定制的物流解决方案，并作为其中的一部分，该公司还加强了在海得拉巴、班加罗尔、加尔各答、德里、安巴拉、科奇、钦奈、帕特纳和兰奇等地的物流枢纽；NBFCs要求印度储备银行将MSME垫款的一次性重组计划延长至2022年3月31日，因为这些参与者无法恢复其业务；MSME部通过发展专员（DC-MSME）实施了技术中心系统方案，建立了15个新的技术中心，这些中心主要为以中小型企业为主的通用工程、汽车和电子系统设计制造（ESDM）行业提供援助；财政部允许私人退休基金在SEBI监管的第一类和第二类美国印度基金会（AIF）中投资高达5%；这将有助于扩大中小型企业的融资选择，并扩大国内资本池；第一类AIF由基础设施、风险投资、天使和社会风险基金组成，第二类AIF涵盖至少51%的规模可以投资于基础设施、中小型企业、风险资本或社会福利实体的资金；MSME支持和发展组织，国家小型工业公司（NSIC）宣布，他们将协助MSME与农业和加工食品出口发展局（APEDA）在多个领域开展合作；NSIC将通过与APEDA的谅解备忘录，帮助其MSME成员探索其农产品和加工食品的出口潜力。此外，APEDA成员将有机会获得NSIC计划，这将有助于他们解决与技术采用、技能、产品质量和市场准入的相关问题，该关系还将支持为MSME集群推广绿色和可持续制造技术，使各单位能够转向可持续和绿色生产流程和产品；沃尔玛的供应商发展计划（Vriddhi）扩展到北方邦，并启动了一个电子机构，以便于小型企业在Flipkart市场和沃尔玛全球供应链等在线和离线平台上获得技能和能力，该公司表示，这一新的电子研究所将使全国5万家MSME企业受益，以扩大国内和全球业务。

MSME行业实施了许多计划，旨在为全国各地的中小型企业提供信贷和财政援助、技能发展培训、基础设施发展、市场援助、技术和质量升级以及其他服务。

印度政府计划在五年内使印度经济翻一番，达到5万亿美元的目标，为了实现这一目标，为青年人口创造就业机会，MSME有潜力成为关键的就业创造者，因此，政府开始推广中小型企业，以便在该行业创造新的就业机会；此外，政府的目标是提高中小型企业在出口中的份额及其对国内生产总值的贡献，为了实现这些目标，政府应投资提供更多的后端服务，以提高MSME行业在向大型工业企业提供商品和服务时的表现，缺乏基于技术的生产活动和对研发活动的投资不足是阻碍该行业的瓶颈，全球可用技术可得到政府补贴，以便利用现有资源提高MSME参与者的产品质量，同时这还需要学术机构的帮助，为产品创新提供研发服务。

第五章

印度市场准入与要点分析

一、印度市场针对中国的准入政策机制解析

从 2015 年开始,中国对外投资规模首次超过吸收外资规模并实现资本净输出,中国也从此成为了资本净流出国。安永会计师事务所于 2016 年 9 月发布的第四期中国海外投资报告中预计,2016 年中国对外直接投资预计超过 1700 亿美元,再创历史新高。

印度,这个有着全球第二多人口的国家,在很长一段时间里,它都是中国互联网科技公司绕不开的话题。在出海企业的发展蓝图里,印度又被称作"下一个中国"。就中国对印度的投资而言,从 2010 年之后,中国对印度的投资掀起了一个新浪潮。随着中国国内产业升级和各种成本的攀升,一些实体制造业遭遇了"寒冬",许多跨国企业也开始关停其在中国的生产设施而转移到发展相对落后的东南亚、南美乃至非洲地区。而与上述国家相比,印度作为一个拥有 13 亿人口并且扼守印度洋交通要道的地区大国和大型经济体,其广袤的国内市场对中国诸多企业来说无疑产生了重大的吸引力。中国的企业走出去到印度的主要趋势是从一开始的做工程总包类(EPC)项目的国企央企,然到现在大量制造业企业到印度投资设厂。与此同时,伴随着实体投资的进入,金融领域的资本也开始进入印度。2011 年,中国工商银行正式进军孟买,至今已经拿到了印度所有的银行金融牌照,中国银行也在筹划其印度的业务。除了传统的银行企业,近年来诸多中国互联网公司也投巨资进入印度的数字新媒体(TMT)行业,比如阿里巴巴投资近 6 亿美元到印度的 Paytm,携程旅游注资印度某在线

旅游服务提供商等，这也标志中国各个领域的产业资本都开始大规模地涌入印度。莫迪总理和习近平总书记也都分别在2015年和2018年对中国和印度进行了访问。

印度自1991年年底改革开放以来，经济实现了较快的增长，世界银行的数据显示，2020年印度的国内生产总值排名已经跃居世界第五。正是印度市场的体量和潜力，导致大量的中资企业密集地在印度进行布局。但由于2019年年底、2020年年初新冠肺炎疫情在全球暴发和蔓延，加之国际国内环境的变化，印度政府和民间对华抵触情绪增强，进入2020年后，印度政府各个部门已经在以下多个领域出台了对中国企业和投资者的限制措施。

（1）3月通过的中华人民共和国破产法修正案规定了对于在2020年3月25日和之后产生的债务违约，债权人的强制清算权暂停行使，暂停行使该权力的时间为6个月，最长不超过一年。对于在3月25日及之后在印度有到期债权而印度方违约未支付的中国企业，无法依照破产法项下的强制清算途径发起催收。

（2）4月修订外商直接投资政策，对于与印度"接壤"国家的投资，都必须事先经过印度政府的审批，使得中国投资都需要取得印度政府的事先许可，事实上形成了"国家安全审查"。

（3）5月在招投标领域施加限制，要求20亿元以下的政府采购项目不得进行全球招标，限制外国企业的参与，保护本地企业。

（4）6月印度金奈港口曾短期暂停对中国货物的清关。

（5）6月终止多个工程领域中国企业的投标资格，或者结束尚未完成的工程项目。

（6）6月封杀59个中国APP，随后又多次增加被封杀的APP名单。

（7）7月对于电子商务领域，要求电商平台标注产品的原产国，提出"自力更生"计划，抵制中国产品。

（8）7月对中国与军方联系或者具有背景的企业如新兴集团在印度设立的新印度钢铁有限公司（Xindia Steels Limited）等进行重点关注。

尤其是2020年6月中印边境事件后，印度政府可能继续层层加码，在经贸投资领域对中国展开行动。其可能采取的行动是，基于"国家安全""法律合规"等理由，并且结合中资企业违反当地相关法律为借口，展开相应的调查并施加处罚。

不过，目前印度政府对中资企业的限制，更多的是各个部门之间的行政行为，如印度电信部暂停中国企业的项目、印度内政部出台封禁中国APP的清单等，尚未上升到印度从内阁层面全面对中国投资的抵制。但并不排除未来印度从整体层面出台系统性地针对中国企业和产品的限制。

表5-1 中资企业对印度的主要商业布局和政府所施加的限制

行业领域	代表企业	行业所面临的典型性问题
工程承包	中国通号、山东电建、中建、大唐、上海城建、中铁建	这类企业主要接受的是印度政府项目，因此受影响较大，面临问题如招投标资格受限，中标项目被取消，尾款无法收回或者面临印度业主的索赔等
移动互联网	包括抖音国际版（Tik-tok）、UC浏览器等拥有几千万乃至上亿用户的移动互联网应用	法院禁令、政府禁令，使得一夜之间业务无从开展，客户大量流失，损失广告费、流量费等
制造业	万丰、上汽名爵、OPPO、北汽福田、中联重工、中车、三一重工、长城汽车	用工纠纷、土地纠纷、宗教问题、税务问题、零部件的反倾销关税
电子商务	Clubfactory、Shein	公共利益诉讼、政策限制、税务问题
风险投资	腾讯、阿里巴巴等	FDI管理风险审核加强

表 5-2 尚未爆发的潜在风险点

潜在风险点	内容	印度政府可能采取的措施
环境保护	生态保护是中资企业容易忽视的问题	在环保组织游说乃至发动公共利益诉讼的情况下,可能成为风险敞口
税务	以中国手机行业为例,其在印度的销售额有上千亿卢比,市场存量和增量占这类企业全球市场的重要比例,税务结算风险较为突出	印度政府在找不到理由的时候,经常会以税务问题作为突破口,并且税务问题拥有长达十年的追溯期
审查风险投资机构对印度的投资	对于投资非实体印度企业(如互联网)的风险投资,增加审查和监管	要求披露更多信息如投资协议中的商业安排,通过优先购买权或者强制退出条款等施加限制,避免控制权向中资转移或者稀释中资控制权
签证	很多在印度中资企业的运转、维护离不开国内派驻的工程师和商业人员	印度政府可能收紧中国技术人员和商业人员的签证,影响中资企业印度项目和运营
付款和债务催收	在付款上进行拖延,尤其是政府项目	印度政府企业经常采取的软策略,可能出现合同额很大但回款很困难的情形
关税和贸易壁垒持续加码	"印度制造"计划是莫迪政府一以贯之的国家级战略	在过去几年中,印度政府已经通过关税和贸易壁垒倒逼外国企业在印度设厂和实现本土化水平的提高,未来还可能继续加码,或者对零部件进行溯源,限制中国产部件的比例

续表

潜在风险点	内容	印度政府可能采取的措施
政府项目限制向私人项目扩展	基于政府采购合同中的一些宽松条款（如不可抗力、保密、信息安全条款等），要求终止项目	将政府采购合同范本推广至印度私人企业与中国企业的合作，或者为私人项目创设障碍（如延长对中国企业付款审批和流程），使私人放弃与中国企业的合作
实体清单	参照美国，创设实体清单	对具有军事敏感性或者国家安全性背景的企业进行限制、制裁
创设更多程序	提升中国对印度投资的门槛和筛选难度	比如来自中国的外商投资申请需要进行普遍的面试、增加检测和强制标志认证要求等
利润汇回	增加披露程序和审查	在中国企业利润汇回时增加难度，使资金只能在印度进行再投资

上述种种，犹如一记记"组合拳"，打在了广大中资企业身上。从最朴实的理解出发，双方作为贸易和投资对手本应该是互利共赢的，这种朝令夕改、搞一锤子买卖的做法，很难取信于人。

这里面深层次的原因，很多没有印度市场本土摸爬滚打经验的人其实难以获知，甚至对于那些没有和印度政府以及各个利益团体打过交道的人而言也很难理解。如何同印度政府决策层、企业高管、白领、普通印度工人乃至下层百姓各个阶层的人交往共事是一门很深的学问。

大家都知道印度是一个碎片化的市场，这个碎片化不仅仅体现在其语言、民族、宗教上，对于中国投资者而言，与其投资行为相对应的决策、市场反应和受惠群体以及阻力因素等也是碎片式分散的，很难"一把抓"，一旦百密一疏，就绝对会出现问题。

对创造就业和带动经济发展而言，中国投资者确实实现了这两个目标。印度政府和配套的上下游印度企业也很满意，甚至大量的印度消费者也十分满意,否则中国的手机品牌就不会在印度一直霸榜了。但是,印度有很大一群人却是经济发展的"受害者",比如有些贫民,他们住的是窝棚,工业化开发拆除了他们的窝棚,而土地补偿款是给土地所有权人的,贫民没拿到钱反而还失去了栖息地。并且这群人的数量是远远多于从中国投资中受益的人数的,出于印度"一人一票"的选举制度,只能倒逼印度政府"向下负责",因此,一旦印度经济出现问题,甩锅给中资是共识,这也可以解释为何印度对华的一系列经济反制政策其实是出台在中印边境对峙之前印度经济受新冠肺炎疫情影响陷入困顿之时。不管是印度的"政治正确",还是就实际而言,中国在印度的投资总体量相对较少,综合考量下来,针对中国投资做出此类行为,印度高层投鼠忌器的压力会比较小。

再者,在印度有开工厂经验的人都知道,最好不要招聘方圆几百千米之内的员工,要不然他们会整天找五花八门的理由请假,为了避免这些或真或假的请假,以及为了避免本地员工可能是地头蛇出了问题不好应对的情况,雇主一般都会选择雇佣几百千米之外的人。因此,外国投资创造就业也不是为当地创造就业,这些外地员工在工厂当地也一般会省吃俭用,基本上不在当地消费。

如果有的企业想给当地贫民创造就业机会,让他们打工的话,且不说这里面印度贫民的思想是觉得躺在天桥下要饭比进工厂打工轻松而不愿意接受这种岗位,即便是进了工厂,其也很难适应目前已经高度技术化的工厂生产。这一点就正如印度的互联网跳过了台式机时代,直接进入了移动互联网时代一样,印度现在的工业发展就相当于想要跨越小作坊,直接进入大工业生产。

也就是说,在印度说"小米手机真香"和"中国货滚出印度"的人,本质上不是同一群人。前者是有消费实力的印度人,其对包括中国在内的外国投资对印度的帮助是有一定的理性认识的,而后者可能连小米手机的实物都没见过。

一言以蔽之,游离在印度有组织的经济生产活动之外的穷人太多,在以前，这群居无定所没有组织的穷人可以被团结起来，但在当今的印度，这一点是很难实现的，并且这群人也没有动力来实现阶级跃升。这就阻碍了印度工业化进程。

所以，印度的根本问题就相当于哲学上的经典悖论"忒修斯之船"，如果忒修斯船上的木头被逐渐替换，直到所有的木头都不是原来的木头，那这艘船还是原来的那艘船吗？如果真的换掉了困扰当今印度发展的土地、劳工、政治制度、宗教信仰等问题，那印度还是印度吗？这里面的各种取舍，就看印度领导人的智慧了。

2019年4月2日，印度最高院判令印度储备银行（地位相当于印度央行）于2018年2月12日生效的印度储备银行通告（"RBI Circular"）无效。该被判无效的RBI通告规定了银行和其他金融机构必须对债务额达到200亿卢比并在债务逾期后180天内未执行债务处置方案（resolution plan）的债务人提起破产申请。这一通告的依据是《银行监管法》（*Bank Regulation Act*）第35AA条的规定：RBI有权根据中央政府的授权，对银行债务违约（default）的借款人做出启动破产程序的指示（direction），即作为款项提供方的银行可以对借款人提起强制清算程序。

而印度最高院对此条规定做出了解释，认为RBI行使该法规赋予的权力要满足以下两个前提：①中央政府的授权；②仅适用于特定情况下的债务违约。而该RBI通告变成了一个普遍适用的法律原则（rule-based）——强制要求所有的银行和其他金融机构对满足条件的违约借款人发起破产程序，不再是针对特定的债务违约情况，且没有获得中央政府的授权，因而最高院判定该RBI通告是越权行为（ultra vires），已经超越了《银行监管法》赋予的权限，应为无效。申请人和被申请人还对什么叫特定违约（specific default）展开了辩论。

因政府的通告而利益受到侵犯的企业中有50家选择以诉讼的方式展开针对印度政府央行的法律行动，这50家企业，主要来自电力、航运、制糖、化肥、基建等重资产行业。申请人认为RBI通告对各行各业债务人"一刀切"（lack of any classification）的做法是违宪的（unconstitutional）。

有的债务人是因为管理不善导致的债务违约，有的债务人是因为所处的行业特质，外部因素（如政府维持电价、购电不足等）而造成债务逾期，而RBI通告不分类别对待违约债务人的做法本质上是不公平的。除"一刀切"之外，该RBI通告设立了"超过一天即违约"（One-day Default Rule）的规则——哪怕债务逾期一天偿还也会被自动视为债务违约者（defaulter），继而对违约者的账户进行特别标注（special mention account），另外，该通告还取代了之前的企业债务重组（Corporate debt restructuring）、战略性债务重组（strategic debt restructuring）等债务解决机制，将《破产法》（IBC）的破产重整和清算机制作为解决不良资产、坏账的核心机制，让很多企业被迫走上了破产清算的道路。该RBI通告的种种严苛规定引起了一些重资产行业的企业不满，使其纷纷拿起法律武器维护自身权益，最终最高院也做出了对重资产行业有利的判决，大大缓解了重资产行业的债务压力，不再担心被强制性地走上破产重整和清算的道路。

由此我们可以明白，印度是一个三权分立（separation of power）的国家，立法、行政和司法各司其职，相互制约。印度最高院的权力也很强大，可以通过受理令状的方式（writ petition）对立法、行政的行为进行违宪审查，进而撤销违宪行为，也可以对法律法规做出解释，废除不符合上位法的法规。立法机构订立的成文法、政府出台的行政法规并不是不可挑战的。通过本案例就可以看到，申请人以宪法赋予的基本权利——公平权被侵犯，《银行监管法》第35AA和35AB条违宪等理由向最高院提起诉讼，经过法庭审判，最终促使最高院以纯粹的法律角度废除了RBI通告。

虽然RBI以国家金融稳定、公众利益等为理由对RBI通告进行捍卫，该通告也确实在一定程度上可以实现这些目的，但在出台RBI通告时确实存在程序违法（未经中央政府授权），进而导致通告无效的问题。这为立法者和政府敲响了一次警钟——程序必须正当。

中国投资者们在遇到权利被侵犯时（例如很多投资者担心购买的土地会被政府强制征收，事实上这种情况极少发生，发生了也可通过宪法救济维权），或者认为印度政府出台的法规对中国投资者具有歧视性时，不妨拿起法律的武器捍卫自己的权利,利用违宪审查这一具有"强大杀伤力"的武器或者程序正当原则来对抗侵权者,相信印度最高院、各邦高等法院作为独立的司法机关、正义的守护者一定会做出公平、公正的裁决。

除了印度政府行政法律被撤销,其在诸多个案当中也遭遇败诉的情况。涉及外国投资者的比较知名的案例如"Tata Sons VS Docomo"案,在该案中,仲裁庭认定印度方公司 Tata Sons 违反商业合同条款,因此裁定 Tata Sons 公司向日本公司 Docomo 支付 11.7 亿美元赔偿金。Docomo 公司与 Tata Sons 公司就仲裁裁决履行达成和解协议。但在 2016 年 12 月,主管印度外汇的印度储备银行(Reserve Bank of India)向德里高等法院提出异议,认为 Docomo 公司与 Tata Sons 公司达成的和解协议,使得 Tata Sons 公司有义务向境外 Docomo 公司支付高额赔偿金。该协议内容涉及向印度境外汇出款项,违反了印度外汇管制条例规定,因此违反了公共政策。但德里高等法院认为:首先,印度储备银行并非本案当事人,其无权提出异议。其次,法院认为违反外汇管理政策并不是违反印度根本性的法律原则。因为如果异议成立,则意味着所有涉及向印度境外汇出款项的仲裁裁决,印度央行均有权干预。因此,最终法院判决驳回印度央行的执行异议,要求 Tata Sons 履行其与 Docomo 达成的和解协议。

此外,违法的商主体甚至还可以和印度政府讨价还价,印度法下有"和解"(compound)这一概念,大家可以理解成和美国"诉辩交易"(plea bargaining)一类的操作,受限于印度执法机关人手和精力不足,只要犯事的一方主动向执法机关认罪(这里的罪并不是刑法意义上的罪),则执法机关在收取一定的罚金后,可以网开一面。印度主要的商事行政监管机关,都接受违规行为(non-compliance)的和解申请,比如公司事务部、负责外资管理的印度央行等。但如果是故意隐瞒事实或者具有欺诈性的违规行为,不在可以和解的事项之列。因此,中国企业在面对印度政府的时候,不能仅仅依赖和中国政府相关部门打交道的经验。

当然,在印度政府大量出台针对中国企业的歧视性政策后,中资企业群和中国商会也曾考虑过是否采取法律行动维权,但出于商业上和政治上的考量，最终只能作罢。

笔者的目的并不是怂恿中国企业发起对印度政府的诉讼，来"不蒸馒头争口气"，毕竟企业在外国营商，需要顾及的因素有很多。笔者的本意在于，很多时候一定要明白，在印度这种国家，印度本土企业已经针对政府肆意妄为的行为进行了足够多的敲打，并且印度已经拥有一套经过验证的机制来主张"民"的权利，因此不要太过迷信印度政府作为"官"的权威。

二、印度对中资企业的"二分法"

中国企业在印度的利益版图，可以简单地分为对印度出口贸易、在印度进行工程项目的承包和施工、互联网及应用出海以及在印度和本土设立的工厂（如汽车、机械、电子、太阳能等）四大类。

根据中国海关总署公布的数据，2019年中国和印度的贸易总值是6395.2亿元，在中国与亚洲国家当中排名第六，次于日本、韩国、越南、马来西亚和泰国。但中国在交易中顺差较高，对印出口5156.3亿元、自印进口只有1238.9亿元。

据印度智库Gateway House统计，印度30家互联网科技独角兽公司中，有18家背后包含来自中国的投资方，涉及的资金规模超过35亿美元，约合230亿元。印度最大外卖平台Swiggy、B2B交易平台Udaan、即时通信应用程序Hike、共享出行平台Ola、在线教育平台Byju's、游戏平台Dream11等独角兽背后，都有腾讯投资的身影。"印度版支付宝"Paytm及其旗下零售网站Paytm Mall，以及外卖平台Zomato这三家印度顶尖独角兽，都接受了阿里巴巴多轮投资。

中国智能手机制造商控制着印度80%以上的智能手机市场，除了三星，印度市场几乎被中国手机制造商占领，以小米、OPPO、Realme、vivo、华为为主，其中小米占比最大。各大手机厂商和富士康、和硕等代工厂在印度建厂，为所在邦的政府带来大量就业和税收。

对比上文所述的印度政府针对中国企业的"组合拳"，不难看出，前三类是受到印度直接冲击和影响最大的行业，而第四类即在印度设立工厂的中资企业，虽然由于新冠肺炎疫情和上述清关、进口限制等原因受到影响，但目前印度政府尚未直接针对此类企业出台直接的限制性政策，加上印度前国家安全顾问纳拉亚南（M. K. Narayanan）于2020年8月3日在美国媒体节目中表示"印度无法完全切断与中国的经济联系"，他还称"两国不是敌人"，这就让人不由得产生了疑惑。

其实这可以归结于印度对于中资的"两分法"，即区分在印度设厂的中国家电、汽车、机械制造等需要投入大量真金白银创造很多就业岗位且不能说撤就撤的实业投资，和"轻装上阵"，甚至不需要在印度设立实体就能吸引百万级乃至千万级用户的APP这种互联网投资。而对于中国在印度的工程类企业，印度政府则将其视为来赚印度钱的"包工头"，并有"店大欺客"之感，认为中国企业不干自有其他国家的工程企业抢着来干，因此对中资工程类企业"招之即来，挥之即去"，多有歧视性政策。

印度自2014年以来，一直推行"印度制造"计划，最近又提出了"自力更生"计划，也就是印度希望在工业领域发力，提振经济的同时创造就业，成为全球制造和出口大国。

一个明显的事实是，虽然近来以Facebook、Google乃至KKR资本为代表的美国企业向印度通信企业和科技领域下了超过200亿美元的重注，但美国终究是无法帮印度实现工业化的，而中国在制造业方面，从经验、技术、资本到管理，无疑是一个理想的学习对象和可以信任的合作伙伴。

根据商务部的数据，中国对印投资已超过80亿美元，在印度完成基础设施建设超过500亿美元，为印度经济发展发挥了巨大的积极作用。

在印度政府的"两分法"看来，一方面中国企业在印度设厂还不够多、产能转移和本地化程度还不够全面，中国品牌在行销印度、占据市场领先地位的同时没有给印度带来相应的就业和利税；另一方面，中国通过质优价廉的产品，在两国的贸易中享有巨额的贸易顺差，而中国的工程企业由于"基建狂魔"这一全球无与伦比的属性带来的经验和施工效率，也从印度手中赚取了大量的订单和外汇。而中国的互联网企业，更是基于在中国试验、运营的经验，在出海印度后，获得了大量的忠实用户。

由此就不难理解印度政府出台上述"组合拳"的动机，即希望通过采取"软硬兼施"的策略，对中国企业进行"过滤"后挑选出可以"深耕"印度市场的企业，并且再行"同化"此类中国投资。

具体而言，对于实业，印度政府的最优目标是希望中国找印度本土企业合资，和印度企业深度绑定，这就可以绕开未来种种诸如政府采购限制、抵制中国货等烦心事，但这样势必会减少中国投资者的自主权。虽然只有这样才能让印度政府放心，但中国企业很难接受，并且实际中，找到合适和靠谱的合作与合资对象也非常难。而次优目标则是希望通过关税、进口限制、本地生产补贴以及吸引欧美工业巨头乃至"挖墙脚"的方式拉拢因全球产业链重新布局而退出中国市场的那部分外资企业到印度，从而倒逼中国配套厂商同样在印度加码，实现印度的工业化升级。

对于 APP 这种轻资产的行业领域，印度的态度其实从 2019 年 20 国集团大阪峰会上的表现就可见一斑，印度在数据自由流动问题上则持保守甚至是反对的态度，强调应当将数据存储在本地。印度政府甚至认为数据跨国间的分享与流通"严重阻碍发展中国家从数据贸易中获利"，而发展中国家需要时间来训练、建设数据基础设施，从而弥补数字经济上的短板，只有这样才能营造数字经济领域的公平竞争。这就不难理解印度为何会不经事先通知、听证等法定程序，直接就以危害"国家安全"为由，将拥有数千万用户的中国 APP 直接封禁，因为从其"二分法"出发，其首先认为中资 APP 在印度数字经济基础设施建设中的投入以及在印度创造的就业和利税，与其从印度市场获取的利益相比严重失衡；其次，其认为与其把中国背景的 APP 搬到印度来，还不如投资于印度本国的 APP，比如接受巨量中国风险投资的印度国民级应用 Paytm 以及 Zomato 等，都没有在此次封禁名单之列。

而对于全面限制中资参与各种类型的政府采购项目，我们不知道印度政府有没有考虑过一个问题，即中国工程类企业的报价相比于印度本国和欧美日韩企业，一般都是价格最低，且经验和资历也是最为丰富的。并且在国际招标中,有中国投标者的存在,势必会对其他投标者产生压力,他们为了中标,只能降低报价。但本政策一出,不难猜想,缺少了作为"搅局者"中国企业参与的招投标项目,印度的公共财政资金可能将为完成同样的目标而付出更大的代价。

对于印度而言,在经济和投资领域打出一套攻势凌厉的"组合拳"倒是简单,而经贸交往一旦脱离了"在商言商"的轨道,接下来的一地鸡毛如何收场,后果恐怕将超出印度政府的预想。

但对于中国企业而言,不能将在中国市场或者其他国际市场运营多年获得的成功经验直接用于印度,毕竟两国国情和商业文化背景差异太大。综上所述,从中国企业的角度出发,作为合法经营的企业,来印度营商,遵纪守法,作为一个负责任的政府,印度需要以公平公正的方式对待中国企业。但我国企业往往忽略了印度政府和企业界对华的"二分法",因此居于非常被动的地位,这就使中国企业在投资印度或者开展在印度的营商业务之前,必须要对这一重要的潜台词有着清醒的认识。

三、印度《敌国财产法》分析

说起这部首先于1968年通过并生效,以及于2017年3月修正后颁布的《敌国财产法》,需要结合二十世纪六七十年代的时空背景,当年,英国殖民者在撤出印度次大陆之前,给印度和巴基斯坦之间种下了一颗定时炸弹,因此,印度和巴基斯坦因为领土问题发生了数次战争。而作为邻居的中国和印度也在1962年发生了边境冲突。当年印度和巴基斯坦分别建国,有大量的原印度籍穆斯林迁徙到了巴基斯坦。在当时那种混乱的条件下,大件财产和不动产是无法带走的,很多人只能连夜收拾细软跑路。但问题是,如果几十年之后这些财物的原主人再回来,之前没有带走的财产是否可以物归原主。这个问题是引发后面一系列问题包括印度出台《敌国财产法》的根源。

1968年法案的适用范围是针对那些敌国国民在印度境内的财产,而敌国的定义需要引述1962年的所谓《保卫印度法》以及后续制定的实施细则。当然，在当时美苏冷战和印巴战争以及中印边境冲突的大的时代背景下，巴基斯坦和中国被认为是印度的"敌国"，印度在1962年与中国爆发边境争端之后，曾经也做过违反人道主义的事情，将一些印度的华裔公民强制迁徙到远离家乡的印度西北部。虽然美国在第二次世界大战中对日宣战后也曾将大量的日裔美国人关到集中营里，害怕他们里通日本，但后来美国对日裔美国人进行了正式道歉。反观印度，时至今日也没有进行道歉。虽然被关押的华裔大部分在不久后被释放，但大量的人对这个国家丧失了信心，前往了美国、加拿大等国家。也正是因为上述原因，很多迁徙到巴基斯坦的穆斯林和离开印度的华裔在印度的财产基于1968年《敌国财产法》的规定变成了"敌国财产"。同时，这部法案也规定，针对敌国以及敌国国民在印度的财产，将由印度中央政府委派管理人进行管理，虽然这些财产的所有权在名义上仍归敌国国民所有，印度政府仅仅是作为财产的管理人存在，但就实际意义上而言，其所有权已经被冻结。据政府统计，印度共有约1.6万笔（处）敌国财产。

与《敌国财产法》有关的中国投资者关心的几个问题，第一就是该法案和中国今日在印度之投资有关联吗？答案很明显是没有关联。中国对印度今日之投资受到1999年印度《外汇管理法》以及后续的FDI政策的规制，其待遇与其他国家投资于印度的外国资本一样，没有受到所谓"立法歧视"。而至于印度政府是否可以援引《敌国财产法》获取今日中国在印度之投资？很明显不能。印度在之前的一系列立法当中已经明确了何者为"敌国财产"，并且如笔者所述，《敌国财产法》是为了解决历史遗留问题也就是之前尚未解决的财产追索而立法，怎么可能会被套在当今的中国投资者头上？那很多读者仍会担心，是否存在可能将《敌国财产法》中"敌国财产"的定义进行扩大化，从而适用到中国在印度的投资上？很明显不能。因为该法对于适用范围有非常严格的限定，要想进行扩大适用，除非修法或者通过新法。而很明显，在高成长预期的印度，如果其胆敢对任何外资进行国有化，无非饮鸩止渴，自毁长城。今天印度和中国关系不好，印度国有化中资为印度财产，那美国也会担心，未来哪一天印度和美国产生争端,印度是否会做相同行为?其他国家更会担心,毕竟没有永久的朋友,只有永久的利益。从长远考虑,印度不会做出这样的短视行为。并且印度在中国也有大量投资,且印度的诸多支柱性行业对中国零部件、技术的依赖很大,虽然印度表面政策上对中国一直是希望通过强有力的手段和谈判桌上咄咄逼人的口气以及各种小动作扭转对华贸易逆差,但从中国和印度近年来的贸易数据可以发现,印度对中国的依赖是根深蒂固的。

四、监管与被监管的博弈

由于2020年4月印度修订了FDI政策,提出了只要最终受益所有人来自"bordering state"(接壤国)则该投资都将需要取得印度政府事先投资审批,这种对中国投资者以及有中国背景的投资者的限制性和涉嫌歧视性的规定,近来已经有颇多讨论。据印度媒体报道,现在已经有200多个中资背景的投资申请在等待印度内政部(Ministry of Home Affairs)的审核。而从4月底该政策出台,到现在已经过去了近1年,但据传上述200个申请中尚无一个通过,对于新增加的外商投资审批要求带来的不确定性和对业务的影响,使很多客户在考虑类似"VIE"(可变利益实体)架构,通过多重的设计和引入一些非中国籍股东在印度境内或者境外设立实体,来绕开印度外商投资相关政策和法律的限制。

但是这种与"VIE"类似的模式可能有如下风险:

第一,因"道德风险"导致的失控。简而言之,道德风险并不等同于道德败坏。作为一个经济学概念,道德风险指的是,当签约一方不完全承担风险后果时所采取的自身效用最大化的自私行为。也就是说,如果没有强大的行为准则约束或者其他因素作为约束,则即使私德良好的"挂名股东",在面临诱惑或者一些道德抉择比如公司需要增资500万元时会携款跑路。尤其是这些股东并不是中国公民,为了规避印度新FDI政策的限制,只能找新加坡或者外籍的股东,要不然设立中国之外实体的目的就落空了,而一旦这些外国股东卷款跑路,可不像在国内提起诉讼一样相对简单。因此,希望采取这一方式打擦边球的人,很可能要做好相应款项打水漂的预案,并且要照顾好下游的责任。

第二,隐名股东在印度法下无法得到保护。规避印度强行法要求的行为,直接可以导致未来可能无法在印度法下主张权利的情况,甚至相应的责任人都会受到处罚或者牵连。印度公司法允许"代持",也就是实际股东可以找一个名义股东(nominee shareholder),但前提是该名义股东和实际股东的安排在向公司注册局提交注册申请的时候就要披露其关系,并且在相关的登记文件中写明。

第三,印度公司法中有"实际受益人"申报的义务。比如在印度公司中持有超过一定比例股份的乃至享有分红权等部分股票权益的或者有权向公司行使或者实际行使对公司的重大影响或者控制的人在获得收益权益或权力及其他有关变动的时间内,都需要向公司事务部声明其权益的情况和其他事项。但实际问题是,如果你的公司规模很小,没什么大业务,不管公司如何折腾执法机关都不会先盯上你,因为印度执法机关精力有限,仅仅可以先盯住一些大一点的老虎。但未来一旦因为税务、外汇、增资、退出等问题需要披露或者因其他违规行为(如外汇不合规)被发现而被抽查,则很可能"翻车"。

第四,采取此类架构的投资者还将面对信息泄露以及因此可能带来的利益冲突和一系列风险。很多时候公司会同时签订其他协议,里面约定了公司的义务,如信息保密等,但如果让一个外人来持有股份,很可能会导致直接违约,给对方拒绝履行合同或者求偿以最好的口实。且提供这类服务的中介一般不会仅为一家公司服务,很可能是相同的挂名股东设立几个新加坡公司,从而形成一个"产业链",一个出问题,则会导致其他人同样受牵连。而对于此类安排在新加坡法下是否合法,因为笔者对于新加坡法律没有研究,因此无从评论,但从一般法律原则出发,即使最终得到法律承认和保护,也得付出不少相应的代价。

为什么这种方法在印度行不通?如上文所述,印度政府精力和人手有限,是一个"小政府",这就导致它只能抓大放小、重点出击。而对于印度政府而言,中国企业无疑是所谓的"大"和"重点",一旦被印度政府发现，想要寻求救济，很多时候对中国企业而言是划不来的，远水解不了近渴。

因此，从中国这边强监管文化环境下习得的经验，要不要直接用在印度市场上，是值得中国投资者思考的问题。

五、企业法律风险尽职调查

2020年2月中国三家银行在伦敦起诉信实通讯董事长安尼尔·阿尔巴尼的消息被国内媒体大肆报道①，报道称这三家银行当初借钱给信实通讯是出于真诚善意（in good faith）和安尼尔的个人"担保"。不过，安尼尔根本不承认自己做过个人担保，称代表其签署个人担保函的公司高管哈斯特·舒克拉根本没有获得他的授权，哈斯特代表签署的个人担保函根本不具有法律效力。这个套路告诉债权人，借钱给印度企业或印度人，最好熟知印度本地的习惯做法和印度的法律。例如，和印度公司签署大额合同时，为了谨慎起见，最好要求出具公司董事会决议，查看签字人是否具代理权，委托代理人代为签署文件的，应要求该代理人出具公证后的授权书。当初哈斯特代表安尼尔先生签署个人担保函时，不知道中国的银行有没有查看授权书，授权书上有没有做公证？这么一大笔的个人担保为何不要求本人签署？

当然，这里面涉及一个很重要的是中国和印度的商业文化差异，很多中国企业在得知对方是印度大型上市公司的情况下，往往忽略了很多程序性的要件，认为实质性的合作更重要，对方人都到了，再要求其他的事情有点不给对方面子，或者认为比较尴尬，就直接开始推进合作了。

2020年由于新冠肺炎疫情，有不少中国企业和买家从印度购买口罩，但因此产生了不少被印度企业欺诈的案件，中国企业被骗的主要原因，第一是当时口罩在中国奇货可居，时间不等人，第二是觉得对方是一家印度公司，并不是个人，合作起来应该就会比较顺畅，把货款打过去后，甚至

---

① 印度首富之弟拖欠贷款高达6.8亿美元，三家中资行起诉追债［N］.上海证券报，2020-02-26（3）.

连书面合同都没有，上当受骗，货款两空，而由于没有合同和两国之间因为新冠肺炎疫情的旅行禁令，后期无法主张权益。

作为一个理性的商业人，还是希望尽可能地将风险降到最低。我们在实务中发现，大量的中国企业与印度企业发生纠纷，很大程度上除了因为项目履行中的问题之外，另外一个重要的原因就是对印度方背景和交易信息了解的缺乏。

对于这一问题，在达成交易之前这一阶段可以通过尽职调查（Due Diligence）来获取相关信息，确定对方主体的合法性和合规性。此外，尽职调查承担着发现风险、解决风险、修正价格、辅助谈判和决策等重要作用。

尽职调查的目的是对风险进行定性评价以及量化（quantify）。通过对风险的定性，以此来确知该项目是否能上马，而风险定量则可以解决交易中对价的增减问题。除了风险排除功能，尽职调查的结果还可以用于下一步与印度方之间的谈判，作为一个非常重要的谈判砝码来帮助中国投资者实现商业上的目的如减少成本和消弭项目推进的阻力。

考虑到印度方对中国投资者进行披露的时候不可避免地带有信息倾向性，以中国企业（买家）收购印度企业（卖家）的股份为例，印度企业往往会将对其有利的信息和资料披露给潜在的买家，而将不利的信息不披露或者少披露给买家。所谓"王婆卖瓜，自卖自夸"便是如此。普通法下有一个法律原则叫作"Caveat Emptor"也就是买家需要当心，即作为收购方，法律上会推定买家是一个"Sophisticated Buyer"（老到的买家），其自身有能力鉴别各种信息，同时判断风险并做出是否继续进行项目的决定。所以说，进行尽职调查并且获取相关的信息是非常关键的。

一般在与印度方一同进行项目（如合资、收购、一起组成联合体投标等）的时候，尽职调查、商业谈判、相关协议起草等几项必要工作在最理想的状态下的顺序是先进行尽职调查，摸清状况之后再进行商业谈判同时进行相关协议的起草，但是考虑到现实的情况千差万别，所以经常会出现这几项工作同时或者交叉进行的状况，笔者在实践中还遇到过商业谈判完成、正在起草相关协议的时候刚开始进行尽职调查的案例。没有尽职调查的帮助，对手方公司的一些潜在的风险信息就无法获知，进行相关项目的风险性就会增大，并且没有尽职调查中发现的信息作为谈判支撑，可能在谈判中会付出更大的代价。

但是，进行完尽职调查之后，并不代表交易就可以高枕无忧了，因为尽职调查存在以下限制，在海外交易的情况下这些限制在一定程度上会被放大。

（1）尽职调查范围的局限性。在开展尽职调查时一般会有一个尽职调查的清单，依据该清单让对方提供资料，在现实的商业交易中，绝大多数情况下被调查方不可能将上述资料全部提供给调查方，因为任何一个卖家都不可能允许买家以"抄家"的形式进行尽职调查，更何况卖家也担心买家只是以交易为借口，获取所有信息之后，可能造成信息泄露以及出现其他潜在风险，因此即使拥有上述全部的资料，卖家也可能不会和盘托出。要么就是卖家确实因为各种原因的关系，有一些资料丧失，因此无法提供给买家。对于这一局限性，投资者可以采用的办法就是通过有限的信息，在自身团队以及外部顾问的帮助下，尽可能地还原交易的全貌。当然这个需要投资者有着非常过硬的商业洞察力。只要发现的风险不属于"Deal breaker"（交易破坏者）这种可以一票否决整个投资项目的风险，其他的风险可以通过法律和财务等的安排进行保护。当然，不同的投资者对于风险的定义和接受程度存在相当大的差异，这个需要进行具体的个案分析。

（2）尽职调查的时间紧迫性。一般而言，交易的时间是限定的，时间拖得越长，"节外生枝"或者其他风险产生的可能性就越大。因此，是否可以高效率地做完尽调，获取最有价值的信息，对于投资者来说非常重要。

（3）信息披露一方的倾向性。对于尽职调查中负有信息披露义务的一方，有多种动机促使他们提供一些有倾向性的文件。因此需要引起投资者的注意。但对于很多资产类以及证照类的调查而言，其有就是有，没有就是没有。当然，这些信息是否真实有效，还是需要律师、会计师等专业人士的把关。

除了以上所述风险之外，尽职调查做完之后，到交易交割的时候一般都存在时间差。对于这段时间内的风险动态变化，也是需要投资者密切关注的。毕竟，尽职调查反映的是某一个截止时点以及之前的风险动态。这也要求投资者需要计算好时间，比如通过一个详尽的时间安排表来实现各个部分的高效衔接，不要花了大价钱做了尽职调查，但是中途耽搁的时间较长，从而导致夜长梦多。

很多国内的投资者都对天眼查、启信宝、企查查等查询企业信息的网站和APP不陌生，中国政府也有官方的全国企业信用信息公示系统、中国法院裁判文书网、中国执行信息公开网等网站可以获取企业的相关法律信息。

在印度，印度公司事务部（Ministry of Corporate Affairs）是获取目标印度公司相关财务和法律信息的重要平台。其网址是"http://www.mca.gov.in/"，注册账号后就可以下载企业股权、董事、年报、财务报表等相关信息（需要付费，但非常便宜，一般几百卢比）。通过这种方式，就可以大致判断作为交易对象的印度公司的简单情况，并且在免费的公示页面上也有该公司是否合规（compliant）或者经营异常（non-compliant）的显示。

六、中印营商环境中的差异

在社会经济领域，相比于中国这样的大政府、强监管的国家，印度只能算是一个"小政府"的国家，在不少具体行业，印度甚至是一个"无政府"的国家。这就导致从中国这样的强监管国家浸淫已久的企业，对于不太熟悉的印度，可能会套用中国的思维，花大价钱追逐印度市场上不值钱的东西。

以金融行业为例，近年来，随着中国金融监管趋严，依托互联网开展金融业务的企业违约成本愈来愈高，金融牌照价值凸显，其市场价格也随之水涨船高，甚至已然将企业持有的金融牌照数量与公司综合实力画等号。目前，我国需要审批和备案的金融业务资质有 30 多种，包括银行、保险、信托、券商、金融租赁、期货、基金、基金子公司、基金销售、第三方支付牌照、小额贷款、典当等。

能和近 10 年来楼市的疯狂程度比肩的也就只有第三方支付牌照市场了。在一纸万金的支付牌照买卖市场，出售一张支付牌照对卖家来说绝对是一桩一本万利的好生意，根据金融之家的报道，随着中国人民银行对支付牌照的发放收紧之后，市场上已存在的支付牌照就开始"身价倍增"。为了抢占这项稀缺资源，许多企业选择通过全资或入股的方式来间接获得一张牌照，而对于其他没有收购能力的企业来说，就只能通过中介来寻觅牌照卖家。牌照的买卖价格和去年相比，涨幅最高的逼近 8 倍，在动辄就要花上几亿元才能入手的牌照买卖市场，交易状态目前依然是供不应求。

2018 年之后，随着中国对互联网借贷平台（P2P）等领域的政策收紧，不少此领域的玩家蜂拥至印度，由此滋生出了所谓的收购印度非银行金融机构（NBFC）牌照乃至"挂靠"的服务，由一些中国人从中牵头，向有需求的中国人提供服务。由于这里面存在信息差，很多中国买方其实并不知道这些牌照在印度的保有量很大，之前这一行业在印度也并非什么高端的行业。当然，商业层面的价格因素是一方面，更严重的另一方面是法律和监管层面的。这种安排在印度法律下是完全非法的，根本得不到保护，但从事类似业务的从业者都会说不用担心，这个领域属于"灰色"地带，只要不是网络博彩、赌博或者洗钱等业务，一般都没有问题。首先，他们这一"灰色"地带的说法本身就是错误的；其次，为这一所谓"灰色"产业服务的中间商们也往往为博彩、洗钱等"黑产"服务，到最后也会受到牵连。比如 2020 年年底，印度特伦甘纳邦警方就搜查了数家从事非银行金融机构的公司，冻结了大量银行账户，逮捕了包括中国人在内的嫌犯[①]。

另外一个体现中国强监管和印度弱监管差异的便是在企业上市领域。

---

① 印度"围剿"中国现金贷：中国员工被捕，账户被冻结 [EB/OL]．志象网．2020-12-31．

中国特殊的国情导致"上市公司"这一称谓具有自带吸睛光环的属性。先不说有些人将新三板挂牌企业称为"上市"企业，单说现在有不少人忽悠企业家购买所谓的"上市公司壳资源"，虽然确实有一些企业通过借壳实现了上市，但是如果有人告诉你来收购一家印度的"上市公司"在印度的主板交易市场买壳上市后迅速套现离场，如"割韭菜"等行为，千万不要相信。

印度的股票交易市场是小盘股居多，并没有那么值钱；并且机构投资者居多，没有那么多散户的韭菜可割，上市后发起人要至少持有20%的股票并且锁定期是3年，并没有那么快能套现。

印度的两个主要股票交易场所分别是BSE和NSE，前者成立于1875年，是印度目前最大的证券交易市场，后者成立于1992年并于1994年正式开始交易。目前BSE约有5000家上市公司，NSE则有1600多家。尽管BSE有多达5000多家上市公司，但BSE 90%的市值（Market capitalization）是由500家企业构成的，这就导致多数BSE的上市公司市值很小，并且流动性较低。印度除了这两大证券交易市场外，还有十几个大小不等的证券交易所，如加尔各答证券交易所、斋浦尔证券交易所等，这些地方性证券交易所流动性更差。

印度两个主要的股票指数一个是Sensex，一个是Nifty。Sensex指数根据BSE的30家上市公司的数据编制，Nifty则是根据NSE的50家上市公司的数据编制。目前，Sensex高达4万多点，而1992年时不过只有2000点，彼时上证指数是300点。Nifty指数目前也高达1万多点。

印度股票市场从1992年起实行注册制，制度实施后，上市公司数量节节攀升，仅孟买交易所一家目前已经有5000多家上市企业。以下是上市的简要流程。

（1）投行上市辅导（Merchant Banker）。

（2）选定承销商，决定发行的股票数量和价格（Underwriter）。

（3）准备发行文件（offer document）草稿，向印度证券交易委员会提交等待批复（Filing of an offer document to SEBI）。

151

（4）将发行文件在印度证券交易委员网站或交易市场网站上公示 21 天，并在一份英文和一份印地语报纸上刊登广告，要求公众对发行文件进行评论（Draft offer document to be made public）。

（5）收到印度证券交易委员批准后，提交红鲱鱼招股说明书（Red Herring Prospectus，类似公司年报，披露公司的财务报表、商业计划等）。

（6）路演（Roadshow）。

（7）确定最后发行价格区间，向股票交易市场上的经纪人等发布发行文件（Distribution of issue material）。

（8）正式在一级市场上公开发行，一般持续 3~4 天（Actual issue）。

（9）配股（Allotment）。

（10）二级市场正式交易（Actual public offering）。

上市后，上市公司的发起人持有的股票不得低于 20%，并且需锁定至少 3 年。超出 20% 最低股票持有数量的锁定期也至少是一年。

由以上几个范例可以看出，中国值钱的东西，在印度不一定值钱。但在现实中，中印两国的营商交往过程中，确实存在很多信息差，而究其根本原因，则是两国有不同的监管文化。需要中国投资者格外注意的是，一旦存在信息差，那就是"甲之蜜糖，乙之砒霜"，也就是让某些掮客和中介赚足了钱，但风险是由投资者自己承担的。

七、中企知识产权和商业秘密保护

印度是一个碎片化非常严重的国家，所以因地制宜地选择当地的合作伙伴推进其商业计划是很多中国投资者经常选择的方式。很多中国投资者在大规模投资印度设厂之前，首先会选择相应的印度经销商或者渠道商，帮助其在印度拓展市场。当然这种合作有利于实现优势互补，在短时间内大幅度提高市场占有率。但是实践中，笔者发现，有一些中国投资者与印度合作方之间，并没有对知识产权如商标、商号等做出相应的安排。

以笔者经手的一个案件为例，某中国品牌 ABC 在进入印度市场的时候，选择了当地的一家企业作为合作方，该印度企业在未经中国企业许可的情况下注册了一家商号名称与中国企业相同的印度公司即 ABC 印度私人有限责任公司（ABC India Private Limited），并且申请了相应的网址等，中国企业知晓这一情况之后，并未及时阻止，现在分析当时的原因是其认为印度企业这样做虽然没有取得权利人也就是中国企业的许可，但是客观上促进了中国企业在印度的业务发展，所以中国企业在知道这一情况之后也并未阻止。

但是，随着时间的推移，中国企业认为需要大举进军印度，这个时候他们要求印度企业将其成立的 ABC 印度私人有限责任公司以及网站都转给中国企业，印度企业予以拒绝。诚然，中国企业是合法的权利所有人，但是在印度，中国企业一开始明明知晓印度企业侵犯其权利，但是未能及时阻止，而是放任其使用，则印度企业对于中国企业就拥有了法律上的抗辩事由也就是"在原有范围内继续使用"。中国企业可以提起诉讼要求印度企业停止使用，但是法院也会考虑当时中国企业的错误。而这都是次要的，最重要的是，中国企业原本的投资计划和步调完全被打乱了。因此，中国企业在进入印度市场和与印度伙伴合作之前，就要对知识产权问题做出详尽的界定和法律安排，避免为日后的争端埋下隐患。

如果在印度遭遇商标流氓恶意抢注（trademark trolls）该怎样维权？

（1）可以提起商标撤销。根据印度《商标法》（*Trade Marks Act*, 1999）第57条，被侵害人（person aggrieved）可以向商标注册局或者知识产权上诉局（IPAB）申请撤销或变更他人的商标注册和更正商标注册登记。被侵害人是指在先使用商标但是被商标所有权人提起商标侵权或收到商标所有权人威胁的人。请注意，如果要构成"在先使用"，必须证明是在印度使用，证明使用该商标的产品或服务在印度国内市场上存在，可以使国内的消费者接触到，或者曾在印度进行过广告宣传，在印度具有一定知名度。中国倾向于注册在先的保护原则，而印度则是使用在先保护原则。因此，哪怕在印度没有注册商标，只要这个商标在先使用，也可以得到保护。

（2）如果抢注人提起商标侵权之诉，则商标/标记持有人可以用"在先使用"进行抗辩（印度《商标法》第 34 条），不构成侵权，再根据"诚信共同使用"（第 12 条）继续使用自己的商标。如果认为对方是恶意抢注的，可以下一步反击对方。

（3）对抢注人提起假冒（passing off）之诉，反击对方。没有在印度进行注册的商标可以通过 passing off 途径来对抗恶意抢注的商标，passing off 是一种衡平法的救济途径，讲究公平正义，不需要根据成文法的条文进行裁判。要提起 passing off 之诉，必须证明：①被告（假冒商标人）的错误陈述（misrepresentation）或商标的迷惑性相似（deceptively similarity of trademark）使得他人误以为被告提供的产品或服务是来自原告；②原告（商标/标记所有权人）提供的商品或服务在消费者之中具有商誉和知名度；③原告因为被告的假冒行为遭受了实际损失或可能遭受可合理预见的损失。尽管作为在先使用人，可以有理有据继续使用商标/标记，也可以利用 passing off 进行反击但是仍然建议企业尽早在印度做好商标布局。以下是一些建议：一是尽早在印度进行商标注册；二是考虑到印度是个多语言国家，可以根据商标的谐音、意思进行多语种的变体注册；三是定时监控商标注册公告，看是否有相同、近似商标正在申请注册，如发现有的，可积极提起商标异议。从某个角度来说，印度对商标的保护力度一点都不弱，除了可以依据《商标法》得到保护之外，还可以通过 passing off 得到救济。

另外，对于很多中国企业而言，有些商业机密信息和秘密并没有采取专利权、商标权等方式来进行保护，而是纯粹地以商业秘密的方式来进行保护。世界知识产权组织（WIPO）将商业秘密定义为可以为企业带来竞争力的保密性的商业信息就是商业秘密。非商业秘密持有人未经授权使用商业秘密会被认定为侵犯商业秘密，是不正当行为。《与贸易有关的知识产权协定》（*Agreement on Trade-Related Aspects of Intellectual Property Rights*, *TRIPs*）则进一步定义了认定商业秘密的标准：①必须是秘密的信息（不被正常接触该相关信息的人群普遍获知，或随时可获知的）；②该信息必须因为其保密性而具有商业价值；③商业秘密的持有人必须采取合理的措施来保障秘密性（如通过保密协议）。配方、技术技能、设计图纸、商业方法等带有保密属性，具有商业价值的信息都属于商业秘密。

有的商业秘密已经达到可以申请专利的标准，但出于商业角度考虑而不打算公开，因此仍然依靠商业秘密来保护；有的商业秘密没有达到专利的标准，因此只能采用商业秘密的标准进行保护。最著名的商业秘密就是可口可乐的秘方和肯德基的炸鸡配方。

TRIPs协定规定知识产权客体应包括秘密信息，也就是商业秘密，由于印度是TRIPs协定的成员国，因此印度有义务保护商业秘密。印度和中国一样，没有专门的商业秘密保护法，不过商业秘密在中国可以通过《反不正当竞争法》和《刑法》得到保护。但是印度目前的立法并没有把商业秘密纳入知识产权的保护体系中，其对商业秘密的保护主要是通过普通法的公平原则（Principle of equity），认定为违反保密性（breach action of breach of confidence）和合同义务（contractual obligations）来保护。另外1860年《印度刑法典》（*Indian Penal Code*, 1860）、1957年《著作权法》（*The Copyright Act*, 1957）、2000年《信息技术法》（*Information Technology Act*, 2000）也涉及商业秘密的保护。

总体而言，在印度要想商业秘密得到有效的保护，就应该与接触到商业秘密的人订立合同，使对方负有保密义务，如果没有合同，法官也可以根据公平原则做出保护商业秘密的裁决。在印度，商业秘密的所有权人在商业秘密遭到泄露时可以向法院申请禁令阻止其他人泄露商业秘密，要求返还所有保密和独有的信息，并获得因为秘密泄露造成损失的赔偿，如果侵犯商业秘密构成了犯罪，则将面临刑罚的处罚。

在"格里凯利诉世纪纺织"一案中原告与被告签订了劳动合同，其中约定了被告的工作期间和离职后的保密义务，法院认为该约定是有效的，对被告具有约束力，被告不应该不正当利用（take unfair advantage）从原告处获取的商业秘密。同时法院认为该约定没有违反《印度合同法》第27条——任何禁止他人从事某项合法交易、职业、商业行为的约定是无效的，除非有合理的理由或出于公共利益考虑，也就是说法院认为原告禁止被告在一定时间内利用其知晓的商业秘密从事相关活动的约定是有效的。（在印度约定竞业禁止条款极易因违反《印度合同法》第27条被判无效）

是不是必须有合同约定，才可以禁止负有保密义务的人泄露商业秘密？在"约翰理查德布雷迪诉化学过程设备有限公司[①]"一案中，德里高院出于公平原则，在合同缺少保密条款的情况下，也批准了针对被告的禁令。

在另外一起案例——"霍姆印度私人有限公司诉尤法塔．阿里．汗及IMA亚洲太平洋有限公司"中，法官以被告违反保密性为由，支持了原告的禁令申请。在该案中原告霍姆（Homag）与被告汗先生（Mr. Khan）签订了劳动合同，约定汗先生对工作期间接触到的商业秘密负有保密义务，而且不得在辞职后一年内在竞争对手处工作，但是被告一违反了约定，到竞争对手也就是被告二——IMA AG Asia Pacific PTE处工作。于是原告起诉两位被告，要求法院向两位被告下达禁令——不得利用从原告处获得的商业秘密在印度开展相关商业活动，初审法院以原告和被告二不存在合同关系为由，拒绝向被告二实施禁令，随后原告上诉到卡纳塔克邦高院，高院最终认为被告二尽管和原告没有合同关系，但是明知被告一获取的信息属于商业秘密，仍然不正当利用了该信息，侵犯了原告的商业秘密，支持原告的请求。

在"Zee传媒影业有限公司诉日暑通信私人有限公司"一案中，法院认为尽管被告获知的商业秘密不是直接从商业秘密的所有权人处直接获取，而是从第三人处获取的，但在获取时或获取之后知道第三人告知的该信息属于商业秘密的，应负有保密义务。

除了上述普通法的保护外，还有《信息技术法》第43条规定，任何人在没有经过电脑所有权人或管理人的许可下，进入电脑系统下载、复制、提取电脑中的信息或者帮助第三方进入电脑系统的，如果该行为出于不诚信意图，则此人就将面临监禁、罚款。也就是说，如果电脑系统内储存的信息被窃取，不管是不是商业秘密，都可以根据第43条获得保护。该

---

① 987年《全印度案例汇编》德里372卷

法第 72 条规定了违反信息保密协议将面临 2 年监禁和 10 万卢比以上的罚款。

另外,《印度刑法典》也规定了盗取数据（第 378 条）、违反信托义务（第 405 条）的刑罚,如果侵犯商业秘密的行为触犯了这两条刑罚的规定,侵权人就将受到刑事惩罚。

由于大量的中国企业在技术、生产工艺和专有信息方面大幅度领先于印度,加之一般而言,中国企业来印度的时候往往对资金、实物、人员等人或物比较重视,但往往会忽略掉专利权、专有技术、商业秘密等无形资产方面的保护。尽管印度没有单独的保护商业秘密的成文法,但并不能说印度不保护商业秘密。商业秘密在印度可以受到普通法的保护和救济,还有相关成文法的保护和救济。因此建议商业秘密的所有权人在保护商业秘密方面应做到以下几点。

（1）订立保密协议,明确对方的保密义务。

（2）将信息标注为保密,防止员工以不知道信息属于保密级别为由而推脱责任。

（3）系统实时监测数据流动。

（4）设立专门的保密信息数据库。

（5）建立信息安全保障制度,促使公司员工遵守制度。

（6）向员工跳槽后加入的竞争对手发送说明信,提示侵犯商业秘密的风险。

第六章

本地化过程中的误区

一、中国式管理在印度

过去的30年也是中国企业寻求出海和国际化的30年。截至2017年，中国对外直接投资存量已在全球位居第二，仅次于美国。可以说，中国企业国际化到今天，时间不短了，力度也不可谓不强，但它们在全球的业绩表现却不尽如人意。例如，在英图博略（Interbrand）的2020年全球百强品牌榜上，只有华为一家上榜（排名第80位），而美国则有53家，欧洲34家，日韩各有7家和3家。虽然全球品牌榜不能反映出中国企业全球化的全貌，但至少从全球影响力来看，中国企业的海外业绩和中国经济超级大国的地位极不匹配。

很多原因造成中国企业出海数目多但成功少的现状，如对海外市场缺乏了解，产品质量不具有竞争力，合规合法意识不足，战略失当和文化冲突等。但造成企业在海外业绩不佳的另一个主要原因是中国企业在海外经营仍然采取所谓的"中国式管理"。此外，中国学界和业界对印度商业微观运行中的一些文化要点，比如商业文化、法律文化等并不了解，而其所擅长和专注的印度宏观研究和定性，并不能代表在每一次微观的业务合作和执行中得出正确的结论。并且大量研究印度的中国学者，第一，往往坐在书斋中，长年累月脱离印度的实际；第二，对印度的经济研究不够深入，无法了解困扰中国资本在印度商业实践中的重要问题。上述种种因素都导致中国现有的成功管理经验无法复制到印度。

比如中国企业有时对员工未达到期望或犯错时会给予比较严厉和明确

的惩罚，如降级，减薪，甚至解雇。而且很多时候，这种惩罚是公开的，往往会点名批评，颇具法家治国的特征。日常和员工的沟通也重在提出建议以帮助员工提高。而西方企业一般重在鼓励，以激发员工向上的自身动力。如需指出不足，也会和员工私下沟通，尽量顾及员工的自我感受和尊严。而对于在印度市场的中国企业而言，中国企业往往会发现当地工人素质较低并且很难管理，于是尝试引入"惩罚式管理"，先不说印度劳动法严厉禁止任何情形下的克扣工人工资的行为，对于一个工人权利意识非常强的国家而言，中国企业将中国的操作搬到印度来，往往会导致印度工人的极大反弹。

印度1948年《工厂法》规定了工厂中的工人每工作5小时应得到至少半小时的休息时间，如果工人在这段时间里午休，不属于违反规定。如果解雇工人，必须提前一个月通知，除非工人违反劳动纪律，才能直接开除员工，但是所谓的劳动纪律也要事先公布，并确保员工知晓。如果工厂颁布的劳动纪律出台后束之高阁，员工诚实表明自己不知道，员工被工厂认为违反纪律而开除，这样的开除行为可能无效，员工可能会诉诸劳动救济要求解决争议。另外，印度的劳动法是向劳动者倾斜的，在"梅塔影业娱乐有限公司诉维杰"一案中，孟买高等法院认为不给员工提前通知即解雇的行为不是好的法律（Bad law）。此外应该也会有人质疑企业制定的劳动纪律是否符合公平公正，直接开除员工的做法是否侵犯了员工的权利。例如印度1946年《工业性劳动常规规章法》（*Industrial Employment Standing Order Act*, 1946）规定雇用工人超过100人的工厂应该颁布常规规章（Standing Order），也就是劳动纪律，该规章要先在劳动部门批准和登记才能在工厂内公布适用，恐怕在严格保护劳动者权利的立法倾向下，在单位公共区域睡午觉即属于严重违规这样的劳动纪律很难在印度得到劳动部门的批准。

回看中国制造业的成功，除了国家政策、巨大的国内市场、高素质的产业工人之外，有一点非常重要的文化原因就是中国式管理。我们所在的地球看似有70亿人口，可不是人人都能吃苦耐劳、适合劳动密集型企业的。也就是说，劳动密集型企业，不是任何地方都有它的土壤，首先，需要对未来满怀希望，但又愿意负重奋斗的群体。其次，需要一群对威权文化基本接受的人。最后，需要政府提供足够的优惠措施和配套的基础设施。这种环境，在受儒家文化影响的地区，比如已经通过发展劳动密集型产业实现工业化的日本、韩国、中国以及正在顺畅接受劳动密集型产业专业的越南等儒家文化圈国家，而到了印度这个国家，在东亚大放异彩、取得惊世成就的中国式管理反而寸步难行。

另外一个中国式管理的特点就是追求结果，而往往却对过程忽略。很多西方看重的形式，比如在印度的办公室文化中非常喜欢发邮件，一些事情在中国人看来匪夷所思，讲一句电话或者当面就能说清楚的事情，在印度的办公室文化中非得发邮件反复确认。但从受英国程序主义影响深远的印度式管理看来，"for the record"（书面记录）的作用非常重要，印度人无论做什么最认可的方式都是邮件，如安排工作、项目方案、商务合同等。印度大部分企业都会使用企业邮箱，这在印度的工作中是标配。公司任何大小事都一定要用企业邮箱发送给员工，如发 offer、升职、加薪、请假还有工资条等。如果有事情没发邮件走正式流程，很可能就会被印度人耍赖没有这回事或者被甩锅没有走正式流程不算数，徒增管理成本。

以长远的角度出发，书面记录的作用不言而喻，无论是在向政府申报、合作伙伴业务合作乃至后续的融资、投资以及争议解决过程中所涉及的重要文件，如果没有及时、妥善、全部保存，将在未来某一时点成为影响公司业务的一颗"定时炸弹"。此外，在证据信息化的大趋势下，电子邮件、手机短信、网页、电子交易记录等以计算机及其网络为依托的电子数据在证明案件事实的过程中起着越来越重要的作用。

在实践中，经常出现的情形是，中资印度企业在印度的相关重要文件都没有正确保存。举一个简单的例子，绝大部分中资印度企业在印度的运行都依赖几位关键人物（一般由中国人担任），如果这些人离职，交接程序一般会在一两个月内快速完成。随着大量的中国企业开始布局印度，很多新到印度的公司会花重金挖先前就在印度的同行业的中国籍管理者，所以此类新入局的玩家大量挖人的现象在近年来非常普遍。但大部分中资印度企业都没有意识到上一任管理者离职时，需要对非常多的文件进行交接，而有此意识的企业也不知道哪一类文件需要交接，也没有具体的文件清单（checklist）。并且，很多中资印度企业因管理制度不规范，很多信息和重要的邮件来函都是通过私人邮箱经办的，万一未来该员工离职，在需要调取某重要资料的情况下，很难得到其配合。笔者在实务中就不止一次经手过此类案件，甚至出现过有的企业连土地权属证书原件（land title certificate）都丢失的情形。

因此，对于印度某些营商文化，应该考虑养成相应的习惯。比如中资印度企业以按月（或者基于生产运营实际）的频度将纸质版文件扫描备份并发送给中国总部，且将其他电子版文件（如邮件沟通记录、视频图像音频等记录）一起发送给中国总部审查备案。而对于那些和印度合作伙伴进行交易的中国企业，需要定时做好相关文件的归档和整理。另外，印度的商业习惯是非常重视书面证据的，实践中经常发现中国的工程总包商（EPC contractor）与印度业主以及业主聘用的工程师之间在沟通或者进行一些会议时，大家在现场都讲"英文"，都表示可以听明白对方的话，但后来出现问题时才发现其实大家理解的和当场说的不完全是一回事。所以，这就要求中国企业要做到不能光说，还要互换会议纪要，查缺补漏，在口头沟通完毕后要第一时间通过邮件书面确认，甚至中英文文稿之间也要校对做到中英文结合、口头和书面相结合，这样才能做到万一未来发生争议，即使相关负责人已经离职，但仍可以在最大限度上还原案件事实。

不可否认，中国式管理在中国取得了巨大的成功，可以说，如果中国式的管理方式和管理文化从源头出发就是错的，那么其也不可能推动中国在过去30年中就走完了西方国家上百年才能走完的路。不过，"橘生淮南则为橘，生于淮北则为枳"，有些在中国这一大背景下屡试不爽的管理方式和管理文化，在印度这个国家可能会面临"水土不服"，甚至会引发重大的问题。

二、识别和远离不靠谱的服务商

中国有句古话叫"闷声发大财"。这句话应该成为在印度营商的中国企业的座右铭,除了不要和印度员工、印度政府这边产生矛盾,导致麻烦缠身意外,还一定要特别注意身边的"中国老乡"。这是因为,与正规行业中国投资一起到印度的,还有一些为此类灰色产业服务的中间商。

对此印度政府并非不知情,印度行业社团组织非常发达,相关行业组织早就知悉中国灰色产业的相关情况,包括印度央行、司法部、公司事务部在内的政府机构也都知晓,就连印度媒体也已经多有报道,印度政府没有采取行动的原因,是其行政执法力量薄弱,如果不能尽早实现与此类非法从业者的切割,未来在印度遵纪守法的中国投资者很可能成为受害者。

不了解印度信息造成的信息不对称和信息鸿沟也使中国诸多企业在投资印度的时候吃了不少苦头,笔者也经常听到一些中国投资者说海外"折戟沉沙"属于"交学费",是必经的步骤。这一说法笔者不敢苟同。一是中国纳税人的钱、投资人的钱白白浪费;二是本来可以通过各方渠道对投资保驾护航而因为自身轻视导致马失前蹄;三是有中国投资者仍在"吃老本",也就是将从中国或者其他市场获得的经验生搬硬套放到印度这一与其他地域截然不同的市场上。前期的失误注定了中国企业即使可以"硬着陆",但是瘸着腿肯定无法在印度走远。

在《亲历者讲述:印度落地的那些坑》[①] 这篇报道中,当事人列举和详述了其在印度营商过程中遇到的很多坑,这也与中国人出海时的"抱团"思想相关,但问题在于,中国和印度之间的隔阂已久,走出去易,走进去难。往高处走更是不胜寒。

对于中印之间的关系,我们可以从两个视角来进行考虑,第一是政治视角,第二是经济视角。我们拿中日来做一个比较,中国和日本是"一衣带水"的国家。政治上和日本并不在一条线上,但是因为中日之间经济依存度非常高,你中有我,我中有你,从而导致双方对话相对较多。但是印度,虽然和中国号称"山水相连",但是目前中国和印度之间政治上非常冷,经济上也不够热。截至目前中国在印度投资的企业也就是1000多家,印度在中国的企业到现在总数应该是二三百家,一直也没有什么增长。因

---

① 曾航. 亲历者讲述:印度落地的那些坑[EB/OL]. 白鲸出海,2020-05-27.

此导致中国和印度之间经贸上没有那么活跃，考虑到两国有30亿人口，经济总量目前都是世界上前几的国家，对话却非常少。新冠肺炎疫情发生前中日之间的每日航班数，肯定有几十次甚至上百次。但是平时从中国到印度的航班都不能保证每天一班。

这就导致了一个很大的问题就是信息鸿沟。而在面对鸿沟巨大的情况下，抱团的后果和盲人摸象没有区别，虽然和中国人直接沟通效率比较高，也能避开某些不靠谱的印度人，但如果选择不慎，或者说该中国服务商出问题，一个人翻车，大家都翻车。目前，"合规""合规风险"现在越来越为中国企业所熟知，中国国内的许多企业也建立起了公司律师或者法律顾问等制度，来保障企业在经济效益最大化的同时，不会触碰到法律的"红线"而导致利益受损。很多情况下，公司的项目需要委派律师事务所的律师或者律师团队来完成。对于投资印度这件事而言，囿于信息的限制，如何选择靠谱的律师事务所是摆在中国企业面前的一个大难题。有人会不禁发问，难道律师也有假冒的吗？当然。

首先，印度目前的法律市场并不对国外律师及律师事务所开放，如果有中国公民以"驻印律师"的名义承揽业务，肯定是非法的，更有甚者，其在没有获得印度工作签证的情况下，持有商务签证或者学生签证在印度进行非法务工。一旦被查获，不但会被驱逐出境，接受其提供法律服务的中国企业的声誉也会随之受到重大影响，而且对其项目也会产生不可逆的冲击。印度也禁止外国律所在印度设立分所，尤其是以统一品牌、在他国设立的律师事务所，同时在印度设立分所。目前印度没有任何一家外资律师事务所。

这与中国允许外国律师事务所在中国设立代表处不同，因为之前印度加入WTO的时候，做出了相应的保留（reservation），而这个保留与中国正好相反，中国允许外国律所来中国开设代表处，但禁止外国仲裁机构来中国设立代表机构（最近有所松动）。印度则是允许外国仲裁机构在印度设立代表机构，不允许外国律所在印度设立代表处。

以下时间线可以看出印度立法和司法实践中对于这个问题的处理。

1961年，印度通过了《律师法》，其中规定，只有印度律师公会（Bar Council of India）的会员才可以在印度进行法律服务，而成为印度律师公会的会员只能是印度本国公民。

20世纪90年代，印度加入WTO之后，大量的外国律所寻求在印度设立代表处或者服务机构，这一行为被认为是违反1961年《律师法》规定的，从而引起了印度本土律师的反弹，目前这一案件仍在上诉中，而这一案件的直接结果是导致目前没有任何外国律师事务所在印度有代表处或者服务机构。

2009年，孟买高等法院做出裁定，认为所有的外国律师在印度不得从事任何法律执业相关的活动。

2012年，马德拉斯高等法院通过裁定，认为外国律师临时性到印度，就客户所需的外国法律问题进行释法是可以的，同时也允许外国律师到印度处理涉外仲裁案件。这一原则被称为"Fly In Fly Out"也就是"速进速出"原则。

2018年，印度最高法院对马德拉斯高等法院所确定的"速进速出"原则做了进一步的解释，澄清了许多问题。

除了对外资律师事务所的限制，最近，印度律师公会也对印度境内的会计师事务所提出要求，禁止其从事法律业务，并向包括安永、毕马威、德勤和普华永道在内的四大会计师事务所发出质询函，要求其就招聘律师到其旗下工作一事进行澄清。因为会计和审计师事务所从事法律业务，也是印度《律师法》所禁止的。

虽然法律规定了外资律所和外国律师不得在印度执业，但印度毕竟是一个经济高速增长的投资目的地，还是有不少中国律师和律所甘愿冒险，采取各种"伪装"的方式在印度执业，伪装的方法包括但不限于如下三种：

（1）找印度人注册律所，但实际受中国总部的控制，即"挂羊头卖狗肉"。

（2）印度律所与中国总部这边同一名称、同一形象标识。

（3）对外不采取律师事务所的称呼，而采取咨询公司、顾问公司等名义。

很遗憾的是，基于印度律师公会的规定，以上行为早就被判定为非法行为。比如马德拉斯高等法院判定，仅有不涉及法律意见的文字处理（word processing）、行政秘书协助（secretarial support）、发言转录服务（transcription services）、校对服务（proof reading services）、差旅协助服务（travel desk support）才被认为是非法律服务。其他的擦边球行为都将导致违反印度法律从而受到惩罚。

所以，如果一家中国律所说其在印度有分所或者代表处的话，这个表述肯定是有问题的。当然，实践中很多中国律师事务所会和印度的律师事务所进行合作，旨在向客户提供更好的服务。如果中国企业的印度法律事务同时涉及中国法业务，比如中国企业是一家上市公司，其在印度进行的并购等需要按照中国法律进行相关的合规，在这种情况下，肯定是需要中国律师事务所参与的。当然，实践中也存在一些企业拥有内部强大的法务团队或者公司律师，其直接可以与印度律师事务所对接。

既然外国律师和外国律师事务所禁止在印度执业，也就是说任何印度法律业务只能由印度律师事务所代理，那么如何找到一家靠谱的印度律师事务所呢？

中国企业可以做的是去印度律师公会的网站进行经印度官方认证的律师事务所查询，通过查询，则该律师事务所是草台班子还是正规的事务所就一目了然。

除此之外，中国企业还可以借助钱伯斯（Chambers and Partners）等权威评级机构的排名，看一下专业的律所排名机构对于备选律所的评价。当然，最重要的还是要考虑其是否拥有较多的承接中国客户和中国项目的经验。

律师等专业机构的服务报价不一，其收费与专业经验、规模、口碑等相关较大，但是大致上一般律师事务所都会有其小时费率（Hourly Rate），而中国客户一般都会要求给出一个整体的封顶打包费用（Fixed Cap）。对于商事案件（如投资、并购等）采取封顶打包费用比较常见，而诉讼、仲裁等案件在时间无法预估的情形下，采用小时费用的方式较多。一般印度律师事务所在报价的时候，都会在合同中写明一些额外的开支（Out of Pocket Expenses，如差旅费、文件跨国寄送费、跨国电话会议通信费等）和税费（如印度的服务税）都由客户承担或者先由律所垫付之后再由客户报销，还有一点与中国不同的是，印度禁止风险代理，即律师不得以成功费的方式收取法律服务费用，这一点需要中国投资者事先了解。

另外，鉴于印度是一个联邦制国家，所以许多规模较小的印度本土律师事务所可能并不具有在其注册地址之外的其他邦执业的资格，所以，中国投资者在选择印度本土律师事务所的时候也必须询问其是否具有在投资者意欲寻求法律服务的邦执业的资格，当然，考虑到服务的便利性，如果该所在当地的主要城市有办公室或者分所也是值得中国企业考虑的加分项，比如在项目地有分所或者支援团队对于推进项目还是有很大作用的，举个简单例子，进行土地尽职调查的时候，笔者曾遇到过项目地点是在印度最南部的泰米尔纳德邦的情况，当地土地管理局的大量文件都是以当地文字泰米尔文记录的，如果选择一家仅仅在印度北部（印度北部说印地语居多）有办公机构的律师事务所来经手该土地尽调，则可能在文件处理效率以及准确性上会有问题。

其实，与投额和项目标的额相比，律师和法律费用就像几块钱的停车费，再便宜都会有人觉得贵，但突然有一张罚单贴在车上，要交200元违章停车罚款的时候，大多数人都会觉得早知道给20元停车费也愿意。当项目、公司出现问题，亏了几百万、上千万的时候才发现：那几万块甚至几十万的法律顾问费与损失相比真的很便宜、很划算，如大海里的一滴水，可惜很多时候为时已晚。正是风平浪静方显律师功能，风吹草动才显律师价值。目前中国和印度之间获取靠谱信息和分辨项目是否靠谱的能力是很多中国企业不具备的。那么除了加强企业自身法务团队、商务团队对印度的认识之外，最重要的还是要依托印度的专业人士，在进入之前就对项目做好完善的评估。

三、在印度做"甩手掌柜"

当"甩手掌柜"躺着赚钱是很多企业老板的梦想，当然现实中确实有一些商业模式成熟的企业可以达到躺着赚钱的目标，甚至赚钱的速度堪比印钞机。但由于印度国情、文化、法律乃至人员素质等与中国千差万别，加之客观上中国企业本身对于其印度子公司的日常管理鞭长莫及，如果主观上还抱有这种放养、散养的心态，那后果可能是灾难性的。

2018年的时候中资圈中有一个"知名"案例，即一家中资印度公司在印度的生意非常红火，每月缴纳税款的时候都是让其公司的财务缴纳，该印度籍的财务每次都是拿着中国老总签发的支票去缴纳税款。如此操作在中国企业看起来非常正常，但后续印度税务局找上门来了，说他们存在欠缴巨额税款的行为。后来中国老板才回过神来，原来每次开支票不假，但是钱都被该印度财务支取，进了他自己的腰包，由于中国老板看不太懂英文，更不懂当地的印地语，于是该财务就利用这一点中饱私囊，如果这家企业有外部的会计师事务所进行审计的话，这种小小的"障眼法"把戏是肯定不可能实现的，这也从一定程度上说明了中国企业在印度管理上的废弛。

还有一些中国投资者担心印度公司的印章被股东或者印度董事夺走了是不是可以随便出去盖章？其实，印章至上这样的思想被部分中国投资者带到了印度，认为签署合同的时候，有章才是效力的保证，看到有章就放心了，这种只认章不认签字、唯章是大的思想可能会让中国投资者遭遇法律风险。

首先的问题是印度存在公章吗？答案毋庸置疑，印度存在公章，现实商业生活中也经常用公章。就法律上的定义而言，印度的公章其实分为两类，一类是"common seal"（类似于正式章），另外一类是"stamp"（指的是橡皮、塑料或者其他材质做的图章）。从历史上讲，英美法系存在过所谓的"签字蜡封"合同，即不需要对价，就可以以特殊的签字盖章的形式使合同生效。印度在1956年《公司法》和后来的2013年《公司法》中也延续了这一传统,规定了"common seal",甚至在2015年印度对其现行的2013年《公司法》进行修订之前,印度2013年《公司法》上都规定股权证书上必须有common seal 的盖章,还规定了公司授权某人参加其所参股的公司的股东会代理投票时,授权书应盖公司 common seal 等。但是2015年印度对《公司法》进行修订之后,废除了很多华而不实以及不再符合当今电子化商业交易习惯的繁文缛节。比如不再强制要求公司配备和使用common seal,所以很多公司没有金属的 common seal,而只有橡皮或者木质的 stamp。而现行的印度法律只对 common seal 进行了规定,而没有涉及 stamp。

其次,对于刻制印章而言,在中国企业法人凭《企业法人营业执照》才可以刻制公章、开立银行账户、签订合同,进行经营活动,并且一定要去公安机关批准的刻制单位刻制。但印度没有类似的规定,可以到提供此类服务的供应商处购买、刻制公章。

而对于在合同中是认章还是认签字的这一问题,按照中国《民法典》第四百九十条,当事人采用合同书形式订立合同的,自当事人均签名、盖章或者按指印时合同成立。但是因为印章在中国历史传统文化中即作为权力的象征,因此印章即权威的传统认知延续至今,印章能够代表中国公司做出意思表示也成为公认的商业惯例,形成了公章与法定代表人是中国公司的两大意思表示"机关"的局面。但在印度,因为没有法定代表人的概念,且董事会作为对公司进行日常管理的权力中枢,更为看重的是签字人是否得到董事会决议的授权,而加盖只是一个加强效力的行为,如果没有被授权人的签名,单纯盖章的行为不足以让合同生效;或者如果签字的人没有得到公司董事会决议的授权,即使加盖了公司公章,当合同另一方是非善意第三人时,合同效力也会面临瑕疵。简而言之,先认签字人是不是被授权人,再认公章。这也是为何印度公司法上有很多条文是关于董事"越权行为"(ultra vires)的,因为在普通法项下,董事和公司的关系是一种信托关系,超越了公司对董事的授权,肯定就会存在效力瑕疵,而有没有公章,仅仅是形式问题。

基于上面的分析，我们应该意识到，和印度一方签署合同时，要重点关注该签字人是不是被授权签字人。那么如何判断呢？一是看表象特征。可以通过对方名片上的职位，判断对方是不是公司管理层，如果是总经理（managing director），则说明是执行董事，有权管理公司日常事务，签署合同的授权基本不用怀疑。二是查官方数据。对于重大合同，最好通过印度公司事务部（MCA）查询该公司的董事和公司章程，确保此人确实是执行董事，具有对外签署合同的授权，尽到己方的审慎义务。三是要张嘴问。印度作为普通法国家，其推定买家即接受服务的一方自身有义务去鉴别卖方即服务提供方的资质、承诺等，如果一开始没有询问其是否有签字权，而对方也不回答此类问题，其单纯的沉默行为并不构成欺诈，所以有不明白的地方一定要问清楚。四是看授权书。如果不放心对方只是董事或者经理头衔的人员，可以要求对方出具董事会决议，确保此人获得了公司的授权，可以代表公司签署合同。需要提醒的是，没有法律强制要求董事会决议必须盖公章，一般只需要此次董事会会议选举出来的主席签字即可，如果觉得一人签字不够稳妥，可以要求出席会议的董事都签字。当然，受实践中交易传统的影响，除了关注签字人，加盖公司印章可以进一步确保公司意志，也是一种商业惯例，因此应该要求对方加盖公司的章。先认人再认章，人章双鉴定才能稳妥保障合同的效力。此外，如果有人跑到公司把公司的章都拿跑了，其也不可以全权代表公司，可以通过董事会决议，剥夺此人的授权，并宣布该公章作废，另外启用新的公章。归根结底，笔者建议中资印度公司在对内部合规治理上，一定要对股东会、董事会、董事乃至高管的权能和权限做出明确划分。

另外，实践中的很多中国企业认为，如果公司中存在印度股东，那就可以实现"强强联合"，印度人可以负责让中国人头疼的当地员工管理、政府关系、渠道拓展、回款等方面的事务，中国企业可以专精于其比较擅长的技术、生产等方面。理论上，股东合作可以达到 $1+1>2$ 的协同效果，但问题是，由于很多中国公司对于印度公司并不十分了解，在一起合作反而麻烦众多，更为麻烦的一点是，股东是无法被开除的，也就是说，一旦引入了印度籍的股东，其如下法定权利和权力就无法排除：

（1）参加股东会并在会上行使投票权/表决权（印度 2013 年《公司法》第 47 条）。

（2）召开临时股东会（EGM）的权利。

（3）收到召开股东会通知的权利。

（4）委托代理投票权（Proxy）。

（5）授权公司代表参加股东会的权利（当股东是法人时）。

（6）要求传阅股东会决议的权利。

（7）配股后 2 个月内获取股权证书的权利。

（8）在遵守公司法和 AOA 的情况下转让股份的权利。

（9）检查公司成员登记册、债券持有人登记册的权利。

（10）查阅股东会会议记录的权利。

（11）向法院申请救济的权利。

也就是说，参加股东会并行使投票权是一种法定的权利，无法通过普通的合同约定进行排除，这一点是很多中国投资者不了解的。

另外，对于董事会而言，很多中国投资者为了满足公司要有一名居民董事的要求，会外聘印度人来暂时担任居民董事一职，但是担心居民董事滥用职权，给公司带来风险，想知道能否排除董事的投票权或者限制其行使董事的权力。居民董事不是具有特殊权利的董事，只是需要满足在印度居住满 182 天这样一个条件。居民董事可以承担管理公司日常事务的执行董事一职，也可以只是作为一般董事，通过参加董事会的方式参与公司管理。事实上印度《公司法》没有"董事的投票权"（voting right of director）这样的说法。董事会是行使公司大部分权力的机构，主要是通过召开董事会，并在会上由董事进行商议、做出决议（resolution）来行使公司权力，且需要注意的是，与股东会决议看股份比例大小不同，董事会开会完全是"人头决"，也就是表决并不看董事背后股东的股份，而仅仅是看有多少个董事支持某一提案。印度 2013 年《公司法》第 179 条规定董事会应该根据公司的授权来行使权力，董事会应代表公司通过在董事会上决议的方式行使下列权力：

（1）催缴股东未实缴的资本。

（2）授权回购公司证券。

（3）在国内外发行证券包括债券。

（4）对外借款。

（5）利用公司资金对外投资。

（6）对外提供借款或者提供担保。

（7）批准财务报表和董事会报告。

（8）拓展公司业务。

（9）批准公司吸收合并、新设合并和分立。

（10）决定接管其他公司，或者获得其他公司的控股权或大多数股票。

（11）其他事项。

上述权力并不是简单的董事想行使就可以随时行使的，董事会在行使权力时还应受到《公司法》及其实施细则以及合同法等法律法规和公司章程的约束，以第6项对外提供担保为例，首先要查看公司章程大纲（MOA）中没有限制公司对外进行担保，其次也要按照《公司法》相关法条（第186条），满足对于担保的金额额度等的要求。《公司法》还规定如果董事未经请假同意，缺席过去12个月中召开的所有董事会，则自动视为该董事的职位出现空缺。综上所述，可以理解为董事行使投票权是默认的权力，无法通过协议进行排除或者剥夺，也无法限制董事不让他出席董事会。那么如何限制印度董事的权力和保护公司利益呢？一是选择靠谱的董事，因《公司法》不禁止一个人在多家公司担任董事，如果中国公司选择了某个已经在多家印度公司"挂靠"当居民董事的印度人，那风险自然是非常高，极易引发连环反应，甚至不断上演"黑吃黑"的故事，印度人被哄骗成为中国公司的董事，发现中方存在非法操作后就冻结公司账户，吞并里面的钱①。实践中有很多中国企业都会和此类"挂靠"的居民董事签订协议，

---

① 中国放贷者败走印度：大量公司账户遭冻结，部分印度人称中国人傻钱多［EB/OL］．腾讯网，2021-04-21．

要求在一系列事项上该印度董事要听从中国董事的意见进行投票。二是建立损害赔偿机制（indemnification），当董事滥用权力给公司造成损失时，需要进行赔偿或者为其购买董事责任保险等。此外，还有些公司会加强对自己印章印鉴的管理，但这些方法不能在根本上解决问题，即使是股东自己委派的中国人在印度取得居民身份并变更为居民董事之后，也还是存在其通过各种行为侵害股东或者公司利益的行为，毕竟"将在外军令有所不受"，更何况很多股东根本无暇频繁检查印度公司的具体事务执行情况。比较稳妥的方法是践行"股东积极主义"（Shareholder activism），股东（而不是董事）委任外部第三方专业机构如律师事务所、会计师事务所等对公司进行频繁且定期的合规管理与检查，这可以在很大程度上降低印度管理层的"道德风险"。

新冠肺炎疫情防控期间，不少中资企业的管理层可能会因为春节返回中国后无法回印度亲自"坐镇督战"，从而担心"大权旁落"，出现权力滥用、管理不当等情形。对此，可以严格保管公司印章、网银、支票本、股权证书等。还有在有印度籍董事参与的情况下，将董事会至少扩至3人（2名中国籍、1名印度籍），这样召开董事会需要2个董事以上，两个董事可以召开董事会采取一些防御措施，比如在新冠肺炎疫情防控期间，公司印章如何使用、对外支出另做安排等。还有一些投资者在投资时，出于种种考量，引入印度股东或者其他股东，又担心未来出现分歧，导致公司治理不当，对此，可以采用发行优先股方式来避免股东之间的冲突。但从根本上解决问题，如上述所说，离不开"股东积极主义"。

四、印度的官帽子到底有没有用

印度并不是像中国一样是一个强监管、大政府的社会，以法律行业为例，很多中国的当事人喜欢找所谓的"名律师""大律师"，那如何判断呢？就看他头上是否有律协主席、某某协会理事长、某某民主党派主委等"帽子"。

基于印度议会制定的《律师法》的规定，印度律师公会（The Bar

Council of India）是法定的（statutory）进行律师管理和法律教育的行业自治机构，如果非要把中国的"中华全国律师协会"放到印度去找对标协会，则就是这个印度律师公会。但因为印度宪法规定了结社自由（Freedom of Forming Society），所以任何人都可以设立一个自己的组织，而且名号可以起得很大，你可以随便起全印、国际、环球等名称，做一个主席，之前也有印度律师跑到中国来，头衔是"印度××律协主席"，中国人想当然认为他们具有官方身份，甚至有官方机构询问其对应的中国行政级别，让人哭笑不得。

实际上这些机构，比如上文提到的"全印律师协会"（The All India Bar Association）或者"印度××律协"，都是自行设立的社团组织，属于行使了印度宪法赋予其的权利，就法律上而言没有"野鸡"或者"正统"之分，都可以自由吸纳会员，进行符合自己社团章程的活动，只不过是影响力和是否可以代行官方职能上与议会立法设立的法定的印度律师公会存在差异。也就是说，事实上因印度的情形和中国国内非常不同，加上中国人并不了解印度法律行业的具体状况，这也导致国内很多人认为这次事件中的律师代表的是印度国家的行为。

此外，由于印度结社自由，因此注册一个NGO（非政府机构）非常容易，印度内政部估计在印度注册登记的NGO大约有200万个，研究者认为没有登记的还有一半。总体而言，印度的NGO数量众多、内容广泛、形式各异，是印度多元社会的写照。根据印度的法律，NGO开展活动并不需要进行注册登记，登记只是其获取某些资格或优惠条件的前提。印度民间结社的法律地位非常稳定，至今社团登记仍然遵循1860年英殖民时期颁布的《社团登记法》。登记的条件非常简单，任何7名或以上个人，为了教育、文化科学、社会福利等，均可登记为社团。除此以外，印度的NGO还可以登记为以下四种类型：依据1882年《印度信托法》和1950年《孟买公益信托法》范本登记为公益信托；依据1904年《合作社法》和各邦的合作社法登记为合作社；依据1926年的《工会法》登记为工会；依据2013年《印度公司法》登记为非营利公司。

由于中国和印度潜在的文化差异，某些在中国非常难以办到的事情，在印度却轻而易举可以办到，比如在印度注册一个社团，名字可以起得非常大，甚至不需要有固定的地址和资金。

这也不是说任何有头衔的印度人都是骗子，只是希望告知中国投资者，切莫因中国国情而在印度生搬硬套，使自己被某些别有用心的印度人忽悠。

五、"向下负责"的印度政府

"上层路线"是之前一些中国企业踏足印度常选的方式之一，而如果让他们在印度搞"草根路线"，其往往会手足无措、无从下手，再者中国各类自媒体对印度的描述往往也会让一些中国企业认为印度市场的重点应该放在拥有支付能力上的少数人身上，因此全力通过政府高层关系来为自己的投资保驾护航，但后期因此而"翻车"的不少。

比如，2015年某中国地产巨头宣布进军印度，其老总应莫迪总理的邀请访问印度，与莫迪数次会晤。随后该地产巨头高调宣布与印度哈里亚纳邦签订合作备忘录，计划投资100亿美元在印度哈里亚纳邦建设产业新城，打造世界级综合性产业园区。当时媒体的报道说该产业新城地理位置优越。项目一期占地约13平方千米，计划引入软件、汽车、机械、医疗等产业，同时规划建设文化旅游城及住宅新区。印度政府将给予该产业新城最优惠的政策，并与万达共同组成管委会，引进中国特区管理模式，给投资者提供"一站式"服务。但是后来这个项目未见片瓦。据了解消息的人称，该公司领导层认为这个项目是印度总理见证过的项目，有总理的首肯，那地方上各种许可、批文、步骤还不得特事特办，各种绿色通道？但很遗憾，事实上，印度政府能够在多大程度上给投资背书是值得考虑的问题，总理的首肯也不如在商言商，从印度的实际出发。

印度号称是"世界上最大的民主国家"，继承了英国殖民时期引入的政治传统，采取三权分立的方式进行政治生活，即立法（议会）、行政（政府）和司法（法院）三权分立，相互制约。此外，印度的国体是联邦制，相比于美国的联邦制，印度的中央政府权限较大，但很多事情上存在和地方邦的分权，因而就立法权力而言，分成了专属联邦才可以立法的事项（Union List）、专属地方可以立法的事项（State List）以及中央和地方可以共同立法的事项（Concurrent List）三种：

（1）专属联邦立法的权力：属于这一类的事项都是诸如国防、外交、原子能、银行、邮政等具有全国重要性的事项。针对这一部分的权力，中央政府可以进行相关的法律制定。目前印度中央政府针对97项事务有制定相关法律法规的权力。

（2）专属地方立法的权力：属于这一类的事项是诸如警察、地方政府、贸易、农业等具有地方影响性的事项。针对这一部分的权力，地方政府可以进行相关的法律制定。目前印度地方政府针对66项事务有制定相关法律法规的权力。但是，在国家或者地方处于紧急状态下，印度议会将接管这些权力，进行具体法律法规的制定。

（3）中央和地方共同立法的权力：目前印度有47项事务，中央和地方都有权制定相关的法律法规。这些事务诸如刑事及民事法律制度、婚姻、教育、经济发展相关计划制订以及工会等。但是，为了避免中央政府和地方政府针对同一事务制定的法律出现相左的情形，印度宪法规定在这种情况下中央制定的法律优先适用。1976年之前，教育事务的法律制定本来是地方各邦的权力，但是在1976年宪法修正案中，将此权力变更为中央和地方共管的事务。

除了以上列举的三种权力分配机制之外，还有一种叫作"剩余权力"（Residuary Power），即没有包含在以上三种权力分配列表之中的权力。针对这一部分权力，目前印度宪法授权中央政府来具体执行。具体而言，与中国投资相关的一些事项，大部分需要具体在邦一级的政府乃至更小的政府来进行落实。

一言以蔽之，对于外商投资，在印度大概率的情形是"总理说了不算，总经理说了算"，毕竟印度是直接选举，很多选票都握在底层民众手里，而这些底层民众往往在外国对印度的投资中是无法获得收益的，比如某中国国有卡车巨头曾经在2014年提出在"2020战略"中，其核心内容是"5+3+1"，即在印度、俄罗斯、巴西、墨西哥、印度尼西亚五个国家分别建立年产10万辆汽车的工厂，再突破北美、欧盟、日韩三个最发达地区的市场，在中国建设全球总部，建设全球创新中心、业务管理和运营中心。基于此战略，其花费了重金在印度购置土地，但是其在印度选址建厂时看上的依山傍水的"福地"，却是被许多印度教徒视为神山的地方，后来引起了民众强烈的抗议，项目最后流产。虽然当地政府非常欢迎其投资，但底层的众多教徒百姓才不会管所谓的长期利益，该公司从经济层面分析其工厂和供应商园区，将带来这片地区急需的经济助推，比如可以令数千乃至数万人实现就业，但在底层民众看来，这些好处和他们没有任何关系，这就是明显在项目计划前期仅仅考虑上层政府路线，而没有考虑底层民意的草率结果。而如果该企业了解印度政府尤其是地方政府"向下负责"的特点之后，中国企业构想中的"上层路线"，在印度这边的效用需要大打折扣。

当然，轻信印度政府而翻车的不仅仅只有中国企业，还有日本企业，2015年日本政府与印度政府间签订高级别的协议，印度邀请日本修建从孟买到古吉拉特邦的高速铁路，预计2022年通车，但是到现在为止征地工作都还没有完成，更别提铺下一根铁轨，按期完成任务了。

日本企业在印度的发展一直是稳扎稳打，市场占有率超高，按理说不可能直接当"冤大头"，那是什么原因导致日本在高铁项目上翻车的？其实印度国内对这个项目不屑一顾的人也有很多，当时笔者就曾问过几个印度同事，他们都说这种不是"在商言商"的政府间项目，明显就是为了政治比如拉选票、凑政绩而放出来的"烟幕弹"，你要是当真了的话就输了。而且印度政府"向下负责"，很多项目都因为底层民众的抗议和阻挠而流产了，所以不少印度人也认为这个项目只不过是莫迪放出的诸多"气球"中的一个而已。

另外，在2014年莫迪登上印度总理大位后掀起的轰轰烈烈的招商引资活动中，也有一些中国企业针对印度政府招商部门的"反向操作"，使不少印度政府对中国企业心存疑虑。比如 2015 年的时候包括印度安得拉邦、北方邦、中央邦等在内的印度政府招商部门专程来华招商,希望和一些中国企业签订投资 MOU。众所周知,MOU 中除了一些保密条款、争端解决条款具有法律效力(binding)之外,其余条款一般都是"君子之约",没有法律效力,甚至一些 MOU 连上述的保密条款、争端解决条款都没有,仅仅声明双方有合作意向、一方有投资意向等,都是不具有法律约束力(non-binding)的道德性质的许诺。

针对与政府签订 MOU 一事,很多中国企业都有一些误解,一些企业认为,签订了 MOU 之后,就必须到该邦去投资,如前文所述,这类与政府的 MOU 一般都条款简略,不会涉及具体事项,其本质上相当于是印度政府给投资者发放了一张"会员卡",无强制"消费"要求,但是如果未来想"消费"了,政府可以给出"折扣"等优惠。实践中出现过的案例值得后来者思考:国内一家企业确实有大额投资印度的计划,抱着"广撒网"的想法,该集团来到印度,赶庙会一样与几个邦的政府会面并签订 MOU,但这几个邦之间互相都不知情。面对这么一个"金主",印度这几个邦的政府首脑自然是非常重视的。该中国集团也赚足了新闻效应,在国内发布新闻说访印成果颇丰,多少邦的一把手对自己高接远送。后来该集团仅仅在其中一个邦进行了投资,并且投资金额大大缩水,此举对于当时签订 MOU 的其他邦来说影响极坏,在他们看来,该集团早就想好了在哪个邦投资,与他们签订 MOU 仅仅是利用此举作为向原计划投资的那个邦争取更大力度投资优惠的砝码。因为按照惯例来说,投资者一般都是事先对该邦进行了解,将其作为投资的首选目的地之后,才会有与该邦政府接触、签订 MOU 的想法。

这其实就是双方的思考角度不在同一条线上的例证,其实,从最佳商业实践的角度出发,"政府搭台,企业唱戏"是最好的方式,也就是说,政府不需要搞一些虚头巴脑的 MOU,企业也不需要出于客套或者其他原因和政府签订 MOU,而是直接和印度企业之间进行了解、合作,这样是最容易实现商业目的的方式,毕竟在印度,政府是经常轮换的,而和政府搞好关系确实在一定程度上能带来一些便利，但对于印度这种国家，如果和政府之外的商主体以及民众团体没有良好的关系，那和政府的关系再好，也无济于事。此外，印度是一个"小政府"的社会，其政府真的不像中国政府部门一样拥有强大的执行能力，轻信印度政府是"大腿"，很容易得不偿失。反观日本、韩国等在印度的企业，其一方面和政府保持良好关系，另一方面其没有把筹码完全放在政府身上，而是与包括印度工业联合会（CII）、印度工商联合会（FICCI）等在内的老牌印度商会以及民间社团组织之间拥有良好的互动，除了所谓的"上层路线"，其还通过大量的捐赠、企业社会责任和慈善项目等，拉近其与印度普通民众之间的距离，这是他们很大程度上能在印度屹立不倒的原因之一。

以日韩企业经常基于"企业社会责任"条款在印度开设学校、捐赠款项笼络人心为例，"企业社会责任"（Corporate Social Responsibility，CSR）这个概念对于大量中国企业而言还是非常陌生的，其最早是西方世界的舶来品，近年来这一概念非常流行，连《财富》和《福布斯》这样的商业杂志在企业排名评比时都加上了"社会责任"标准。随着全球化的推进以及避免国际贫富差距的进一步加大，也有鉴于国家内部的贫富差距和财富的分配机制不合理问题的蔓延，尤其是一些企业只顾经济效益等不合理的发展方式使世界安全和全球生态环境遭受了威胁，所以包括联合国在内的诸多国际组织开始呼吁企业应该更多地关注其肩负的社会责任，在节能减排、扶贫慈善、社区扶助等方面倾注力量。

中国现行《中华人民共和国公司法》（以下简称《公司法》）第五条规定：公司从事经营活动，必须遵守法律、行政法规，遵守社会公德、商业道德，诚实守信，接受政府和社会公众的监督，承担社会责任。这条被认为是中国公司法中对"企业社会责任"的明确表述。但是，有些人都可以看出来，这一条仅仅是宽泛的表述而已。相比于中国《公司法》空洞的"口号式"企业社会责任条款，印度《公司法》中对"企业社会责任"的规定和安排就非常翔实并且具有实际操作性。有学者甚至形容其是"长了牙齿的条款"，意思指的是如果不遵从，则将被法律"咬一口"，并承担相应的法律责任。

印度 2013 年《公司法》第 135 条规定，满足如下条件之一的公司需要成立企业社会责任委员会，该委员会至少由三名董事组成，其中必须最少有一名董事为独立董事：

（1）公司资产净值超过 50 亿卢比；

（2）公司年度营业额超过 100 亿卢比；

（3）公司年度净利润超过 5000 万卢比。

该委员会需要担负如下职责：

（1）制定实施企业社会责任的相关策略并向公司董事会汇报；

（2）对于实施第（1）条所述的策略和行动所花费的开支向董事会汇报；

（3）监督本公司企业社会责任落实情况。

除了成立相应的委员会并且委派董事制订相应的方案，最为关键也是需要引起中国投资者注意的一点是，印度公司法第 135 条第 5 款明确规定：符合条件的公司至少需要将其过去三年内平均年度净利润的 2% 作为落实企业社会责任的基金，并且企业在利用本笔款项进行企业社会责任的相关活动的时候，需要将企业所在的地区作为优先考虑对象。违反本条规定的，企业以及相关责任人将会受到相应的惩戒并需缴纳罚金。目前印度大约有 8000 家企业符合设立企业社会责任委员会的标准，这些企业作为印度的模范企业，在履行其企业社会责任方面做了大量工作。

不少中国企业投资印度都是看中了印度巨大的国内市场以及广阔的发展前景。很多中国企业都想在印度做大做强，需要中国投资者谨记的一点是，在积攒财富的同时，履行相应的社会责任也非常重要。印度公司法中对企业社会责任明确的规定和指引也值得中国《公司法》借鉴，毕竟可以细化衡量的操作指引比空洞的务虚口号要实际得多。中国企业要想在印度走得远、走得高，在印度民众和企业群体中树立良好的形象，为中国企业长远发展创设有利、和谐的外部环境，就离不开践行企业社会责任。结合企业在印度市场的战略和企业发展实际，制订合理的 CSR 规划方案，加强与地方政府、慈善机构的沟通，积极关注当地发展需要和民生问题，发挥企业优势为当地创造并提供就业机会，积极解决现场劳工被拖欠工资及社保问题，保障劳工合法权益、提高社会福祉。践行企业社会责任和"草根路线"不仅仅是印度公司法的要求，也是中国企业在印度发展壮大所必须采用的策略之一。

六、不能塞黑钱

中国企业在走出去的过程中，不可避免地把礼尚往来、人情、托人办事等理念带到了域外，很多情况下中国企业为了获取项目机会、加快项目进度，可能会采取这种"打法"，但需要注意的是，这样的做法可能会导致非常严重的后果，而用"塞黑钱"等歪招来"摆平"事情，可能一次、两次效果都不错，问题是一旦走上了这条路，就"开弓没有回头箭"了，只能用更多的利益、贿赂等去解决问题，最终导致反噬。印度的一大问题是执法力度较弱，很多中国企业抱着侥幸心理，认为绝大多数的印度企业都是各种不合规、各种违法的，所以其也可以仿效。但需要注意的是，外资企业树大招风，唯一的出路就是时时刻刻谨记千万不要开违规先河。因为一旦某些违规事项被执法机关发现，外资企业很可能就会被顺藤摸瓜而导致更大的责任。

2021年印度电影《白虎》里面就有给部长塞黑钱的桥段，该电影改编自印度作家阿拉文德·阿迪加获得曼布克奖的同名小说作品《白虎》，在电影中导演以戏谑的方式展现了印度式的"民主"就是地主家的儿子为了获取更大利益而东奔西走贿赂官员。其实印度媒体对于政府官员的低效、贪腐的报道和抨击一直都没有停过，印度政府和立法及司法机关也在不断加大对腐败分子的打击力度。莫迪总理上台之后，更是打出了一系列的"组合拳"。比如2019年印度通过了《防止腐败法》修正案，对1988年出台的《防止腐败法》进行修订。原法订立的年代，印度尚未改革开放，而现今历史和现实等条件都已经发生了较大变化，因此政府通过了该修正案，旨在加强该法案的现有规定，并扩大对贪腐罪行的覆盖范围。该修正案的引入对在印度开展业务的跨国公司具有重要意义,尤其值得中国企业的关注。

修订前,《防止腐败法》第 7 条和第 11 条的主要反贿赂规定涉及公职人员收受贿赂。虽然修订前《防止腐败法》第 12 条允许通过法律的教唆条款间接起诉行贿人(Bribe-Payer)。然而,印度检察官对私人个人和实体的教唆规定却很少使用,从而导致行贿者有恃无恐。

但修正案后的《防止腐败法》表明了一个潜在的转变。新法第 8 条单独规定了一项罪行,即向他人提供"不当利益",意图诱使或奖励公职人员不当履行公共职能。公务员是否接受这项提议并不重要,满足的形式同样无关紧要。法律禁止除合法报酬以外的任何满足。如果根据第 8 条定罪,行贿者可能面临最高 7 年的罚款或监禁或者并处罚款及监禁。

该修正案还限制了以前为行贿者提供的豁免权。旧法规定,如果行贿者举报公职人员收受贿赂或为控方做证,他们可享有豁免权。修正案将这种保护限制在贿赂者"被迫"(Compelled)提供"不正当好处"或贿赂的情况下,并要求在七天内向执法部门报告。不过,该修正案并没有明确规定证明行贿方是如何"被迫"的,从而留下了一些不明之处,需要未来法院的实际判例进行补充。

此外,修订后的新法一个重要的内容就是对于中介机构、中间人也就是第三方服务提供商的行为规制。第三方中介机构是跨国公司最大的腐败风险之一。有时第三方中介会在雇主的授意乃至自行判断下(如为雇主申请某个牌照,为了加速申请进程而向主管的官员塞黑钱,或者在申请人条件不满足的情况下,通过行贿获得牌照等),导致最终责任由雇主承担。

该修正案消除了个人和公司在《防止贿赂法》下对第三方支付或提供的贿赂负有责任的任何疑问,即雇主要对第三方的行贿行为承担相应的责任。特别要指出的是,根据该修正案第 8 条,个人直接或通过第三方给予或承诺给予公务员不当利益只是"无关紧要的"行为形式,都属于行贿。

也就是说,在印度经营的跨国公司不仅要为其在印度的雇员,还要为外部代理、承包商、顾问、子公司和其他中介机构的行为承担潜在责任。

181

对于在印度开展业务的跨国公司而言，这一变化凸显了反腐败合规计划的持续重要性，该计划涉及第三方，并确保当地合作伙伴了解中介机构违规行为对中国投资者构成的风险。

在违法的情况下，不光公司等商事组织需要承担责任，根据经修订的《防止腐败法》第10条规定，商业组织的董事、经理和其他管理人员，如同意或与违反《防止腐败法》的人串通一气，违反管理规定，最高可判处7年有期徒刑，对于派驻印度的中国企业而言，如果选任的经理、董事在运营当中未能把好关、尽好责，不论是其自身违反了反贿赂相应法律还是因为其选聘第三方顾问、服务提供商失察，最后不仅会导致公司责任，还会导致个人责任。

当然，有些人认为印度立法严密但是执法拉垮，很多时候虽然有各种成文法，但现实生活中大家还是用塞黑钱了事，印度当地的会计、合作伙伴等都会传授用塞点小钱"办成大事"的"经验"，"大家"都这么办，那我也可以这么办。但这里的问题在于，这里的"大家"主要是印度人，他们作为本地人，再怎么这样搞都不会被"开除"印度国籍，但如果中国企业采取这种方式，万一被法院判决限期离境，那产业可就全成别人的了。再者，一旦走上了通过给对方塞黑钱解决问题这套路，就"开弓没有回头箭"了。也就是说，处罚可以通过塞钱解决，但是违规事项一直都在，即这些引发问题的"炸弹"一直都存在。并且，这些黑点将极易成为别人的"把柄"，之前已经多次发生过中国企业在裁掉表现不佳的印度员工时，却被对方以其掌握的公司不合规事项作为要挟，索要高额离职金的案件，不得不引起中国企业的注意。

七、到底该如何理解印度的工会

传说中的美国的工会特别强大，据说强大到可以把企业搞破产，美国前总统奥巴马投资拍摄的《美国工厂》记录了曹德旺到美国开办工厂的故事，曹德旺明确表示，如果美国的工厂设立工会，他就关停工厂，哪怕暂时亏损，也总好过设立工厂后一直亏损。他认为工会是工厂亏损的罪魁祸首之一，通用工厂的破产就是工会导致的。在采访中看得出来曹总谈起工会真是义愤填膺，直指工会保护懒人，不利于生产力的进步。

和美国相比，印度也是一个工会泛滥的国家，工人们的权利意识深入人心，罢工和工人运动，不论对于企业和工人以及整个印度社会而言，都是家常便饭。据报道，本田摩托车印度公司（Honda Motorcycle and Scooter India）在印度就经历了五次大罢工，前四次罢工给公司带来了40亿卢比的损失，而最近的一次罢工就发生在2019年11月初，地点是离德里不远的曼尼萨尔（Manesar）工业区的本田生产线。

报道称，该生产线雇用了1900名正式工人和2500名派遣员工（Contract labor）。而这起罢工的起因是本田要求400名派遣工人至少停工3个月，而工人听说本田因为市场需求减少还会继续减少派遣工人人数，并且认为本田的做法损害了派遣工人的利益，因而组织了罢工。本次罢工的工人诉求是要么恢复工人的工作，要么对每名工人赔偿10万卢比。罢工导致生产线关闭了数天。本次罢工不寻常之处是由派遣工人领导、工会支持的一次罢工，而通常罢工是由正式工人发起、工会组织的罢工，所以使用劳务派遣的雇主们，千万不要以为可以高枕无忧。

目前在印度登记的工会达8万多个，这还没有算上未进行官方登记的工会。目前印度工人同盟、印度全国工会大会、全印工会大会，是印度最大的工会。这些全国性工会都和政党有密切联系，接受政党的领导。例如，BMS隶属于印度人民党（BJP），INTUC隶属于国大党，AITUC隶属于印度共产党。印度规模最大的前12个工会，就有11个分别隶属于不同党派。另外，很多工会的领导人是党派成员，并且不属于雇主的员工。工会与政党的密切联系无疑增加了工会的复杂性和政治属性，雇主不得不重视。

根据印度1926年《工会法》（*The Trade Union Act*，1926），工会是工人（workmen）组成的组织，功能主要是处理工人和雇主、工人和工人、雇主和雇主之间的关系。该法所指的工人是指所有受雇从事工业、贸易行业的人，不管其是否直接受雇于纠纷一方的雇主，不管其是从事体力还是脑力劳动。

工会的主要职能是代表工人和雇主开展集体性谈判（collective bargaining）。印度最高法院认为集团性谈判是指通过技巧解决与雇用条件有关的争议，使争议可以通过友好协商订立合同的方式解决而不是暴力解决。工会代表工人与雇主展开讨论和谈判，要求雇主改善工作条件、提高工作薪资等。如果工会不能出于真诚善意为工人们开展集体性谈判，将被认定为不公平的劳务行为（unfair labor practice）。如果谈判没有得到满意的结果，工会可以组织罢工。

印度最高法院认为，工会是业务性债权人，如果雇主拖欠工资，可以代表工人对雇主提起债权人对债务人的强制破产程序。同时，法院认为在涉及工人的权利受到雇主侵害时，工会可以代替工人向雇主起诉。

工会如何开展集体性谈判？首先，工会的代表会征询工会成员的意见后准备一份谈判要求章程（charter of demands）。这份章程通常包含工人对工资、工作环境、福利等的要求。其次，工会代表将该章程提交给雇主后，要求开展谈判。最后，在正式开展谈判前双方会搜集相关数据、法规，准备谈判策略。接下来开始正式的谈判，如果工会的要求被拒绝，没有达到让工会满意的结果，工会可能会组织罢工。这个集体性谈判的过程可能会持续几个月甚至几年，尤其在国有企业的工会集体性谈判中，时间跨度长达几年并不稀奇。

如果谈判顺利，双方可以达成一份成果协议，对工会所有成员和雇主皆有约束力。如果谈判不顺利，工会决定罢工，则需要在罢工开始之日提前6周给雇主和相关部门传达罢工通知，这6周算作宽限期（Cooling off period），但是如果在决定罢工前，雇主单位已经停工（lock-out）则不受6周提前通知的约束。负责劳动调和的政府官员（conciliation officer）收到罢工通知后，会介入调查，视情况成立调解委员会，促成双方达成和解（settlement）、调解（mediation）。经过政府调和官员的介入，可能会产生和解协议或者进一步诉诸劳动法院（labor court）等结果。在调和程序（conciliation proceeding）还未终结时不能罢工，需要等到调和程序结束7

日之后才能罢工，另外，如果进入另外的法律程序（legal proceeding），在该程序结束 2 个月后才能罢工。

成立工会，需要工会中的 7 名或 7 名以上成员在工会成立规章（trade union rules）签字同意，然后向主管的登记机关进行登记。工会应该在任何时候都持有 100 名工人或者不少 10% 的在同一个雇主或同一个行业中工作的工人，两者取数量较少者。因此工会也不是随随便便就能成立的。当然，法律并没有强制工会必须登记，因此工会也可以在实际成立一年后再进行登记。需要注意的一点是，登记不等于得到雇主的承认（recognition），从而获得开展集体性谈判的地位，获得和雇主达成和解协议的资格。目前，全国性的法律没有规定什么情况下工会可以获得雇主的承认，但是某些邦一级的立法会有相关规定。大多数邦立法都认为需要工会成员赞成投票占大多数时，雇主应该承认工会开展集体性谈判的地位，但是喀拉拉邦的立法规定只要获得 10% 以上的成员赞成投票时，雇主就应该承认。更多时候，能否获得雇主的承认，还是取决于和雇主之间的谈判。法律界一直强烈建议中央应该立法明确雇主承认工会的规则，《工会法（2019 年修正案）》草案增加了承认公会的相关条文，但该草案目前已被议会否决。

不可否认，印度的工会是一个非常强势的组织，有权向雇主进行集体性谈判，要求提高工资、改善工作环境、提高福利等，如果谈判未能得到满意的结果，工会可以组织罢工，而罢工对雇主可能会带来巨大的经济损失。

印度的不同行业曾经都出现过大规模的罢工行动，2019 年 1 月更是出现了号称全世界最大规模罢工的 2019 年印度大罢工。此次罢工，参与人数高达 1.5 亿，人员来自银行、运输、国企、钢铁、电力、汽车、金融服务业、其他制造业等多个行业，由 INTUC、ITUC 等十几个全国和地方性工会组织，本次罢工向中央政府提出了 12 项诉求，主要是反对莫迪政府不保护工人的劳动法规，反对运输行业国企的私有化，要求最低工资提高到 18000 卢比/月等。

很多中国投资者非常担心工会对企业造成的影响。而化解担心的方式，首先要大体了解印度的劳动法体系，尤其是《工会法》《工业争议法》《工厂法》《工资法典》等；其次可以专门深入研究工会的组织规则、罢工的相关规定等。《工业争议法》规定了合法罢工的要件，也规定了非法罢工的情形。如果被认定为非法罢工，可以要求参与的工人离职、停发罢工期间的薪水、要求其赔偿罢工造成的损失。工会不只存在于制造业，银行、运输、软件等服务业中都是存在的，例如，印度信息技术行业的第一个工会在2018年登记成立了，所有行业的雇主都应该多加了解。雇主应该研究一套方案，如何应对工人组织工会，如何避免工会发起集体性谈判和组织罢工。目前印度宪法是保护工人的结社自由的，直接要求工人不得参与、组织工会肯定是违法的。管理者只能熟知法律后，再加上自己的管理才能，形成一套合法合理可用的方案。

另外，雇主不应该天然持有与工人对立的立场，应该加强对工人的人文关怀，评估工人的诉求是否合理，积极回应工人的诉求，避免与工人关系恶化和形成敌对状态，建立一套妥善的用工制度、工厂纪律，大多数劳资纠纷皆非一件事就引爆，而是从小矛盾积累而成。因此，在很多情况下，由于工会的存在，雇主可以直接和工会展开谈判，而不是一对多地和众多工人的各种诉求进行协商。

八、印度人的爱吹牛，法律都不管

中国人对印度人的刻板印象之一就是印度人爱面子，喜欢吹牛。以营商中最为常见的广告推广为例，在中国，广告里不能用"最佳""最高级"等词性为最高级的词汇来描述产品或服务，但是在印度是可以的。印度允许用"本产品是最佳的""本服务是最棒的""我们的产品世界第一""我们家的货是最美的"等吹捧性表达来描述产品或服务。因此，在印度投放广告的中国电商们，可以大胆地将自己的平台、自己的产品吹捧为宇宙之最。

在"利高曼印度有限公司诉拉马昌丹"一案中，加尔各答高等法院通过该判例确定了如下的审判规则。

<<< 第六章　本地化过程中的误区

（1）商家/广告主可以宣称自己的产品是"最佳"（best）的，也可以宣称自己的产品比别的竞争者的产品"更好"（better），即使这样的论述不一定是真的（untrue）。

（2）商家/广告主可以在广告中用竞争者的产品做比较，通过比较可以宣称自己的产品更有优点，但是不得宣称竞争者的产品是"差的"，不能出现这样的贬低性（inferior）词汇。

（3）广告可以采用吹捧性（puffing）的表达，但不可以采用诽谤性（defamation）表达来诋毁竞争者的产品。

此外，在印度作为广告行业的主要规定——《广告业自我管理守则》（以下简称"《守则》"）也没有对吹捧性广告做出禁止性规定。但是如果在广告里提到依据，例如"研究表明本产品的效果最佳""数据证明本产品的销量同类第一"，那么就必须在广告中表明是何时何处的研究或数据，并提供出处，否则这条广告就面临违法、禁播的风险。如何判断行还是不行呢？很简单，如果消费者轻易就能识别该广告是吹捧性广告，这样的广告是允许的，但是含错误性（false）和误导性（misleading）的广告陈述则是禁止的。吹捧性广告可行，是因为没有办法证明其是真的，但也没有办法证明其是假的。

虽然印度不禁止比较性广告，但是比较结果必须是客观的、有事实依据的，所比较的客体是一致的，并且不得对被比较的产品或服务做出主观性、诋毁性的结论。虽然印度对"最佳""第一"这样的广告用语没有限制，但是对"新"（new）一词在广告上的运用做出了限制。《守则》规定，如果要用"新"（产品）这样的表述，则必须表明新在哪方面，是新包装还是新功能，还是其他方面，并且只有1年内的新特性，才能采用"新"来描述，推出超过1年的产品，不能再称"新"（产品）。

目前印度还未出台规范广告行业的全国性统一立法，广告行业相关的法律规定散诸多达几十部的法律法规之中。不过印度广告行业由印度广告标准协会（Advertising Standards Council of India, ASCI）进行统一管理，并出台《守则》对行业进行规范。

印度广告标准协会是印度的广告行业的一个行业管理协会，是为了增强公众对广告的信任和促进广告的社会责任性而于1985年设立的组织，其宗旨是确保广告表达内容的真实性，确保广告不违反公序良俗，确保广告遵守公平竞争原则，防止广告内容对社会和个人造成不良影响。协会由广告主、广告中介机构、媒体、其他相关单位（例如公关、市场研究员、商学院等）四类主体组成，下设消费者投诉委员会（Consumer Complaints Council），受理来自广告行业内部、公众消费者的投诉和意见。

印度广告标准协会为了实现其宗旨，制定了《守则》，约束广告的广告委托、创作、投放的全流程，参与广告全流程的各类主体的广告主、广告中介机构、媒体、其他相关单位应保证自己遵守本《守则》。并且这份《守则》规定，只要某广告的目标群体是印度消费者（directed to consumers in India），或者很大一部分（a significant number）的印度消费者可以接触到某广告，尽管这个广告是在国外制作、投放的，也要受到《守则》的约束。

该《守则》分为以下五个部分。一是简介。二是规范广告内容——①内容表述必须真实；②不得违反公序良俗；③不得对有害物质进行广告；④不得存在违法公平竞争的行为。三是对汽车、食品饮料、护肤品、名人代言等几种类型的广告进行规范。四是对政治性和政府广告的规范。五是针对广告的投诉受理和消费者保护机制。

尽管这部《守则》不具有法律强制性，但是很多相关的印度部门法都认可和吸收这部《守则》的条文，使得这部《守则》的条文可以更好落实，例如《有线电视网络管理条例》就规定凡是不符合《守则》规定的广告不得在电视上投放。虽然印度广告标准协会是一个行业自律组织，不是行政部门，没有执法权，但是却可以要求广告主、广告中介机构等修改、删除违反《守则》的广告，对收到的投诉案件进行调查，对不合规的广告主或广告中介通报批评。认为广告侵犯到公众或自己权利的人也可以向法院寻求救济。

反观我国，《中华人民共和国广告法》中明确规定了"国家级""最高级""最佳"等绝对化用语是不可以的,从以上描述中可以看出,印度不光商业实践中对于"说大话""吹牛"这种行为司空见惯,连司法实践中都允许此类行为。如果是两个印度人之间做生意还好说,但如果是换成一个从一直较为限制化的广告环境中来的中国人和一个受印度广告"熏陶"的印度客商初次见面,则可能会产生很大的认知差异,这也是双方营商文化中冲突的一大例证。

第七章

印度法律对营商的影响

一、英国殖民统治给印度留下的"遗产"

在英国对印度长达数百年的殖民统治中,印度由于其重要的战略地位和经济价值,成为英国殖民体系中重要的一环,号称"大英帝国王冠上的明珠",英国通过印度可以控制印度洋,进而掌握整个东南亚,是英国全球贸易网络里面的中转站,也是英国拥有过的最多人口的殖民地和实际利用面积最大的殖民地。

历史上印度分裂是常态,一直以来印度是长期分裂和短期统一的国家,而我们中国正好相反,是短期存在分裂但长期都是大一统的国家。甚至印度这一称谓之前都只是一个地理概念,在英国人来到这片次大陆之前,印度都没有被完全统一过。

1947年从英国独立建国的印度,继承了英国留下一笔很大的"殖民遗产",英国人将四分五裂的印度各个土邦进行了整合,留下了当今印度将近300万平方千米的广袤领土,英国也给印度留下了完好的工业基础和技术,英国还在数百年的殖民统治中在印度建立了较为完善的基础设施体系如庞大的铁路运输网,还留下了完善的政治体系和运作方式。还有不少印度人可以进行良好的英语沟通,且具有东西方兼顾的思维。印度被英国殖民了几百年,英语是官方语言,所以受过良好教育的印度人都有很好的英语沟通能力。印度也有悠久的历史和辉煌的古代文明,本土文化也比较强大,而近代的殖民统治又使得他们对西方文化、思维方式有相当的了解,知道怎样有效地跟西方进行沟通而又不放弃东方智慧。这也是现在很多欧美大型企业的管理层中不乏印度移民的原因之一。

不过,很多中国读者不太熟悉的是在对于营商非常关键的司法制度和具体运作上,英国殖民传统对印度的影响也是深远至极的。目前中国国内对印度的宗教法、古代法研究较多,但是对包括印度公司法、知识产权法、外汇管理法等商事相关法律的系统性研究几乎为零。以印度近现代法律体系而言,1857年印度民族大起义被英国镇压之后,英国终结了通过东印度公司管理印度的体制,将印度置于英国的直接统治之下,英国议会在1858年通过了《印度政府法》(The Government of India Act of, 1858),正式建立起在印度的英国式统治架构和治理系统。因为印度需要在短时间之内建立起新的英国式法律体系,加之其受到19世纪法典化运动的影响,因此在移植英国法的时候大量采用了成文法的形式。曾经有印度学者说过"我们的法律本质上还是普通法,成文法条款就是为了普通法的精神的实现而存在的,法条是普通法的附录和勘误表"[1]。在随后的1859至1882年的立法运动中,印度编纂了包括1859年《民事诉讼法典》(The Code of Civil Procedure)、1860年《刑法典》(The Indian Penal Code)、1861年《刑事诉讼法典》(The Criminal Procedure Code)、1872年《合同法》(The Indian Contract Act)、1872年《证据法》(The Indian Evidence Act)和1881年《票据法》(The Negotiable Instruments Act)等在内的众多成文法。

也就是说,由于印度长期作为英国的殖民地,其现代法律体系出于英国法的源流,英国法是作为印度殖民时代的遗产(Colonial Legacy)得到了珍视并继续采用。对于中国人而言视为国耻的鸦片战争后的近百年历史,在印度不少人看来英国的殖民统治是促进印度文明开化的一个重要时期。

但中国律师或者企业不能认为如果其精通英国法就可以游刃有余地对印度法进行运用,因为作为普通法系的国家,印度的司法实践还需要遵循

---

[1] 李来孺. 印度当代合同法[M]. 北京:法律出版社,2015:31.

判例（Precedent）即印度自身的司法实践产生的判例[1]也有很大价值。印度专门对以往的案例进行汇编，用专门的案例汇编（report）进行刊载，目前在印度影响最大的是《全印案例汇编》(*All India Reporter*)，另外，印度最高法院也有自己的案例汇编[2]。暂不论如何按照印度的法律习惯来研究这些判例，从而找出对自身有利的结论，单说如何获取这些材料，也是中国律师或者中国企业比较难以实现的事情。此外，法律的运行和该国的历史背景及文化息息相关，如果只是能用英文阅读印度的法律条文，但是不知道其背后的法律传统，最终也将"差之毫厘，谬以千里"。

1996年，为了去除印度的英国殖民时代印记，印度政府对很多城市的名称进行了修改，比如作为城市名称的"马德拉斯"已经更名为金奈〔金奈现为印度最南部泰米尔纳德邦（Tamil Nadu）的首府〕，但该邦高等法院的名字却没有相应地更改。目前印度有三个高等法院名字一直没改，一个是刚才提到的马德拉斯高等法院，还有一个就是孟买高等法院，仍然叫Bombay High Court，而Bombay这个称呼就是英国殖民者起的名字，而不是Mumbai High Court。最后一个就是加尔各答高等法院，没有改成Kolkata，而是沿用旧的称呼"Calcutta"，这三个法院是英国人最早通过立法建立的法院，其中加尔各答高等法院是英国最早在印度建立的三个高级法院之一，时间要追溯到1862年7月1日，而且英属印度的首都其实是加尔各答而不是德里。

其实，2016年的时候有一个《高等法院（更名）草案》〔*The High Court (Alteration of Names) Bill*, 2016〕，并且在印度议会下院得到了通过，允许加尔各答、马德拉斯和孟买高等法院的英文名称从带有殖民印记的旧称改成新的英文表述。但在2016年议会下院通过此法案之后，上院一直没

---

[1] 印度作为联邦制的共和国，其政府体制为二元化，即分为中央和地方邦两个层级，但法体系是一元的。印度法院判例的基本运行规则为：下级法院受到上级法院判例的约束。但在高等法院之间，一邦的高等法院不需要受到另外一邦的高等法院的判例的约束，但另一邦的高等法院的判例具有"有说服力的价值"（Persuasive Value）。另外，印度最高法院不受其自身已经做成的判例的约束。

[2] 参见印度最高法院网站。

<<< 第七章 印度法律对营商的影响

有动静,这些法院仍然沿用殖民地时期的英文名称,一直不修改其名称,就从一定程度上体现了印度人尤其是精英群体对殖民历史的态度。

印度承袭英国的传统,对于当事人赋予了很多程序性的权利。比如前段时间阿里巴巴创始人马云收到了印度法院发出的传票①,很多人认为印度法院怎么能随便就给看起来毫无关系的马云发传票?这是因为印度这边抗辩制的法院诉讼体系和国内诉讼体系不太一样,所以千万不要以中国的一些知识套用到印度的具体情形。因为印度法院效率比较低,所以在印度这种抗辩制的法院诉讼中,基本上都是依靠双方当事人和律师你来我往。因此,只要原告"说服"(convince)了法官,让法官认为原告有理由传唤某人是必要的,法院就会发出传票。被传唤的人认为被侵犯了或者误会了,你反驳并要求追究对方的责任就行了。原告一般会将所有的相关人都列为共同被告,而且抗辩制下的印度法院一般会将被告主体是否适格的问题交由被告在答辩后再处理。

此外,虽然印度承袭英国法,但在独立后几十年的司法运行中也积攒了许多具有本国特色的内容。有很多细节的规定与中国完全不一样,比如时效。实践中经常有其中企业的大额债权未能及时催收,因超出三年的时效而无法要求对方履行的情况。在印度法项下,债权人的主动催告比如以发送信件或者数据电文方式主张权利、直接向对方当事人送交主张权利文书等,不可以导致时效的中断和重新计算,印度时效法上仅规定了债务人的确认可以导致时效的中断,却没有规定债权人可以通过催告的方式来中断时效并且重新计算时效,这一点与中国完全不同。很多人认为这很不公平,如果我给对方发催告函或者律师函,但对方一直没有回复或者直接跑路怎么办?如果无法中断时效岂不是无法保障我的利益?这是因为本质上印度法律还是希望通过此规定来促使权利方不要"在自己权利上睡大觉",如果对方不回复一方的发函对债务进行"确认",则法律提供的救济就是及时起诉,即使对方缺席,也是可以起诉的,但如果按照中国的思维,认

---

① 阿里回应马云收到印度法院传票:正在按流程处理[EB/OL]. 紫金财经,2020-07-26.

为给对方发送了催告函,不管对方是否有回复,都想当然地认为万事大吉,这种"理所应当""甩手掌柜"的思维方式可能会在印度吃大亏。

另外一个例子,比如在印度签署合同,我们首先看一段土地租赁合同中常见的签署方信息:

M/s ××× Pvt. Ltd. , (PAN NO. _____) a company duly registered under the provisions of the Companies Act, 2013; having its Registered Office at _____, Delhi - 110092, through its authorized signatory. Mr. _____ (AADHAAR NO. _____), son of Late Sh. _____, who has been duly authorized to sign, execute and get registered this Lease Deed vide Resolution dated _____ of the company as per copy annexed herewith as Annexure A'. hereinafter referred to as the " LESSOR.

该段一开始的 M/s. ××× Pvt. Ltd. 中的"M/s"可不是女士的意思,而是商务英语中惯用的缩写, M/s. 为法语词汇 Messrs 的缩写,用于表示尊敬,一般加在公司名称前,用于礼貌地称呼公司内的成员代表或用来称呼整个公司。这种表述在英联邦国家,比如印度非常常见。

该段中除了授权签字人信息,比如其姓名和印度身份证号(Aadhaar 卡),还要求附上其父亲的名字,此处的表述是 son of late Sh. ,由于"late"这个单词,可以看出其父亲已经去世。同样要求提供签字人父亲信息的,不仅见于房屋租赁合同,而且在劳动合同、官方申请文件中一般也会有这样的表述。

之前有些中国当事人不太理解为什么要签署的文件仅仅与自己相关,但还是要提供父亲的信息?有的客户甚至反映,由于老人已经去世,签字人不太愿意提供这样的信息,甚至觉得这是对仙逝的老人的不敬。其实,这是由于两国在某些具体问题上存在文化冲突,印度民族比较多,导致在属人法方面有着特殊的惯例,所以很多时候在确定签字人身份的时候,必须要加上这个人的来源,也就是他的父亲是谁,从而更加明确和容易地确定该人的身份。

再者,由于印度的法律制度对中国企业而言相当陌生,因此,不少中国企业采取所谓的"鸵鸟政策",如果对印度法不了解,那就剔除它,殊不知这可能会带来灾难性的后果。比如,大量中国投资者都一定要坚持争端解决机制必须选择仲裁而非印度的法院;其次,仲裁必须要在印度之外进行;最后,仲裁的实体法和程序法都不得用印度法。这相当于是把所有具有印度元素的东西进行了全部剔除。他们的理由也相当充分,第一对印度法律不了解,第二印度司法体系的效率和腐败臭名远扬。但这一"鸵鸟心态"和一味地剥离印度法元素带来的后续问题是,如果约定在中国诉讼,中国和印度之间又没有民事的法院判决互认协议,即使在中国赢了,在印度也很难执行。如果在印度境外仲裁,仲裁裁决的执行是离不开印度的司法体系的,即使拿到了胜利的仲裁裁决,也是最终需要到印度来执行的。并且前期复杂的架构,可能会导致后期仲裁裁决到印度进行执行遇到阻力。完全剥离在印度本土的司法制度,反而使最终裁决无法执行。

清华大学法学院副教授鲁楠老师曾经说过,中国是礼法文化,西方是约法文化,伊斯兰是教法文化,印度则是正法文化。当然,由于印度特殊的国情,近代受到西方约法文化的冲击,尤其是在商业层面上,虽然传统的印度教正法文化内涵类似中国文化中的"天道",但当今的中国投资者到印度产生的经贸和商业关系,更多的是西方约法文化与中国的礼法文化之间的冲突。礼法文化讲的是进退有礼,关系动态调节,承诺也可随情况而变更,此时的吃亏可以换取未来的获益。但约法文化不同,双方一旦成约,就要遵照执行,不可轻易打折扣。那种随意违约的行为不仅损害对方利益,而且会被认为是一种道德缺陷。在礼法文化中,常常追求人际关系总的平衡,个别的失衡可以宽宥;但在约法文化中,丁是丁,卯是卯,一码归一码。在礼法文化中,双方时而为了和谐的氛围都有所退让,甚至有所牺牲(尽管心里不愿意),但在约法文化中,双方若旗鼓相当,必针尖对麦芒,一争到底。

中国和印度的重大基础性差别也可以理解为,如果中国人和印度人一出生都预装操作系统的话,中国人出生后的操作系统是"大一统、汉语、儒家",而印度人是几千种语言,没有统一思想,没有强力政府的大一统系统，因此，以中国人的视角去看待印度的问题，可能会难以理解印度人的一些思路。

二、从印度封杀中国 APP 看印度法律的运行及中国企业的救济

据印度《经济时报》2020 年 7 月 27 日报道，在禁用包括抖音国际版（TikTok）和微信在内的 59 款中国 APP 后，印度政府还禁用了 47 款来自中国的应用。此外，印度政府被指已收集了一份包括 275 个中国应用的审核清单，以确定其是否存在任何损害印度国家安全及侵犯用户隐私的行为。

而 2021 年年初，印度政府更是直接宣布永久封禁上述提到的中国 APP。

虽然历史上印度政府经常作为被告在印度法院出庭，并且印度各级法院也经常做出"打脸"印度政府的判决，但本次事件的大背景拥有特殊性。考虑印度法院系统的效率低下，尤其是目前印度的民族主义情绪势必会影响利益受损方以法律维权的动力。

另外，中国和印度之间曾于 2006 年签订《中华人民共和国政府和印度共和国政府关于促进和保护投资的协定》（BIT），并于 2007 年 8 月 1 日正式生效。但该协议第十六条第一款规定协定有效期为十年，期满后除非缔约任何一方书面通知缔约另一方终止本协定，该有效期自动延长十年，并依此顺延。印度政府已经于 2018 年 10 月告知中国政府暂停中印之间的 BIT。

该协议第十六条第二款规定，即使根据本条第一款终止了本协定，对本协定终止之日前所做出或取得的投资，应自本协定终止之日起继续适用十五年。所以，初步看来，对于 2018 年 10 月之前投资于印度的投资者，应该仍可以援引该 BIT。

基于多年的中印经验，笔者感觉印度政府一直以来对中国投资都在采取一种"软硬兼施"的策略，希望"同化"中国投资，也就是不希望中国投资者自己到印度单干，而是采取和印度某些合作对象进行深度绑定的方式。

具体而言，就APP等互联网层面的，与其把中国背景的APP搬到印度来，还不如投资印度本国的APP。比如接受巨量中国风险投资的印度国民级应用Paytm以及Zomato等，都没有在此次封禁名单之列。而对于实业，印度则希望中国找印度本土企业合资。有点类似之前中国的重点行业，比如汽车行业，外商想撬动中国汽车市场，就必须找中国公司合资。

纳了这个投名状，和印度企业进行深度绑定，未来就可以一切无忧；但这样势必会减少中国投资者的自主权。虽然这样才会让印度上上下下放心，但中国企业很难接受，并且在实际中，找到合适和靠谱的合作与合资对象也非常难。

印度对其他国家也都提出了此类要求，尤其是从印度这边赚钱、拥有对印度贸易顺差的国家。以印度外汇流失最为严重的军购领域为例，现在印度都要求本地生产。比如从俄罗斯购买的战斗机和从美国购买的武器，都以转让生产线和生产许可作为条件。从国家安全方面考虑，这类要求无可厚非，而在国防领域尝到甜头的印度政府可能有复制此模式到其他行业的冲动。

由于中国和印度的边境纠纷悬而未决，时不时发生的边境摩擦经常会在印度国内转化成对有中国背景事物的抵制乃至憎恨，这当然会极大影响中国投资者投资印度的信心，也会影响全球其他国家投资者对印度的信心，因为今天是中印之间有矛盾，但谁也说不好明天矛盾由何而生，又会带来何种后果。

并且，印度在2020年4月已经出台了新的行政法规，要求对来自与印度"接壤"的国家的投资，必须申请事先的审核，此举被广泛认为是针对中国。实践中这一要求已经对很多中国投资者的项目产生了延误等不良影响，印度政府甚至指示其驻中国的使领馆对投资者进行面试，让不少中国投资者唏嘘。

印度作为一个1991年实施对外开放政策的新兴市场国家，其政府和民众对于"外资"这个概念的理解，仍是一知半解。但中国企业需要做的是，掌握主场救济的方法以及把握提起救济的时机。目前看来，很多中国企业在受到印度政府歧视性对待的时候，是受到相当大的束缚的，即使其希望通过法院的方式来诉印度政府，但真正能促使其迈出这一步的，还得有赖于过硬的印度法律团队愿意在印度民众抵制的浪潮中与中国企业并肩作战，还有赖于我国政府、企业商会的协调和帮助。

三、客场作战与主场优势

对不少去过印度的中国人而言，印度给人最深刻的印象就是这个国度既古老又神奇。有些看似完全不同的事物却完美地和谐共处。这也印证了印度旅游局在世界上的宣传语"Incredible India"（不可思议的印度）。

实践中很多人经常把印度和中国当成同类来看待。这是因为两国国情类似，都拥有超过 10 亿的人口，都属于亚洲的发展中大国。但实质上中国和印度的差别很大。这也是很多时候中国经验移植到印度完全不管用甚至还会帮倒忙的原因。

所以对于印度这个 21 世纪海上丝绸之路的重要节点国家[①]，尤其是随着中印之间经贸往来的加深，有越来越多的中国企业在印度拥有商业利益。但 2020 年 6 月以来，由于中印边境问题引发的紧张对峙情绪，印度取消了大量中国公司在印度的项目，并在招投标、贸易、FDI、标准认定、互联网运营等方面出台了许多针对中国和中资企业的限制[②]，由此也导致不少中资企业陷入与印度合作方的仲裁或者诉讼等争议解决程序当中，但由于我国对印度当代民商事法律研究的不充分性，尤其是对印度涉外民商事法律争议解决制度的了解较为片面，中国企业的权益无法得到充分保护。

不过，如果中国企业到印度投资，即在印度设立企业实体如公司后，按照印度法律的规定，该公司就是"印度实体"，只不过是外资控股，对

---

① 许娟，卫灵. 印度对 21 世纪"海上丝绸之路"倡议的认知 [J]. 南亚研究季刊，2014（3）：1-6.

② 李钦. 莫迪的野心——借中资让印度强大 [EB/OL]. 观察者网，2020-08-19.

于该印度公司，需要与其他印度内资公司一样同等适用印度公司法、税法等法律体系，只不过在外汇管理等方面，由于存在外国股东因而存在一些微观差异，从宏观以及中观层面，外国股东设立的印度公司与印度本土股东设立的印度公司在法律权利和义务上并没有质的区别。

虽然在外国投资者观感上其在印度是"客场作战"，但如果不去利用"主场规则"，则很多时候在商业以及法律上都很难占到便宜。

以招投标为例，一般而言，外国企业在资金技术和项目管理经验上对于印度本土企业而言具有压倒性的优势，但是如果外国公司在印度没有专门负责招标的人员进行"盯梢"，那么很难做到及时、高效地处理招标信息，一方面很多招标信息从发布到投标截止的时间非常短，另一方面，要想及时澄清一些信息则需要迅速联系信息发布方，经常与项目方的互动与熟络也可以在一定程度上增加投标成功的概率。一言以蔽之，用"接地气"的方式处理招标事项可以取得事半功倍的效果。而目前中国的一些公司可能并没有充分意识到这一点，其也可能有多方顾虑，比如在印度设立商业实体可能花费比较大，也会产生额外的管理成本等。

话虽如此，但是大家都明白的一点就是"近水楼台先得月"，如果在印度有专门的团队或者负责人进行招投标信息的搜集、处理和归档，同时代表公司参与招投标，可能一开始不会马上收到成效，但是其长期收益是实实在在的：公司在有了自己的招投标信息库以及随着通过参与招标而与印度当地企业建立联系后，中标的概率也会慢慢增加。

有些投资者曾经询问过笔者印度政府的招投标是否会"外包"给第三方进行。一般而言，招标程序肯定是由政府来完成的，因为涉及招投标的公正性，而对于招投标文件比如一些技术和商业细节性的流程，有时候政府存在无法独立完成的情形，在这种情况下，政府可能将具体制定技术和商业标准的这一任务转给第三方专业机构。但归根结底，提前与印度相关机构建立联系，为后续参加投标争取足够的时间才是正确的选择。否则，一旦发布招标公告，留给中国投资者的时间就比较少了，现实中中国企业参加招投标还要申请电子签名（Digital Signature Certificate，DSC），这个也需要花费一定的时间，因此，打好提前量和做足招投标前的功课可以显著提高中标的概率。

此外，在中国企业与印度企业的商业协议中，一般都会约定中立的第三地进行仲裁，但实践中也存在一些比较重大的协议，由于商业上和风险管理上的原因或者单纯是套用之前的模板而导致争议解决条款约定的是在中国国内诉讼或者在中国仲裁，由此就产生了中国法院判决和中国仲裁裁决在印度的承认和执行问题。

法院作为司法权的具体行使者，其做出判决实质上是一种主权行为，所以一国法院做出的判决（不论民商事还是刑事），都非常难以在另一国得到承认和执行。并且法院还存在上诉、二审等程序，真正进行诉讼可能会旷日持久。上文也提到，印度的法院效率较低，从而导致如果真的到了法院诉讼这一阶段，可能被拖入"持久战"的泥潭。因此中国企业对于约定印度法律和印度的司法管辖具有天然的抵触心理。

但是，在合同中约定在印度法院进行诉讼是否完全没有好处？之前，笔者发现在一些合资项目中，印度方提出的争端解决方式是选择印度的一所法院进行诉讼。很多中国企业看到这一条就会要求改成在中国进行诉讼或者进行仲裁。大部分的投资者认为，如果在印度法院诉讼，他们属于客场作战，既无"天时"，也不占"地利"，更别谈"人和"了。可是如果反过来想问题，中国公司约定与印度的合作伙伴在印度的法院进行争端解决，如果中方胜诉，印度法院没有理由拒绝自己做出的判决。而如果中方败诉，则印度方面持有这一胜诉判决是无法到中国法院来寻求承认和执行的。也就是说，在印方提议争端解决方式是"印度法院管辖"的时候，反而是帮了中方一把。

不过，这一结论并不适用所有情况。如果中国企业在印度本土就有大量可执行的资产，在败诉的情况下，印方完全可以不用到中国寻求判决的执行，直接在印度要求印度法院执行中国投资者在印度的资产即可。另外，绝大多数的法院判决并非一审终审，这就存在中国投资者一审胜诉但是二审败诉的可能。还有一点就是在印度法院进行诉讼，需要完全适用印度的程序法（很多情况下实体法也是适用的），而这些是中国投资者不熟悉的，并且目前印度禁止外国律师和外国律师事务所在印度执业，中国投资者只能寻求印度本土的律师帮助。如果找不到素质过硬的印度本土律师团队，很可能"折戟沉沙"。当然，还有上文一直强调的，在印度打官司，超长的时间成本是需要中国投资者考虑的。

四、手握中国法院的判决，如何在印度主张自己的权利

上文提到，实践中笔者发现不少中国企业和印度方的合同中约定在中国的法院解决争议。尤其是对于那些印度企业是买方，中国企业是卖方的情况，往往是中国企业一方提供范本合同。但很多中国企业不知道的是，由于中国和印度之间没有民事判决的互认协议，很多时候即使手握中国法院的胜诉判决，也很难到印度执行，从而导致"不败而败"。这一问题较为复杂，笔者希望以较为平直的语言进行描述，避免中国企业未来"事倍功半"。

本质上，法院和司法审判权力与国家主权息息相关，一般情况下一国法院不可能直接基于另外一国法院做出的判决而在其境内执行，也就是民商事判决的域外效力，往往需要基于国际性条约或者国与国之间的双边协定，否则一国的法院判决是不能直接在另外一个国家得到执行的。从我国缔结或者参加的国际条约情况来看，截至2015年11月30日，中国已与37个国家签订了双边民事或商事司法协助条约，其中与33个国家的条约中约定了相互承认和执行法院判决的内容①，但印度未与中国签订任何此类协定。

此外，印度也并非《承认与执行外国民商事判决公约》的签约国，但印度与诸多国家（主要是英联邦国家）签署了不少双边协定，来规制民事裁判的承认与执行问题。

印度将需要执行的民事判决分为两类：

---

① 李新立. 从中国对外签订的民商事司法协助条约谈法院判决的域外执行 [J]. 中国律师，2016（4）：56-58.

（1）如果判决来自互惠地区（Reciprocating Territory），则直接进入执行（Execution）程序；

（2）如果判决来自互惠地区之外的地区，则需在三年之内就该外国判决在印度法院提起诉讼（Instituting a Civil Suit），该诉讼的性质类似于确认之诉，但确认的是具有执行力的判决。

值得注意的一点是，如果法院判决来自与印度签署有民事裁判的互惠协议的互惠地区，并不一定代表该民事裁判就可以直接在印度自动执行，还需要等印度政府将对方签约国公布在其官方公报上（Official Gazette）上，才算真正地位列"互惠地区"之中，未完成在印度国内官方公报上公示程序的，必须按照上述第二种类别以提起承认判决的诉讼。

因此，虽然印度目前与超过20个国家和地区订立有互惠协议，但已经在其官方公报上公布的仅仅有13个（英国、也门、斐济、新加坡、阿联酋、马来西亚、特里纳达与多巴哥、新西兰、库克群岛、西萨摩亚、香港特别行政区、巴布亚新几内亚、孟加拉国），那些尚未在官方公报上公布的国家或者地区（阿富汗、阿塞拜疆、巴林、保加利亚、法国、哈萨克斯坦、蒙古、土耳其、乌克兰）的法院做出的判决，只能先依据法院宣告制进行承认和执行。因此，中国法院做出的民商事判决，如果想到印度执行，则需要基于上述法院宣告程序。

具体而言，印度1908年《民事诉讼法典》通过第2条、第13条、第14条以及第44A条的规定，建立起了较为明晰的外国法院判决承认与执行的规则。

首先，印度《民事诉讼法典》在第2条"释义"条款中的第5款和第6款就分别对"外国法院"（Foreign Court）和"外国判决"（Foreign Judgment）做出了明文规定：

第2条第5款："外国法院"指的是印度境外的法院，且该法院并非系依政府行政职权设立的。这是因为在印度有很多法庭（tribunal）其实并非司法机构，而是政府设立的行政性审裁机关。

第2条第6款："外国判决"指的是上述外国法院做出的判决。

其次，印度《民事诉讼法典》在第13条给出了"终局性测试"（Conclusiveness Test）或者"消极条件测试"（Negative Test），即外国法院的判决何时具有"终局性"，而终局性是承认和执行外国判决的前提条件，第13条列出了外国判决不具有终局性的情形。

第13条：何种情况下外国判决不具有终局性。

（1）判决尚未由有管辖权的法院做出。

（2）判决没有基于案件事实。

（3）审判程序违反国际法或者印度法作为适用法时拒绝印度法的适用。

（4）审判程序违反自然公正原则。

（5）判决通过欺诈获得。

（6）判决中支持违反印度法的诉求。

最后，如果通过了第13条中的测试，则将按照第44A条进行下一步，第44A条中区分了已经在上文中讨论过的"互惠地区"和"非互惠地区"的判决，分别采取直接进入执行程序和在法院提起确认之诉，要求法院承认该判决。

综合考量印度的成文立法及法院司法实践，可以得出一个结论，印度对于外国法院的民事判决采取的是"自动承认"＋"法院宣告"并行的制度。即如果判决来自互惠地区，则直接进入执行程序；而如果判决来自互惠地区之外的地区，则需在三年之内就该外国判决在印度法院提起诉讼，印度法院需要对案件进行实体审查。

因此，如果在协议中约定了是与印度方在中国法院进行诉讼，而该判决并不是没有可能在印度得到承认和执行，而是需要在三年内向印度有管辖权的法院提起确认的诉讼。

此外，很多中国投资者也知晓除了法院判决外，还可以通过仲裁的方式解决争议，并且仲裁这一方式在国际件的商贸纠纷解决上，相比于法院具有很大的优势。就仲裁而言，中国和印度都是1958年《纽约公约》成员国，这就意味着两国的仲裁裁决都可以依据《纽约公约》在另一国得到承认和执行，相比于法院判决，要简单很多。印度1996年《仲裁与调解法》(The Arbitration and Conciliation Act 1996) 也是基于《联合国国际贸易法委员会商事仲裁示范法》(UNCITRAL Model Law) 制定的。由于实践中中国和印度商主体之间的争议解决方式在绝大多数情况下都是约定仲裁的，因此笔者将着重对中国仲裁裁决在印度执行的法律规定和实务要点进行阐述。

与上文提到的法院判决承认制度中的"互惠地区"这一具有印度特色的问题相类似，同样的事情也发生在印度对国际仲裁裁决的承认和执行领域，印度1996年《仲裁与调解法》在其第二部分（Part Ⅱ）第44条"基于《纽约公约》的外国裁决"的执行项下，增加了一个额外条件，即印度中央政府有权基于互惠等考虑，在将某国在印度国家官方公报上刊登之前，即使该国是《纽约公约》的签约国，印度也不会执行在该国做出的仲裁裁决。也就是说，外国仲裁裁决想要在印度得到执行，做出该仲裁裁决的"外国"不仅要是《纽约公约》的签约国，而且还是印度政府在其官方公报上正式承认的"公报国"，目前《纽约公约》下有165个签约国和地区①，而被印度承认的不到三分之一。一直到2012年3月19日，印度司法部（Ministry of Law and Justice）下设的法律事务局（Department of Legal Affairs）才正式发布官方公报，宣布承认在中国内地、中国香港以及中国澳门于2012年3月19日及之后（On or After）做出的仲裁裁决。

印度有关外国仲裁裁决执行的内容体现在1996年《仲裁和调解法》第二部分中。而在1996年《仲裁和调解法》出台之前，关于外国仲裁裁决的定义、执行等是由专门的立法即1961年的《外国裁决法案》(The Foreign Award Act) 进行规制的。因为1996年新法的出台，在其第85条当中专门规定，废除（repeal）了1961年的这部旧法，统一按照1996年《仲裁和调解法》第二部分中的规定进行。

---

① 联合国官网消息，埃塞俄比亚加入《纽约公约》的文书于2020年8月24日生效。至此，埃塞俄比亚正式成为公约的第165个缔约国。公约将于2020年11月22日对埃塞俄比亚生效。

印度1996年《仲裁和调解法》第59条规定，外国仲裁裁决被承认后，将被视为"decree"也就是法院判决，从而可以在印度得以具有强制执行的效力。需要中国投资者注意的是，印度法上对于裁定（orders）、判决（decree）有着严格的分别。判决是按照1908年印度《民事诉讼法》第2条第2款的规定，是法院对诉讼的争点（controversy）进行详细的审理（adjudication）之后，做出的用以界定诉讼各方权利义务的正式表述（Formal Expression）。而裁定则是基于1908年印度《民事诉讼法》第2条第14款的规定，其不一定能够对诉讼法的实体权利义务进行处理，有时候针对的是程序性事项。

如上文所述，外国仲裁裁决被印度法院承认之后，将被视为法院的司法判决而得到执行。司法判决是需要遵循时效相关规定的。因此外国仲裁裁决在执行阶段也需要遵循印度法上所规定的时效。按照1963年印度《时效法》（The Limitation Act）第136条之规定，从该裁决做出之日起12年内，可以凭裁决原本到印度有管辖权的法院寻求承认和执行。

而具体到印度1996年《仲裁和调解法》第47条的规定，寻求《纽约公约》项下外国裁决在印度的执行，需要提供以下材料：

（1）按照裁决做出国强行法的要求所规定的格式所做出的裁决原件或者经法定认证的副本；

（2）仲裁协议原本或者经法定认证的副本；

（3）其他可以证明该裁决是外国裁决的必要证据。

除此之外，如果裁决的语言并非印度的官方语言，则需要翻译成英语，并且经所在国设立的印度驻该国使领馆的领事认证。

具体到裁决的执行，因为执行外国仲裁裁决离不开印度司法机关的协助，因而需要去找有相应管辖权的法院。而这里的管辖权主要指的是级别管辖和地域管辖。就级别管辖而言，在印度，法律规定的具有执行外国仲裁裁决权力的法院级别是高等法院（High Court）。根据被执行方注册地或者财产所在地确定地域管辖并明确是印度的哪一个高等法院之后，在该高等法院内进行对接的部门是高等法院的商事审判庭（Commercial Division）。印度的高等法院是位于地区法院（District Court）以上，最高法院之下的一个司法层级。每个高等法院都有一名首席法官以及几位陪席法官（Puisne Judges）。一般来说，高等法院在地方邦一级设立，但是在印度并不是每一个邦都有高等法院，实践中存在几个邦共用一个高等法院的情形，印度目前有近30个邦，但是全国只有24个高等法院。如海德拉巴高等法院管辖安得拉邦以及特伦甘纳邦、孟买高等法院管辖果阿邦和马哈拉施特拉邦等。

需要中国投资者注意的是，印度作为联邦制的共和国，其政府体制为二元化，即分为中央和地方邦两个层级，但其法院体系却是一元的。印度法院判例的基本运行规则为：下级法院受到上级法院判例的约束。但在高等法院之间，一邦的高等法院不需要受到另外一邦的高等法院的判例的约束，但另一邦的高等法院的判例具有"有说服性价值"（Persuasive Value）。另外，印度最高法院不受其自身已经做成的判例的约束。

确定了法院层级是高院，下一步就是确定有管辖权的高等法院。这一阶段是基于申请执行的标的性质确定的。标的可以分为金钱标的以及非金钱标的。金钱标的非常容易理解，除了包含如字面意思所述的金钱之外，还包含各种财产。而非金钱标的则一般指为或者不为特定行为如裁定转让股权等。对于金钱标的，申请人需要到金钱财产所在地的高等法院提起申请，而对于非金钱标的，其执行申请需要到对于该非金钱标的的管辖具有处断权力的高等法院进行。比如，如果中国企业的胜裁裁决是要求印度方执行股权转让合同，则该申请需要到对该股权转让行为有管辖权的地区的高等法院进行，而这个一般意义上指的是其公司注册地。当然，实践中会产生的问题是，印度对手方的财产可能会散布在印度多个邦，则这对于中国企业来说是一个比较棘手的问题，因为在印度确定被执行人的财产所在地以及有哪些待执行财产是申请执行人也就是胜裁方的责任。并且，印度的法院实践以及司法判例并不支持胜裁方将搜寻、确定被执行人财产所付出的成本比如聘请专业的律师顾问等的成本转嫁至被执行一方。如果交易人不对对手方有所了解，就径直地与对手方进行交易，那最终因为前期疏忽导致的交易人的利益损失，交易人自己也需要负相应的责任。这也就要求，中国一方在与印度方进行任何商业往来的时候，都需要对印度方的资信、背景等有一个充分的了解，通过尽职调查，对风险进行定性、定量乃至定价（调整交易对价）分析，从而做出是否交易、以何价格进行交易、需不需要印度方提供各种形式的担保等的判断。

实践中中国申请裁决执行方其实更关心的是其胜裁裁决得到印度法院的认可之后，最终可以取回多少金额从而挽回损失。中国的司法和商业实践中"老赖"众多，印度的"老赖"也不少。当然，印度没有像中国的法院一样富有创意，采取"老赖彩铃"、限制高消费等手段逼迫老赖还钱。实践中印度法院对于负有偿债义务的义务人采取的方式一般是：

（1）下发扣押令（Attachment Order），扣押义务人财产。
（2）变卖义务人财产之后偿还胜裁人。
（3）对于拒不还钱的义务人可以判处监禁。

当然，因不还钱而蹲大狱，出来之后债务并不一笔勾销，钱还是照样需要还的。虽然如此，但印度在实践中还是有一些"资深老赖"几进宫都铁板一块，拒不还钱。比如2012年印度证券法上具有重要意义的"撒哈拉公司案"，印度撒哈拉公司从约300万印度普通民众手里募集了约1740亿卢比的资金，并且该公司将此募集称为"定向增发"（Private Placement），因此没有履行印度公司法和证券法项下的关于"公开发行"（Public Offering）所需要的各项义务。此案在印度证券上诉法庭（Securities APPellate Tribunal）审理之后上诉至印度最高法院，2012年印度最高法院判决撒哈拉公司将所有募集的资金在两年内退还给投资者，并且罚息15%。判决做出之后，该公司并未还钱，无奈之下最高法院只得将该公司年近七旬的董事长投入大狱，后来该人通过保释的方法申请出狱。这件案子已经过去多年，到目前为止仍未尘埃落定。这就要求中国企业除了要在开始交易之前做好对印度对手方的尽职调查之外，还要要求对手方提供担保，以各种方式避免后期即使胜裁但面临执行难的尴尬局面。

在胜裁方寻求裁决执行的时候，仲裁失败一方很可能会想尽各种办法转移财产从而从中阻挠，而对于这一问题，胜裁方可以通过申请禁令（injunction)来解决,从而避免失败一方进行拖延或者当"老赖"。一般而言,法院对于胜裁一方禁令的申请都是基于个案的紧迫程度(urgency)进行分析的。如果胜裁一方的诉请(plea)有理有据并且确有失败一方转移财产的风险,那么法院一般都会给出禁令。

当然,现实中还存在一种情况就是"事后转移财产",也就是当外国仲裁裁决被法院承认之后,失败一方才进行财产转移。对于这种情况的处理,因为法院下发的执行令中一般都会包含未经法院许可不得转移或者处理财产的条款,并且法院的执行令作为具有公示性的文件,对于案外人来说也是一个警示,即案外人不得接收、购买已经被法院列明为待执行财产的那部分财产。需要中国交易方吸取教训的是,实践中存在虽然法院下发了执行令,但还是有一些不明就里的案外人接受争议财产的情况。虽然案外人因自身原因没有尽到注意义务于情于法都理亏,但是如果胜裁人再因此与案外人进行诉讼从而获取财产非常费时费力。所以中国企业可以采取的方式是一旦法院下发执行令,就可以在当地的主流报纸和媒体上进行公告,从而避免后续的麻烦。需要中国交易方注意的一点是,印度是一个"碎片化"十分严重的市场,其各个邦之间的经济文化发展极其不平衡,印度很多邦的语言也并非印地语(Hindi),因此需要根据所在邦的具体情况,考虑禁令的具体申请,从而保障禁令的执行达到预期的效果。

本文中以上提到的内容,可以简要归纳为以下三点:

(1)虽然中国和印度没有双边的民商事司法互助协定,但这并不意味着中国法院做出的民商事判决就无法在印度得到承认和执行。不过需要注意的是,必须依据印度时效法的规定,拿到判决后3年内在有管辖权的法院提起诉讼,要求印度法院承认判决。

(2)在仲裁领域,印度和中国都是《纽约公约》的签约国,但印度并不承认每一个《纽约公约》上的签约国。这就导致交易双方在选择仲裁地之前,首先需要确认该仲裁地所在国是否已经被印度承认属于仲裁裁决可以执行的国家。目前包括中国内地、中国香港、新加坡等在内的中国投资者比较熟悉的仲裁地都已经被印度认可。不过对于一些交易较为复杂、有着多层交易结构乃至离岸架构的大型交易而言,需要提前注意这一问题。

(3) 申请在印度执行的仲裁裁决受到时效的限制。虽然这个时效较长,为仲裁裁决做出之后的12年之内,但是,如果不及时到印度寻找具有级别和地域管辖权的法院进行执行的申请和相关禁令的申请,对手方可能会采取转移财产等方式,使得后期再去寻求执行面对的困难加大。

此外,笔者在实务中经常发现,中国企业在与印度对手方进行商业往来的时候,一般采取的态度是"鸵鸟政策"(Ostrich Policy),也就是非常明显的逃避心理,而这种心理在实践中的表现是:首先,争端解决机制必须选择仲裁而非印度的法院;其次,仲裁必须要在印度之外进行;最后,仲裁的实体法和程序法都不得用印度法。这相当于是把所有具有印度元素的东西进行了剔除。当然,站在中国企业的立场上,不难理解,因为印度法院的效率实在太过声名狼藉,因而只能选择仲裁的方式,并且目前中国对印度的法律研究主要集中在印度古代法、宗教法上,对具有实务指导意义的印度商事和程序法的系统性研究几乎为零,所以中国企业肯定会不顾一切地逃离任何与印度法律沾边的内容。但问题是,最终民商事判决和仲裁裁决的执行是离不开印度的司法体系的,前期复杂的架构可能会导致后期民商事判决和仲裁裁决到印度进行执行时遇到阻力。再者,如果到了执行时再去了解印度的一些具体法律制度,临时抱佛脚的效果肯定大打折扣。

"破山中贼易,破心中贼难",印度的司法体系和法律制度固然不是世界上最好的,但作为与印度打交道的中国企业,必须一开始就要从心理上重视如何利用印度现有的法律体系来维护自身权益,而不是一味地逃避印度的一切。

五、遇上印度老赖该怎么办

中印两国面临的一大共性问题就是"老赖"的问题。作为一个根深蒂固的社会话题,老赖一直就是社会牛皮癣一般的存在。老赖,在法律上的叫法是失信被执行人,是指那些具备履行能力的执行人拒不履行生效的法律文书规定的义务。

印度首富穆克什·阿尔巴尼的弟弟安尼尔·阿尔巴尼（Anil Ambani）作为信实通讯（Reliance Communications）的董事长，差点因为信实通讯故意不偿还爱立信55亿卢比入狱三个月，逼得安尼尔只能赶紧偿还债务。这是因为印度最高院判令信实通讯应向爱立信偿还欠款，但是信实通讯有钱不还。于是爱立信直接向最高院以藐视法庭罪的罪名起诉信实通讯的董事长安尼尔，最高院认定安尼尔有钱不还，不遵守最高院的判令，触犯了藐视法庭罪，判令信实通讯必须在2019年3月19日前偿还债务，否则作为的安尼尔将被判入狱3个月。为了躲避牢狱之灾，安尼尔只能赶紧还钱。

这位印度"老赖"，最近债务缠身，其拥有的信实通讯已经进入破产重整程序，收到了大约4919亿卢比的债权申报，其中国家开发银行的债权约为986亿卢比，"荣登"债权人榜首，中国进出口银行债权约为336亿卢比，位列第四大债权人，中国工商银行的债权约为155亿卢比。这三家中国银行除了在信实通讯的破产程序申报债权外，近日还单独在伦敦某法院对安尼尔·阿尔巴尼提起了诉讼，要求其个人偿还6.8亿美元的债务，理由是安尼尔对三家银行借给信实通讯的贷款做了个人担保。不过安尼尔的律师表示安尼尔只是对债务出具了不具有法律效力的"个人安慰函"，而不是个人担保。

上述两个例子都运用了印度法律项下的大杀器——藐视法庭罪。印度1971年《藐视法庭法》（*The Contempt of Courts Act*, 1971）赋予最高院和各邦高院对藐视法庭的行为进行调查、审判和做出惩罚的管辖权。藐视法庭行为分为民事类藐视（civil contempt）和刑事类藐视（criminal contempt）。民事类藐视是指故意不遵守法院的判决（judgement）、裁决（decree）、指令（direction）、命令（order）、令状（writ）或法院的审判程序（例如开庭时不遵守法庭秩序），或者故意违反向法院做出的保证（undertaking，例如向法院保证在某个时间点前偿还债务）。刑事类藐视是指污蔑、诽谤法院，干涉司法程序，妨害司法公正等行为。

印度高院和最高院可以依职权也可以经当事人申请后启动藐视法庭罪

的调查、审判和认定。各邦高院是审理藐视法庭罪的主要法院,高院除了可以审理藐视本高院的行为,也可以审理藐视其辖区内下属法院的行为。当高院认定某人触犯了藐视法庭罪时,此人会被处以最高6个月的监禁和最高2000卢比的罚款或两者并罚。当触犯此罪的是公司时,则由可归责的董事、经理、秘书、高管等来承担监禁的法律后果。当"老赖"们收到法院的判令、命令后,拒不配合调查,收到判决书后故意不偿还债务的,原告可以向高院申请认定"老赖"的藐视法庭罪。例如前几年印度著名的撒哈拉集团(Sahara)案。该集团是印度本土的著名财团(Conglomerate),业务横跨房地产、娱乐、健康等诸多领域。在2008年4月25日到2011年4月13日这段时间,撒哈拉集团旗下的两家公司违规发行了任意可全部转换债券(Optionally Fully Convertible Debentures),因该违规发行被法院判定将募集的款项退回投资人,要知道,当时的投资者有300万人之多,募集的款项达2400亿卢比。2012年8月31日,印度最高法院做出裁决,要求撒哈拉集团在三个月内将其从300万投资者手中募集的1740亿卢比退还给各自的投资人,并且向投资者支付15%的利息。判决做出之后,该公司并未还钱,最高法院将三个月的还款期延长到两年。但这段时间过去之后公司仍未还款。无奈之下最高法院只得将该公司年近七旬的董事长投入大狱,后来该人通过保释的方法申请暂时出狱,而后又被监狱收押。这件案子已经过去七年,虽然法律上的权利界定已经完结,但撒哈拉公司仍未退还完毕之前募集的钱款及罚息,也就是说该案到目前为止都未尘埃落定。

由于商业文化的差异和具体国情的差别,很多中国企业往往忽略了一些程序上的烦琐事项,贸然把中国"富贵险中求""大干快上"等营商文化,应用到印度市场,结果可想而知。

六、中国企业实践中常犯的错误

中国印度投资圈中非常奇特的一点是,之前有人翻过车的地方,后续的人不断在同样的问题上翻车。比如中国人圈子中常见的现金交易和地下钱庄,2020年8月印度税务部门曾突击搜查地下钱庄,并在随后的声明中称，有数名中国人及其合作伙伴、银行职员、注册会计师等涉嫌通过空壳公司洗钱，多家空壳公司建立逾40个银行账户，涉案金额高达100亿卢比（1卢比约合0.1元）。据印度媒体报道，此次行动事先得到有关部门的"情报支持"，行动中查获了涉及通过地下钱庄进行非法的港元和美元交易的证据[1]。

也就是说，从实践的观察来看，对于劳动、环保等法律部门，由于存在前置审批，所以一般在企业取得相应登记比如环境评估、安全评估之后，印度政府因人手不足，往往不会进行突击检查。换言之，虽然印度对于劳动和环境等法律部门规定了较高的法则，看起来后果严重，但是它属于风险爆发概率较低的领域，印度政府和执法部门对于这类合规问题的检查本身也属于低频次的范畴。实践中，反而是财务、合同、银行金融法律合规等与公司直接经营相关的高频内容，中国企业常常翻车。比如上面提到的与洗钱相关的例子，由于中国企业喜欢"扎堆"，并且习惯追求效率，因此，如果有某一家企业发现某一条看起来不太合法或者处于灰色的模棱两可地带的路子，但是跑通之后可以快速降低经营成本或者提升效率，其往往都会把风险抛之脑后，并且这种方法可能很快就在中资企业圈中流传起来，这也导致很多时候印度政府开展某些执法行动时，总会"拔出萝卜带出泥"，使得很多中国企业受到牵连。

细数中国客商在印度营商过程当中最常见的错误，一大纰漏就是完全没有合同或者合同约定不清。如笔者在上文强调的，印度人比较重视程序，很多内容如果后期没有形成书面记录，而这一内容在未来如果对其不利，其很可能会矢口否认，或者花样"甩锅"。而中国企业很多时候出于效率或者信任，比如对于已经有好多年贸易往来的印度企业，往往不会有翔实的合同，甚至仅仅是Whats APP或者微信上几句留言就确定了合作关系并履行了约定内容，但未来一旦双方出现争议，由于没有完善的合同条款比如双方权利义务、违约救济、管辖等条款，使得中国一方当事人完全

---

[1] 胡博峰. 再"出手"?! 印度借洗钱之名突击搜查中资企业，外交部回应[EB/OL]. 环球时报，2020-08-13.

没法救济。比如2020年年初新冠肺炎疫情暴发时，中国和印度企业之间曾经有过高频的贸易，一开始由于中国新冠肺炎疫情较为紧张，很多中国商人从印度进口熔喷布，虽然当时新冠肺炎疫情状况紧急，很多人没有充分的时间和精力去核查印度卖家是否有可靠的信誉，但至少应该有一个条款清晰的合同，万一未来出现问题，可以作为凭据。但很多中国商家虽然明明知道有个合同对其利益保护至关重要，由于种种原因还是仅仅凭借聊天软件的沟通就付了款，后来竹篮打水一场空，有的中国商人去公安局报案，但公安局判定这个仅是经济纠纷，不属于诈骗而没了下文。再者即使属于诈骗中国公安也很难跑到印度去执法，如果一开始没有合同来规制，无凭无据，对于追责和救济而言，后期出现问题只能认栽。

当然，我们不能从上帝视角来指责在当时新冠肺炎疫情紧张，商机稍纵即逝的时空环境下的中国商家，不过这也给从事中印之间营商的中国人提了一个醒，即使时间再紧张，也必须留出相应的资源来做合同。

另外，这次新冠肺炎疫情也让很多中国读者知道了"不可抗力"这个词。一般来说，合同没有按约定履行，就需要承担违约责任，但是如果导致合同无法按约定履行的事件属于不可抗力，则违约的一方可以部分或者全部免除承担违约责任。例如《中华人民共和国合同法》第117条规定"因不可抗力不能履行合同的，根据不可抗力的影响，部分或者全部免除责任，但法律另有规定的除外"，这一点也在嗣后实施的《中华人民共和国民法典》中得到了延续。简言之，不可抗力是指不能预见、不能避免且不能克服的客观情况。但印度《合同法》中没有关于不可抗力的表述，只有第56条规定了"合同落空"（doctrine of frustration），即合同的目的无法履行或者出现某些事件导致合同无法履行或者履行合同会导致违法时，合同无效（void）。

虽然印度成文法没有规定不可抗力，但是印度判例法支持不可抗力条款。印度最高院在"印度工业财务集团诉坎南纺织公司"中认为《合同法》第56条涵盖了不可抗力。此外，印度法院在"艾思捷国际有限公司诉印度政府"中认为不可抗力是指不可预见、没有预想到的、突然发生的、个人不可控制的事件。

公认的不可抗力事件一般有两类：第一类是"天灾"（Act of God），即自然灾害如洪水、火山爆发、飓风等；第二类则是"人祸"（Human Intervention），比如战争、暴乱、政府某些强力行为等。需要格外注意的是，印度法上不可抗力条款的引用的前提条件是，在签署的合同中必须包含该不可抗力条款。因此，需要诸位确认手里的合同的实体法是不是受印度法管辖，如果受印度法管辖，且合同中没有包含该条款，则无法引用不可抗力条款进行抗辩。这一点与中国法不同。对于不可抗力事件，目前印度判例法没有规定非常具体的范围。不可抗力条款应该在合同中予以明确的约定，最好在不可抗力的概念下明确指出哪些事件属于不可抗力事件，以及约定出现不可抗力事件导致合同无法履行或者延迟履行时，可以免除责任。不可抗力条款能否免除或者部分免除责任取决于条款的语言表达、具体事件是否构成不可抗力，事件是否导致合同无法履行。所以，中国投资者在签订合同时，一定要重视不可抗力条款，可以在很大程度上避免不可抗力事件发生后的合同纠纷。

因新冠肺炎疫情和疫情使的防控措施使合同义务无法履行的，应该积极和对方协商，向对方阐明本次新冠肺炎疫情的严重性和新冠肺炎疫情对履行合同造成的影响。如果合同是适用印度法律（Governing law is Indian law）的，可以查看合同是否约定新冠肺炎疫情属于不可抗力，如果没有明确约定只是模糊约定的，根据一般国际惯例，交易各方一般会接受"国际关注的突发公共卫生事件"（PHEIC）为不可抗力事件。即使合同没有约定不可抗力条款，仍然可以适用印度《合同法》第56条乃至公平原则来获得救济。如果是导致合同义务延迟履行的，应该及时和对方协商，向对方阐明本次新冠肺炎疫情的严重性，对履行合同义务造成的负面影响出示相关公告、通知等证据，然后和对方协商新的方案。如果是工程类合同，新冠肺炎疫情会导致工期延误的，建议提前让律师等专业人士介入。此外，还请注意收集、留存相关证据，如官方发布的通知、公告，于合同履行有关的单位的通知，与对方沟通的证据等。另外，还可以提前咨询相关人士，及时做好应对方案。

七、对中国企业的建议

中国企业的崛起不仅是一个令人振奋的经济事件，而且更应该成为一个令人称道的文化事件。中国企业是"一带一路"建设的核心力量，但和西方发达国家相比，中国企业的全球软实力弱于硬实力。中国企业在工程建设、资金支持、价格定位等方面有一定的优势，但在价值观感召、标准规则制定以及法制契约塑造等方面处于明显的劣势。目前，在"一带一路"倡议下，很多企业"蜂拥"而出，不分企业业绩、能力、口碑、背景等因素，统统喊着"一带一路"的口号，"攻城略地"，其场面颇为壮观。但是，越火热时越需要冷静，越要认真思考问题和痛点。印度是我国"一带一路"举措中的重要节点国家，包括OPPO、vivo、小米、比亚迪、北汽福田、隆基股份、长城汽车、阿里巴巴、腾讯等大量中国企业都在印度进行了深度的布局，但是中国企业在印度的发展并不顺利，其中很大一个原因是中国企业在走向海外时与西方国家的软实力差距。这种差距主要体现在五个方面：国际社会的认同度较低、海外形象塑造能力不强、与非政府组织等民间力量打交道的意愿和能力不足、不善于利用宗教规律解决宗教问题、社会责任感和本土意识不足。因此，本书从文化、宗教、历史、政治、法律等各个软因素层面，对中国企业在印度营商面临的本土化难题进行抽丝剥茧的分析。

虽然很多人不以为意，但对中国来讲印度是极为重要的一个国度。新冠肺炎疫情之后中国还需要跟世界的很多国家交往，这必然包括日本和印度。虽然日本给我们带来了一些借鉴，但是日本相对中国而言是一个小国，它的经济社会文化构成比较单一。印度这个国度同样有很多的人口，它的国内生产总值发展也很有潜力。所以笔者觉得印度的很多经验、好做法值得中国认真地研究。20世纪90年代之后，中国人对欧美政治、经济、文化有很多的了解，但是对印度缺乏深度了解。比如说印度的政治、体制、法律、国情、历史、宗教、社会现状以及其社会现状中印度人的心理。中国和印度在很多方面几乎是两个极端，因为我们的历史不一样。认真思考印度和我们的不同，将会对我们有很大的借鉴意义。

与大一统文化深入人心的中国不同，印度是一个碎片化极强的社会，这里的碎片化体现在当今印度的五大矛盾，其面临地方自治和中央管控之间的矛盾、宪法倡导以世俗立国与宗教传统的矛盾、自由平等与种姓制度的矛盾、"大印度教至上主义"（Hindu Supremacy）与多民族的矛盾以及民主制度和现实改革所被迫采取威权统治之间的矛盾等。

对于印度长达数百年的殖民历史，印度本国不少人的心情比较复杂，有些人称之为"殖民遗产"，因为这段历史为印度的发挥奠定了基调。比如印度的联邦体制，很大程度上也是因为英国殖民统治的时候，当时的英国统治者是根据印度不同文化、不同语言的背景来划分的，所以导致各个邦各自为政，一定程度上分化了中央政府的力量，但是也可以发挥因地制宜的作用。

种姓制度（cste）作为法律上已经废除的一种制度，在现实当中却在印度的观念和政治体制下得到了加强。这就导致了两个层面的结果，第一，在宏观层面种姓政治极大地弱化了民主的优势，使得领导力无法高效地发挥。因为票仓的分化，一定程度上使得候选人的领导能力并不是首选的因素，而是种姓和出身。如果你不是代表我这一派利益的，到最后你就可能拿不到我的选票。此外，在微观层面种姓制度导致很多低种姓的人只能从事低端的工种。而此时种姓制度就发挥着相当于"家长制"的作用，即在印度目前这个体系下，一旦出现了问题，用人会首先找他的家长，也就是所谓的主人，由他的主人来进行援助。因此这种种姓制度的次生产品，其实是构成了印度社会的第一道安全网，在政府触及不到的地方由主人出来庇护这群较低种姓和从事较简单劳动的劳工，可以理解为某种程度上的政府公共品提供替代性服务，但是个体庇护的广度和深度是存在很大疑问的。但这一点很多中国人并没有切身感受，因此很难理解。

再说宗教影响。印度被称为"宗教和人种的博物馆"，全国所有民众几乎都信教。印度宪法中虽然规定印度是一个"世俗的"（secular）国家，但莫迪政府和其所属的印度人民党（BJP）一直在推行"大印度教主义"，很多印度人民党的高层甚至公然宣称要把印度建设为印度教徒的家园。此外，印度也有上亿的穆斯林，由于印度国内宗教势力盘根错节，大部分印度国民都是虔诚的教徒，从积极意义上来讲，宗教可以给出精神抚慰，印度的不少寺院也积极参与到赈灾救济当中，向穷人提供食物和庇护所，换句话说，宗教可以作为印度这么一个"小政府"国家履行公共服务职能和社会救济等职能的代替品，而且从本质上来讲，虽然印度宗教矛盾激烈，但本质上宗教的教义是教人向善的，印度也不存在较为激进的原教旨主义教派或者说这类势力在印度社会的影响有限。为稳定印度社会、增强内部凝聚力发挥了一定作用，但反作用就是不同宗教之间、不同教派之间的矛盾愈演愈烈，而中国人对于印度的宗教以及其社会政治经济影响力很难有一个切身的体会。

还有一个值得提的点就是印度的公民社会。与中国不同，印度是一个拥有悠久社团自治传统的国家。各个行业都拥有作为其商业信息交互和利益共同体的社团组织。一些知名的全国性商会组织如 FICCI（Federation of Indian Chambers of Commerce & Industry）、ASSOCHAM（Associated Chambers of Commerce of India）、CII（Confederation of Indian Industry）以及各行业对应的专业协会等在印度经济中发挥着举足轻重的作用，其意见经常能够左右印度政府的政策制定。此外，印度有法律规定，符合条件的公司（一般是基于其年度营收），需要将过去3年的平均利润的2%作为企业社会责任基金投入社会中，而且这笔钱要优先投入企业所在的社区当中。这就导致印度目前有8000家企业有社会责任委员会，一般都以基金会的形式进行运作。他们广泛参与印度社会工作，印度底层民众对于大企业发挥社会作用也有希冀，而中国社团文化不发达，或者从某种意义上来讲不熟悉印度这种公民社会和社团文化，很多时候在印度面临很难深入印度社会的困境，大多数时候都只能在中国企业之间"抱团取暖"，未来还是应该拓宽参与印度公民社会和社团的深度及广度，这才能在本质上扭转中国企业在印度的境地。

由于很多中国企业在去印度之前无法对那边的具体情况有切身的体会，如果仅仅重视财务数据核算、市场占有率推演等可以量化的因素，而忽视了印度的文化背景、政治生态、民族矛盾、种姓制度等暂时无法量化的因素，将会在后续运营当中遇到很多意想不到的困难。

明白了上述背景问题，未来中国企业和相关方可以尝试考虑下述方式来为自己在印度的营商活动保驾护航：

（一）利用"主场规则"进行主动性救济

我国对印度宏观政治、经济、人文的研究早已有之且比较深入，但对印度微观营商规则的研究严重不足，之前经常被中国利益相关方忽视的一点是，在印度"客场作战"需要善用"主场规则"。在印度投资的中国企业，都是按照印度公司法成立的实体，法律上属于"印度企业"，只不过含有外资。我们需要深刻地认识到，印度作为三权分立的国家，法院体系是独立于印度政府体系之外的，不要认为印度法院体系"效率低下"或者不熟悉就采取"鸵鸟政策"而弃之不用，很多时候对于印度政府出台的对中资的限制，在国家层面上可以干涉的空间较小，如果中国企业对印度政府的各项行动完全没有作为，则印度政府只会得寸进尺。

另外，在新冠肺炎疫情防控期间，印度内政部出台了《在疫情封锁期间，企业和商业单位须向员工支付全额工资》的规定，但立即被手工具制造者协会向印度最高法院提出申诉，要求撤销该新冠肺炎疫情防控期间企业需要付全额工资的行政命令。印度内政部随即自行撤销了该行政命令。

但到目前，受限于主客观各种原因，鲜有听说中国企业在印度进行"民告官"维权的案例。因此，增加对印度微观制度如法律、税务、财务标准、司法救济途径和程序的研究和在中国企业内的分享显得尤为必要，中国商会、相关头部企业最好也提前进行布局。

（二）与印度全国行业性组织加深联系

与非政府组织等民间力量打交道的意愿和能力不足是我国企业在印度面临困境的一大原因。行业协会在政府与行业企业间起着桥梁纽带作用，同时还负有向政府和有关部门反映所在行业有关情况和意见、代表行业企业进行维权等责任，我国在印度的企业虽然有行业商会，但主要是我们自行组织的中资企业商会或者是我国国家级商会在印度设立的分支机构，比如贸促会在印度设立的代表机构，但一直以来，受限于各种因素，都是中资企业内部之间进行交流，中资企业与其所在行业的印度商业共同体之间的交流较少，深度也不够。

与中国不同，印度是一个拥有悠久社团自治传统的国家。各个行业都拥有作为其商业信息交互和利益共同体的社团组织，如果可以在一定程度上加强与这些商会的联系，则在面临印度政府对中资企业的限制措施时，可以通过商会的内部救济机制对印度政府的行为展开相应的行动。

不少深耕印度的中资企业在当地拥有稳固合作商，这些利益群体与中资企业是一荣俱荣、一损俱损的关系，应该利用此类企业和印度本土的商业组织，为中资企业发声、拓宽信息获取途径。

（三）增强商业人才储备和本土化

印度就业市场有一个潜台词，一流的人才就业首先会选择外资企业，但不包括中资企业。印度知名商学院之一的印度管理学院（Indian Institute of Management）曾经专门开设面对中国和印度之间营商的MBA项目，该项目名为"研究生管理人才计划"（PGPEX），这一为期14个月的项目专注于印度和中国的商业管理，并向中国企业抛出橄榄枝，希望让毕业生去中国企业中实习，并在未来承担起中印之间商业交流的重任并成为管理层的中坚力量，但中国这边企业响应者寥寥无几，项目难以为继。反观中国这边，熟悉印度具体营商环境和各种规则的人才也非常少，受限于印度较为艰苦和落后的环境，不少刚刚积攒了几年当地经验和人脉关系的中国人先后都离开了印度，导致重复性地犯一些前人犯过的错误。

事实上，据在印度的中国企业反馈，来过中国的印度人或者在中国受过教育的印度人，对中国的认知较为客观，也乐于成为中国资本在印度开拓的参与者，但目前中国和印度两国的人员往来尤其是作为人才储备的高级管理和专业人才的往来仍非常少，因此可以在一定程度上通过人文交流和合作，储备一些对两国关系拥有正确认知的中高层的人才。

（四）提升形象塑造能力和社会认同度

印度媒体在社会经济生活中发挥着重要的作用，但印度舆论界和媒体界并没有太多关于中国对印度在基建、制造业以及提升人民生活水平方面的帮助的太多报道。近年来，印度政府一直在大力推行"印度制造"这个国家级政策，由于该政策直接能够创造大量就业，因此印度政府在关税、本地化、招投标等领域持续加码。但美国对印度的制造业的帮助非常有限。因此，如果中国企业可以利用好印度本国的媒体和舆论，结合"印度制造"这个计划，一定程度上扭转印度民粹主义舆论，如小米（印度）在发生印度抵制中国货的运动时，首先打出"印度制造"的广告标语，应该会对中国资本在印度的发展和布局产生正向的作用。此外，宗教对于印度社会生活也发挥着重要作用，也可以考虑通过宗教首脑、慈善等方式，如众多日资韩资企业在印度通过基金会的形式，从事诸多公益事项，并结合宗教和媒体的力量，塑造积极正面的形象。

研究的意义不在于发现和批评荒谬，而在于发掘和解释荒谬背后的逻辑。书本对印度文化特质的说教抵不上亲自到印度一览，所以，还是去印度瞧瞧吧。

中英文对照表

Aadhaar 印度国家生物身份识别系统（相当于印度身份证）
ACC 国家先进化学电池
ACE 印度家电和消费电子
Act of God 天灾
Adhunik Metaliks 印度钢铁制造商
ADIA 阿布扎比投资管理局
Advertising Standards Council of India，ASCI 印度广告标准协会
AICTE 全印度技术教育委员会
AIF 美国印度基金会
All India Reporter《全印案例汇编》
Allotment 配股
AOA 公司章程实施细则
APEDA 农业和加工食品出口发展局
APMC 农产品市场委员会
ARAI 印度汽车研究会所
ASICS 亚瑟士
ATSC 高级电视系统委员会
Attachment Order 扣押令
AWS 亚马逊网络服务
Bank Regulation Act《银行监管法》
Bar Council of India 印度律师公会

BCM 亿立方米
BDL 国防部与巴拉特动力有限公司
BEL 巴拉特电子有限公司
BHIM 巴拉特货币界面
BITSOM BITS 管理学院
BJP 印度人民党
Bombay High Court 孟买高等法院
Bordering state 接壤国
BP plc 英国石油公司
BPM 业务流程管理
BPSL 布尚电力钢铁公司
Bribe-Payer 行贿人
BSE 孟买证券交易所
BSL 塔塔钢铁 印度第五大扁钢生产商
CAIT 全印度贸易商联合会
Caste 种姓制度
Caveat Emptor 买家当心
CeM 政府电子市场
CER 毛入学率
CGV 国际化的专业连锁影院运营商及高端影院品牌
Chambers & Partners 钱伯斯（一家知名的律师和律师事务所排名机构）
Checklist 文件清单
CII 印度工业联合会
Civil contempt 民事类藐法庭
Collective bargaining 集体性谈判
Colonial Legacy 印度殖民时代的遗产
Commercial Division 商事审判庭
Common seal 正式公章
Compelled 被迫
Compound 和解

Conclusiveness Test 终局性测试
Concurrent List 中央和地方可以共同立法的事项
Conglomerate 财团
Consumer Complaints Council 消费者投诉委员会
Contract labor 劳务派遣员工
Corporate debt restructuring 企业债务重组
Corporate Social Responsibility，CSR 企业社会责任
Criminal contempt 刑事类藐法庭
CRPF 中央后备警察部队
Deal breaker 交易破坏者
Deceptively similarity of trademark 商标的迷惑性相似
Decree 法院的裁决
Defamation 诽谤
Default 债务违约
Department of Legal Affairs 法律事务局
Digital Signature Certificate，DSC 电子签名
DIJ 国防实验室 Jodhpur
DIPP 印度商业和工业部工业政策和投资促进局
Direction 法院的指令
DISC 国防印度创业挑战
District Court 地区法院
DMSRDE 坎普尔国防材料和仓库研究与研发机构
Doctrine of frustration 合同落空
DPIIT 工业和国内贸易政策促进部
DPSE 国防公共部门企业
DRDO 国防研究与发展组织
DTH 卫星直播到户
Due Diligence 尽职调查
EGM 临时股东会
e-NAM 电子全球农业市场

EPC contractor 工程总承包商
EPC 工程总包类
EPC 工程总承包
ESDM 电子系统设计与制造
ESDM 电子系统设计制造
ESDM 印度电子系统设计与制造
EV 电动汽车
Execution 执行程序
FDI 外国直接投资
FEEs 费用
FHRAI 印度餐厅和餐馆协会联合会
FICCI 印度工商联合会
FIPB 外国投资促进委员会
Fixed Cap 法律案件的封顶打包费用
FMCG 快速消费品
Foreign Court 外国法院
Foreign Judgment 外国判决
Freedom of Forming Society 结社自由
GAIL 印度天然气管理局
GDP 国内生产总值
GDSP 国内体育生产总值
GII 全球创新指数
Governing law is Indian law 适用印度法律
GST 增值税（服务税）
GVA 总附加值
GWM 长城汽车
HALN 印度斯坦航空有限公司
High Court 高等法院
Hindi 印地语
HMIL 现代汽车印度有限公司

Honda Motorcycle and Scooter India 本田摩托车印度公司

Hourly Rate 律师的小时费率

IAC 班加罗尔和加纳利西亚天文研究所

IBC《破产法》

ICAR 印度农业理事会

ICAT 国际汽车技术中心

ICEA 印度手机和电子产业协会

IESA 印度电子与半导体协会

IHM 澳大利亚卫生与管理研究所

IIA 印度天体物理学研究所

In good faith 真诚善意

Incredible India 不可思议的印度

indemnification 损害赔偿机制

Indian Institute of Management 印度管理学院

Industrial Employment Standing Order Act《工业性劳动常规规章法》

Injunction 禁令

INMAS 联合科学研究所

Instituting a Civil Suit 提起诉讼

IPAB 商标注册局或者知识产权上诉局

IRCTC 印度铁路餐饮和旅游公司

ISMA 印度糖厂协会

ISRO 印度空间研究组织

ITBP 印藏边防警察

IVRI 印度兽医研究所

JBIC 日本国际合作银行

JSW 京德勒西南钢铁公司

Judgement 法院的判决

Khadi 印度土布

KLETU 哈布巴利 KLE 技术大学

KMS 哈里夫营销季

KTTS 卡塔尔克邦创新与技术服务
KVIC 乡村工业委员会
Land title certificate 土地权属证书原件
LMT 千万吨
LoT 物联网
LSB 伦敦商学院
Managing director 管理董事
Market capitalization 市值
MDSL 国防部与马欣德拉国防系统公司
MeitY 电子和信息技术部
MFC 多功能综合体
MG Motors 名爵
MIDHANI 米什拉达图尼加姆有限公司
Ministry of Corporate Affairs 印度公司事务部
Ministry of Home Affairs 印度内政部
Ministry of Law and Justice 印度司法部
Misrepresentation 不实陈述
MMT 百万吨
MOA 公司章程大纲
MoHUA 住房和城乡建设部
MOU 谅解备忘录
MSME 印度中小型企业
MW 百万瓦
NATRiP 汽车测试和研发基础设施项目
NAYRAX 国家汽车测试轨道
NBFC 非银行金融机构
NCTE 全国英语教师理事会
NDEAR 国家数字教育架构
Negative Test 消极条件测试
NFMIMS 有色金属进口监测系统

<<< 中英文对照表

NFR 东北边境铁路
NGO 非政府机构
NHAI 高速铁路管理局
NHB 国家住房银行
NHSRCL 国家高速铁路有限公司
NIAIMT 维修和培训研究所
Nifty 印度国家证券交易所指数
NIIF 国家投资于基础设施基金
Nominee shareholder 名义股东
Non-binding 不具有法律约束力
Non-compliance 违规行为
NSE 国家证券交易所
NSIC 国家小型工业公司
NSV 网络勘测车
OEM 原始设备制造商
Official Gazette 官方公报
ONDC 数字商务开放网络
ONGC 印度石油天然气公司
Optionally Fully Convertible Debentures 任意可全部转换债券
Order 法院的命令
Ostrich Policy 鸵鸟政策
Out of Pocket Expenses 实报实销费用如差旅费、文件跨国寄送费等
P2P 互联网借贷平台
PACS 初级农业信贷协会
Passing off 假冒之诉，用于打击仿冒商标的诉讼
PDO 公共数据办公室
PHEIC 国际关注的突发公共卫生事件
PIL IT 硬件生产相关激励
Plea bargaining 诉辩交易
Plea 诉请

PLI 电信和网络产品生产联结激励
PLI 生产挂钩激励计划
PMAY 普拉丹·曼特里·阿瓦斯·约贾纳
PMKSY 印度政府农业灌溉计划
PPP 政府与社会资本合作
PRASHAD 普拉萨德计划
Private Placement 定向增发
Proxy 委托代理投票权
PSLV 极地卫星运载火箭
Public Offering 公开发行
QCI 印度质量委员会
QSR 耐用消费品和快餐店
Quantify 量化
R&D 印度研发中心
RAI 印度零售商协会
RBI 印度储备银行
RDSO 研究设计与标准组织
Realme 真我
Reciprocating Territory 互惠地区
REIT 房地产投资信托
Reliance Communications 信实通讯公司
Repeal 废除
Reservation 保留
Residuary Power 剩余权力
Resolution 决议
RFQ 报价申请（资格申请）
RIL 信实工业有限公司
Roadshow 路演
SAATHI 酒店业评估、意识和培训系统
SAIL 印度钢铁管理公司

SARDP-NE 印度"加速道路发展特别项目-东北部"
SEBI 印度证券交易委员会
Secular 世俗的
Securities APPellate Tribunal 证券上诉法庭
Sensex 孟买股票指数
Separation of power 三权分立
SFAL 半导体无晶圆厂加速器实验室
SFURTI 传统产业再生基金计划
Shareholder activism 股东积极主义
Sophisticated Buyer 老道的买家
Specific default 特定违约
Stamp 橡皮、塑料或者其他材质做的图章
State List 专属地方可以立法的事项
Statutory 法定的
STPI 印度软件技术园
Strategic debt restructuring 战略性债务重组
Take unfair advantage 不正当利用
Tamil Nadu 泰米尔纳德邦
TBI 研究园科技企业孵化器
TCS 印度塔塔咨询服务公司
TEPC 电信出口促进委员会
The All India Bar Association 全印律师协会
The Arbitration and Conciliation Act《仲裁与调解法》
The Contempt of Courts Act《藐视法庭法》
The Foreign Award Act《外国裁决法案》
The High Court (Alteration of Names) Bill《高等法院（更名）草案》
The International Council of Jurists 国际法学家协会
The Limitation Act《时效法》
The Trade Union Act《工会法》
The Government of India Act《印度政府法》

TMT 数字新媒体产业

Trademark trolls 恶意抢注

Tribunal 专门法庭（如在税务、航空等专业性较强的领域设立的专门法庭）

TRIFAC 鼓励单一窗口模式的系统代理

TSDSI 印度电信标准发展协会

TWS 真无线立体声

Ultra vires 越权行为

UNCITRAL Model Law《联合国国际贸易法委员会商事仲裁示范法》

Unconstitutional 违宪的

Undertaking 保证书

Unfair labor practice 不公平的劳务行为

Union List 专属联邦才可以立法的事项

UPI 统一支付接口

Urgency 紧迫程度

VIE 可变利益实体

Voting right of director 董事的投票权

Vriddhi 维德里希

WIPO 世界知识产权组织

Writ petition 上诉令状

Writ 令状

WTTC 世界旅游业理事会

Xindia Steels Limited 新印度钢铁有限公司